Gabi Tubbs

La couture d'intérieur

Photographies de Pia Tryde
Partie technique rédigée par Lucinda Ganderton
Illustrations d'Alison Barratt

ARTS D'INTÉRIEURS

ARMAND COLIN

Publié pour la première fois en 1997 en anglais
sous le titre « *a seasonal guide to* Soft Furnishings »
par Quadrille Publishing Limited,
Alhambra House, 27-31 Charing Cross Road, Londres WC2H 0LS,
en association avec le National Magazine Company Limited.
Country Living est une filiale du National Magazine Company Limited.

Traduction-adaptation de Marie Pieroni

ISBN : 2-84229-034-8
Code éditeur : 100034
Dépôt légal : novembre 1997
1re édition

Conception graphique • Françoise Dietrich
Maquette • Sara Jane Glynn
Textes supplémentaires • Lucy Naylor

Imprimé en Allemagne, par Mohndruck
Achevé d'imprimer en août 1997

une palette naturelle

J'ai la passion des tissus depuis l'âge de cinq ou six ans. L'un de mes premiers souvenirs est celui d'une couturière que nous appelions Tante Annie, qui avait découpé la robe de mariée de ma mère et l'avait teinte en bleu clair afin de me confectionner une tenue habillée. Une fois par mois, Tante Annie venait chez nous se charger du raccommodage et des retouches. Elle me faisait souvent des vêtements dans les vieilles robes de ma mère. Je me rappelle l'avoir rendue folle car je ne savais pas rester tranquille pendant les essayages !

Je préférais par-dessus tout les préparatifs du carnaval (nommé Fasching à Munich, ma ville d'origine) ou des bals costumés auxquels on m'invitait. C'était toujours moi qui avais les déguisements les plus fantastiques. Je les choisissais dans un catalogue de patrons, puis m'amusais à ajouter quelques touches inattendues. Je fus tour à tour habillée en houpette à poudre, en encrier, en fraise, en geisha, en danseuse de flamenco et encore bien d'autres choses, au gré de ma fantaisie. Mes chapeaux étaient également spectaculaires. Dans le choix des étoffes et des décorations, je mélangeais l'ancien et le moderne.

Après de tels débuts dans la vie, il n'est guère surprenant que je sois finalement devenue rédactrice de mode, puis de décoration d'intérieur : mon amour des merveilleux tissus d'autrefois et des motifs contemporains ne m'a jamais abandonnée.

Quand l'idée de ce livre commença à germer, je savais qu'il existait déjà une quantité de bons ouvrages sur la décoration. Toutefois, il m'apparut qu'aucun d'eux ne traitait à part égale la réalisation et la conception des modèles. Je pense que nous sommes parvenus ici à cet équilibre.

Afin de lui donner encore plus d'intérêt, j'ai divisé le livre en quatre chapitres, traitant chacun d'une saison. Les ambiances proposées s'associent ainsi naturellement aux différentes périodes de l'année. Au sein de chaque saison, les tissus sont présentés par couleur, par épaisseur et par texture ; les thèmes colorés et les motifs s'accordent aux influences du temps.

Au printemps, par exemple, nous sommes impatients d'ouvrir portes et fenêtres afin de laisser la lumière entrer à flot. C'est la période de l'année où l'enthousiasme pour la décoration est à son comble. Les tapis de jacinthes, de tulipes, de primevères, les arbres en fleurs : tout nous inspire une foule d'idées. Du vichy vert frais ou rose vif est associé à des rayures et à des imprimés fleuris. Les toiles de Jouy roses et jaunes se marient avec bonheur aux carreaux.

En été, les décors sont clairs et dépouillés. L'ambiance plus légère que douillette donne à la maison une apparence nette et rafraîchissante. Transportez chez vous les couleurs de la mer et du sable, des prairies luxuriantes, des jus de fruits bien mûrs et des fleurs lumineuses. Laissez le soleil se frayer un chemin à travers des stores en lin ou de fins voilages.

En automne, la campagne est animée par les splendides coloris des collines

violettes, des arbres roux et des moissons. Les teintes des tissus rappellent les feuilles mortes, les prunes dorées, les baies rouges, la bruyère et les fougères. La douceur des flanelles et des tweeds traditionnels côtoie la luminosité des écossais (des étoffes que l'on ne doit pas confiner à la campagne car elles s'adaptent très bien à un intérieur citadin, dans un style décontracté ou plus structuré).

Enfin, l'hiver arrive. Pour conserver le moral par un temps souvent froid et triste, nous avons envie de couleurs vives et d'un peu de magie dans la maison.

Utilisez une profusion de tissus opulents et de couleurs somptueuses. Choisissez des velours, des brocarts et des étoffes damassées, ainsi que des soieries et des mousselines aux teintes exotiques, inspirés par l'Extrême-Orient. Pour encore plus de raffinement, habillez meubles, murs et fenêtres de gris argenté et de blanc perle. Ces thèmes vous aideront à déterminer l'ambiance qui vous plaît, celle qui convient au style de votre intérieur, à sa situation et à votre mode de vie.

Un changement radical d'ambiance s'effectue sans bouleversements énormes, ni dépenses exagérées : la maison peut facilement faire peau neuve à chaque saison, ou pour une occasion particulière, sans qu'il soit besoin de renouveler le mobilier. Au fil de l'année, meubles et accessoires recevront juste des parures différentes. Le style des meubles de base – lit, chaise, canapé, table – peut être transformé grâce à un seul patron, mais en changeant tissus et coloris. Il en va de même

pour les coussins, les dessus-de-lit et les stores. Les finitions (plis, volants, embrasses, boutons et liens) participent entièrement à la création du décor. Ce livre est une source d'inspiration qui vous aidera à métamorphoser votre intérieur. Soigneusement étudiés, tous les modèles sont expliqués avec simplicité et précision, et accompagnés de croquis très clairs. Quelques réalisations spécifiques à chaque saison ont même été prévues pour vous donner de l'audace. J'espère que ces idées vous procureront autant de plaisir que j'en ai eu à les concevoir !

printemps
la renaissance

Par une matinée de printemps, il n'existe pas de meilleure occupation que d'observer les rayons du soleil filtrant timidement à travers les jeunes feuilles. Ou de se promener pour admirer des jonquilles danser sur les pentes verdoyantes, des tapis de jacinthes onduler sous les arbres, des tulipes, des pensées et des primevères lever leur tête vers le ciel dans une explosion de rose, de rouge et de violet. Une voûte de fleurs déversant son délicieux parfum, de blanches marées de perce-neige réchauffant la terre gelée, tout cela nous est familier. Mais, à chaque printemps, c'est comme si le monde ouvrait les yeux pour la première fois.

inspiration naturelle

Au printemps, chaque brin d'herbe se gonfle de sève. Après vous être pelotonné pendant plusieurs mois, vous avez envie d'ouvrir grand portes et fenêtres. Comme il s'agit traditionnellement de l'époque où l'on repart sur de nouvelles bases, une frénésie d'aménagements vous assaille. Tout aussi abondante, l'inspiration surgit partout où le regard se porte. Le printemps suscite l'envie de matières, motifs et coloris nouveaux. Les pièces sont repeintes dans des teintes pâles. Des vichys vert tendre évoquent l'explosion des jeunes pousses ; des ramages du rose le plus pur et du rouge le plus chaud illuminent toiles de Jouy et taffetas ; des guirlandes de bourgeons, des bouquets de pâquerettes et de primevères s'épanouissent sur des imprimés ocellés de lumière, des tissus à carreaux, du chintz, du voile ou du lin. Le secret consiste à chiper à la nature de pleines brassées d'idées lumineuses et fleuries.

des contrastes étonnants
faits pour s'accorder

Il est admis comme une vérité universelle que l'harmonie d'un intérieur réside dans l'uniformité de sa décoration. Débarrassez-vous tout de suite de ce préjugé ! Hormis de veiller à la répétition d'un ou deux coloris qui donneront le ton, il n'y a pas de règle à suivre, même pas celle régissant soi-disant les associations de couleurs. Les décors les plus intéressants et les plus séduisants sont le fruit de tâtonnements. Prenez du rose et du jaune, par exemple, et mettez-les côte à côte. Ils forment un duo joliment contrasté, particulièrement si on les allie à des violets profonds sur des fonds écrus ou blancs. Partez du principe que toutes les couleurs sont compatibles, tant que des échantillons posés sur un mur ou un canapé ne vous prouvent pas le contraire. De même, ne choisissez pas un seul motif pour toute une pièce. Mélangez plutôt rayures, carreaux et fleurs de différentes tailles. Vous verrez, le résultat est libérateur.

prestance et fluidité **pour un contraste de matières**

Tout comme l'association de motifs et de coloris variés anime une pièce, celle de différentes matières lui donne du piquant. Les juxtapositions de tissus les plus inattendues peuvent accentuer ce qu'il y a de meilleur en chacun d'eux. Des voilages fins sembleront vraiment éthérés à côté d'étoffes lourdes et somptueuses. Une toile de coton glacé sera mise en valeur près d'une percale souple, plus chaleureuse. Une doublure en coton léger rehaussera la superbe rusticité d'un lin épais ou donnera de la profondeur à un lin fin. Vous pouvez même marier la raideur majestueuse d'un taffetas, ou les drapés brillants d'un chintz, à la robustesse d'une bonne grosse toile à matelas. Collectionnez des échantillons de tous les tissus qui vous plaisent, et procédez à des essais en prenant dans vos mains des textures différentes. Si leur association est agréable au toucher, elle le sera aussi probablement à l'œil.

épris de lumière

carreaux et imprimés **dans un jardin d'hiver**

Un jardin d'hiver baigné de lumière naturelle est l'endroit parfait pour savourer les matinées de printemps. C'est là que l'on écrit son courrier, que l'on se vautre sur un canapé avec un livre ou que l'on compose les premiers bouquets de l'année. Espace et confort sont les maîtres mots. Encadrées de simples lambrequins drapés, les fenêtres sont habillées d'un store à l'italienne ou d'un rideau non doublé, attaché de telle sorte qu'il laisse pénétrer le soleil. Sur un canapé ancien, un amoncellement d'oreillers, de coussins et de traversins encourage ouvertement à la paresse. Les étoffes disséminées à travers la pièce créent une atmosphère de fête printanière en plein air. Le lin à gros carreaux du fauteuil rappelle les nappes de pique-niques, et les motifs délicats des toiles évoquent le glissement sur les pelouses des robes du XVIIIe siècle.

La pièce est dépouillée, les murs presque nus. Au printemps, l'activité des jardins est discrète : la maison doit refléter cette subtilité. Deux couronnes naturelles rompent l'étendue bleue de l'un des murs, et un miroir doré réfléchit la lumière sur un autre. Sur le sol, un dallage ocre clair est idéal, ne serait-ce que pour son caractère pratique, mais un tapis choisi dans des couleurs chaudes réchauffera les pieds frileux dans la fraîcheur des petits matins.

Les coussins de ce fauteuil sont recouverts d'une robuste toile de lin à carreaux.
Voir le dessus de siège à coins froncés pages 164 et 165.

à droite

Avec le bleu pâle d'un mur peint de frais en arrière-plan, un mariage de couleurs inattendu : des verts printemps pour les fenêtres et des mauves délicats sur le divan.
Voir les rideaux non doublés page 149, le store bouillonné page 146, et le lambrequin drapé page 153.

ci-contre

Un divan suédois ancien, revêtu d'une toile imprimée, est jonché d'un assortiment de coussins et d'oreillers aux coloris de baies mûres. Les traversins en taffetas à carreaux sont enveloppés comme des bonbons.
Voir les coussins page 158 à 160, et les traversins pages 161 à 163.

lumière et espace
dans des pièces marquetées de lumière

Les tissus à motifs sont magiques. Ils sont capables de faire paraître une pièce plus grande ou plus petite, plus claire ou plus sombre. Dans un jardin d'hiver où l'accent est mis sur la lumière et l'espace, il est préférable de choisir des dessins délicats. Plus le motif est petit, plus il semble éloigné, créant ainsi une sensation de recul et d'espace. Et là où il y a de l'espace, il y a de la lumière. Bien sûr, si vous êtes confronté au problème enviable d'une pièce si grande que vous vous y sentez un peu perdu – à cause de plafonds très hauts, par exemple –, des couleurs plus riches et des dessins plus chargés aideront à l'habiller et à lui donner de l'intimité. Lorsque l'espace et la lumière sont prioritaires, l'emploi de plusieurs motifs dans une même pièce requiert un fond uni. Dans un jardin d'hiver spacieux, disposez des tissus assez voyants sur de beaux murs pâles (les tons pastel satinés conviennent bien).

Pour cette housse et ce traversin, on a choisi un motif traditionnel suédois à carreaux verts assorti à la banquette en bois décoré et à la peinture mate des murs. **Voir le dessus de siège structuré page 165, et les traversins pages 161 à 163.**

La texture d'une étoffe est également importante pour l'œil. Ainsi, le lustre du chintz peut-il éclairer une pièce car il reflète la lumière, bien qu'un décor tout en tissu brillant ne soit pas propice à la détente. À l'opposé, on trouve des matériaux mats, comme les toiles de lin simples et rustiques. Elles absorbent la lumière, ce qui procure calme et chaleur, mais leur utilisation excessive manque de subtilité. Si vous avez trouvé un tissu qui vous plaît, conservez-en un échantillon aussi grand que possible, et prenez-le comme référence pour la recherche d'autres étoffes. Bien que tous les éléments d'une pièce ne soient pas censés être coordonnés, on obtient une impression d'unité en assortissant, par exemple, un abat-jour au jupon d'une housse de chaise, ou en choisissant les carreaux d'un coussin ou d'un traversin dans un coloris identique au détail de l'imprimé fleuri d'un rideau. Une seule embrasse qui rappelle la teinte d'un canapé participe à l'harmonie. Discrets, ce genre de fils conducteurs assurent la réussite ; trop nombreux, ils rendent claustrophobe. Comme toujours, le secret réside dans l'équilibre.

Cet abat-jour simple a été gainé d'un tissu à petits motifs, puis habillé d'un jupon coordonné en forme de mouchoir. **Voir les abat-jour page 154.**

Cette pimpante tenue printanière en percale à motif provençal métamorphose une chaise ordinaire.

Voir la housse de chaise en deux parties pages 168 et 169.

Légèrement rembourrés et matelassés, ces sets de table sont accompagnés de serviettes assorties, coupées dans un joli coton fleuri.

Voir le linge de table page 185.

Du chintz brillant et du taffetas craquant pour cette chaise au dossier et au jupon endimanchés.

Voir la housse de chaise en deux parties pages 168 et 169.

des imprimés délicats
pour une parure de jardin

Lorsque le beau temps s'installe, les fêtes en plein air deviennent réellement possibles. Au lieu d'un mobilier en plastique lessivable et rapidement transportable à l'intérieur dès que le ciel se gâte, nous pouvons sortir des meubles de la maison afin d'aménager une « vraie pièce » dans un coin du jardin. Avec les jours plus chauds, vient le temps des housses de chaises confortables et des tables recouvertes de nappes.

Prenons par exemple la cérémonie du thé. Un décor élégant est nécessaire pour apprécier pleinement un rituel aussi civilisé qui, célébré à l'extérieur, peut être élevé au rang d'un art. La confiture et la crème ont inspiré les coloris des chintz fleuris, et les sandwiches au concombre ont suggéré les fines rayures vertes du taffetas des chaises. Les housses, attachées par des rosettes comme les tabliers de jadis, vous permettront enfin de donner libre cours à une passion secrète pour les volants et les jupons. Variez les étoffes et les motifs, surtout si vos chaises sont dépareillées.

Choisissez les couleurs parmi celles des fleurs du jardin, mais ajoutez des tons neutres et des textures à grain pour équilibrer leur suavité. Un tissu à l'aspect plus rugueux, comme le lin, conviendra bien à la réalisation d'une nappe rustique ; la sobriété d'une vaisselle simple, crème et blanche, contrebalancera l'abondance des motifs. Même dressé à l'intérieur – dans l'angle d'un grand séjour, par exemple –, un décor comme celui-ci recréera l'atmosphère fraîche d'un jardin printanier, cadre parfait pour n'importe quelle sorte de repas. Si vous avez la chance de posséder une véranda ou un jardin d'hiver, pourquoi ne pas les transformer en salle à manger grâce à ces chaises volantées et cette attrayante parure de table ?

Dès la première belle journée de printemps, on a transporté le mobilier dehors. La table est habillée de toile de lin, avec une petite surnappe en coton fleuri et des sets matelassés assortis. Les chaises sont élégamment juponnées de chintz et de taffetas.

Voir le linge de table pages 184 et 185.

Un divan en fer forgé est encadré par deux fenêtres habillées de stores rouleaux et de lambrequins joliment froncés, montés sur de minces barres à rideaux. Le cache-sommier qui dissimule les pieds du divan n'est, en fait, qu'un petit rideau muni d'une tête froncée.

Voir le store rouleau pages 145 et 146, le lambrequin froncé page 153, et la tête à volant froncé page 151. Pour le porte-cadre, voir les rosettes page 144.

tendre douceur

impressions bucoliques
dans un séjour rustique

Le charme champêtre des toiles de Jouy est aussi populaire de nos jours qu'au XVIIIe siècle, époque de leur apogée. C'est la reproduction d'un motif ancien qui orne les stores jaune d'or de ce séjour. La représentation très détaillée d'un rendez-vous amoureux à l'ombre d'un arbre y est répétée, entremêlée à un exubérant motif floral. Il se passe tellement de choses dans les scènes figurées sur les toiles de Jouy qu'elles animent instantanément les pièces qui en sont décorées. On perçoit toujours dans ces motifs classiques quelque nouveau détail : une expression sur le visage de la bergère, la courbe d'une feuille...

Un rose tendre, du blanc, un jaune d'or profond et un rouge bordeaux majestueux composent une palette audacieuse qui fonctionne ici étonnamment bien. Murs et fenêtres forment l'arrière-plan d'un lit théâtral, envahi par un désordre organisé de coussins. Ce merveilleux divan de fortune focalise couleurs et textures. Les coussins, dans différentes nuances de rose, de mauve, de jaune et d'or – carreaux soyeux et lin léger, rayures et imprimés – prolongent nonchalamment l'harmonie de base. La toile bordeaux de l'un d'eux fait écho au thème des stores. Les lambrequins en taffetas à carreaux ont été étroitement froncés, tout simplement en les enfilant sur des tringles minces, alors que le cache-sommier en toile de coton foncé a été mis en forme avec du ruban plisseur. La délicieuse demoiselle qui regarde au-delà de son cadre doré est une reproduction sur tissu d'un tableau du XVIIIe siècle. Une telle richesse de motifs requiert un sol uni et naturel.

Le divan est garni de coussins, d'oreillers et de traversins, dans des teintes tendres de rose, de jaune et de mauve.

Voir les taies d'oreillers, les coussins et les traversins pages 155 à 163.

Un jupon bouillonné en taffetas soyeux habille un abat-jour assorti.

Voir l'abat-jour bouillonné page 154.

faite sur mesure la housse pour étagères

Des étagères ou une penderie en forme de tente sont amusantes et très pratiques dans n'importe quelle pièce de la maison. Ici, nous avons utilisé pour les rideaux une toile imprimée d'un motif monumental, appelé « Vues de Paris », et un tissu assorti au dessin moins détaillé pour le chapiteau et les tablettes. Les garnitures festonnées de celles-ci sont fixées à l'aide de ruban auto-agrippant. Entièrement amovible, la housse est facile à retirer pour être nettoyée à sec ou lavée délicatement. Sur les coutures des côtés, une cordelière coordonnée est enfilée à travers une boutonnière, de manière à attacher le rideau de part et d'autre de l'ouverture. Pour un fini soigné, le chapiteau et le bord des garnitures sont doublés. Un toupet rigidifié par du fil de fer coiffe le tout avec drôlerie. En modifiant la longueur des tasseaux, vous pouvez adapter la hauteur du chapiteau aux dimensions de votre pièce.

fig. 1

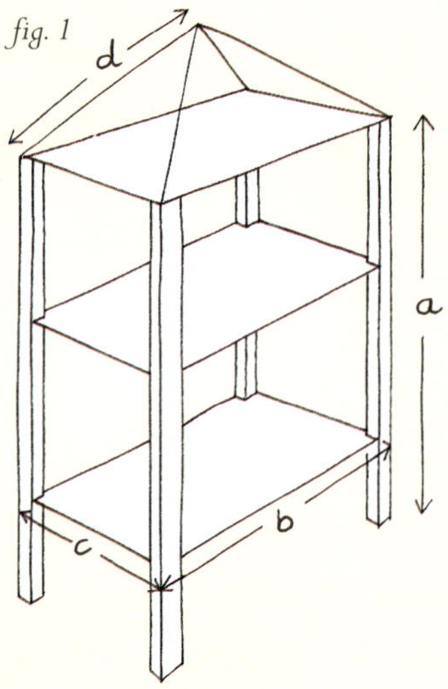

fournitures

Du tissu principal (en 150 cm de larg.), du tissu contrastant, de la doublure, des étagères en bois (approx. : l. 1 m x prof. 0,50 m x H. 2 m), quatre tasseaux (section env. 50 x 20 mm ; L. = 70 cm) pour les jambes de force, une perceuse, quatre vis, du ruban crépon adhésif, de la ficelle, du fil de fer fin, 4 x 83 cm de triplure thermocollante double face, 5 m de cordelière, des punaises, un cutter, 50 cm de ruban autoagrippant par tablette.

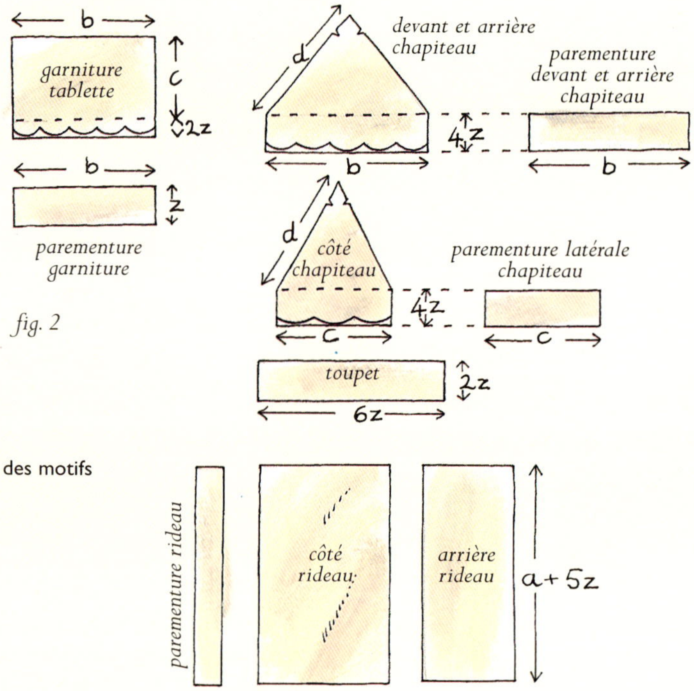

fig. 2

mesures et coupe *(fig. 1 et 2)*

Prévoyez du tissu supplémentaire pour les raccords des motifs (voir page 148).

tissu principal (ajoutez 2 cm autour de chaque pièce)

Côtés rideau (deux pièces) : largeur = 150 cm ; hauteur = *a* + 25 cm.

Arrière rideau : largeur = 1,15 m ; hauteur = *a* + 25 cm.

Parementures rideau (deux pièces) : largeur = 20 cm ; hauteur = *a* + 25 cm.

tissu contrastant (ajoutez 2 cm autour de chaque pièce)

Devant et arrière chapiteau (deux pièces) : côtés triangle = *d* ; largeur = *b* ; hauteur bordure = 20 cm.

Côtés chapiteau (deux pièces) : côtés triangle = *d* ; largeur = *c* ; hauteur bordure = 20 cm.

Faites une encoche sur les côtés, 5 cm au-dessous de la pointe.

Garnitures (une pièce par tablette) : longueur = *b* ; profondeur = *c* + 10 cm.

Toupet : 28 x 85 cm.

doublure (ajoutez 2 cm autour de chaque pièce)

Parementures devant et arrière chapiteau (deux pièces) : longueur = *b* ; hauteur = 20 cm.

Parementures latérales chapiteau (deux pièces) : longueur = *c* ; hauteur = 20 cm.

Parementures garnitures (une pièce par tablette) : longueur = *b* ; hauteur = 10 cm.

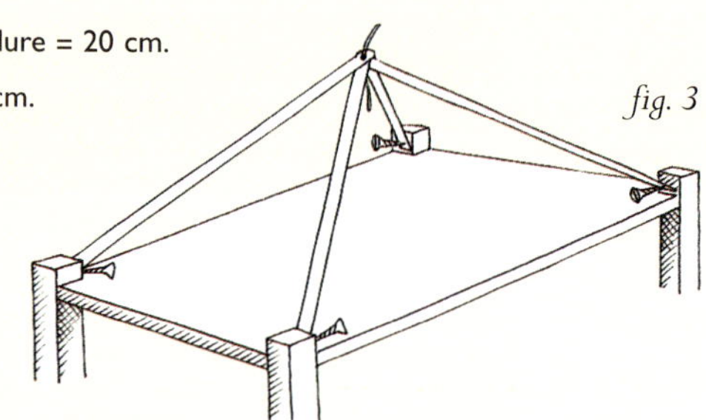

fig. 3

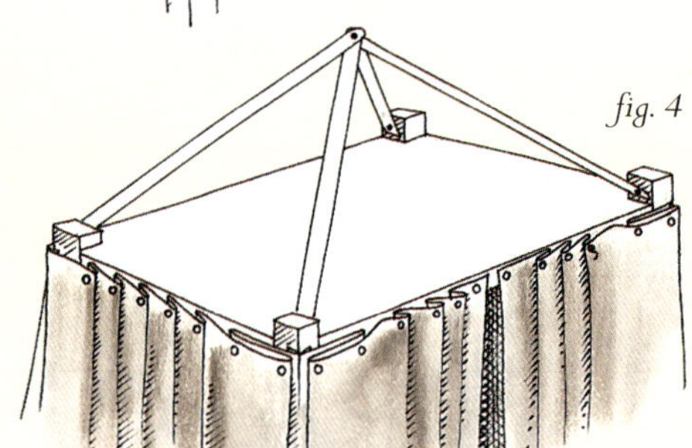

fig. 4

réalisation de la structure du chapiteau

1 Assemblez les étagères. Sur chaque tasseau, percez un trou de 5 mm de diamètre à une extrémité, et un de 2 mm de diamètre à l'autre extrémité. Enfilez la ficelle dans les trous les plus gros. Nouez-la solidement mais sans serrer. Avec du ruban crépon adhésif, fixez la structure au sommet des étagères, et marquez les points où les tasseaux reposent sur les montants. Percez ces derniers selon l'angle approprié, puis vissez-y les tasseaux *(fig. 3)*.

réalisation des rideaux

fig. 5

2 Surfilez l'un des grands côtés des deux parementures. Épinglez puis piquez l'autre côté sur l'une des pièces latérales, endroit contre endroit et bord à bord. Couchez les coutures sur les devants. Si le tissu n'est pas réversible, placez l'endroit de la pièce arrière à l'intérieur de la housse. Épinglez puis piquez les pièces latérales de part et d'autre de la pièce arrière, bord à bord. Faites un ourlet de 12 cm à la base de l'ensemble.

3 Fixez le rideau sur la tablette la plus haute en punaisant le milieu au centre du bord arrière de celle-ci, et les deux extrémités au centre du bord avant. Façonnez trois petits plis de part et d'autre de l'ouverture,

puis punaisez-les. Punaisez un pli creux inversé de 15 cm de largeur sur les deux coins avant. Punaisez les coutures des côtés sur les deux coins arrière. Façonnez le tissu restant en petits plis, et punaisez-le *(fig. 4)*.

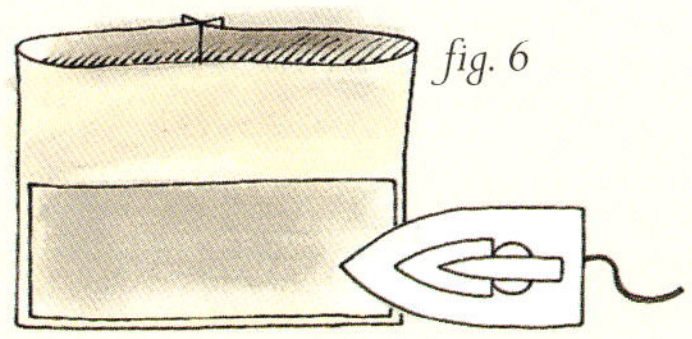

fig. 6

réalisation du chapiteau

fig. 7

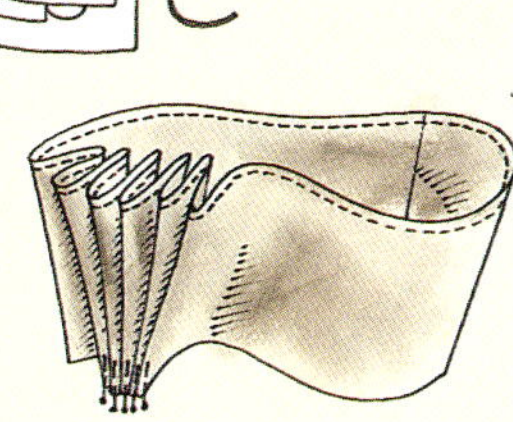

fig. 8

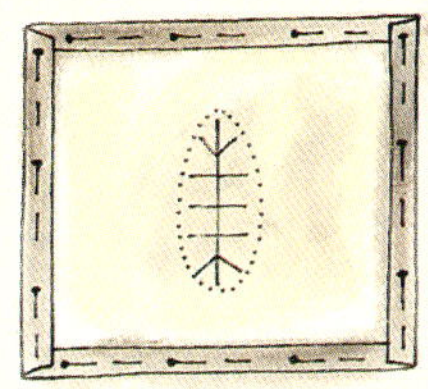

4 Endroit contre endroit, épinglez les pièces latérales de part et d'autre du devant. Piquez à 2 cm des bords (de l'encoche jusqu'à 2 cm de la base). Assemblez la pièce arrière aux pièces latérales. Ouvrez les coutures au fer.

5 Épinglez les parementures latérales de part et d'autre de la parementure devant, puis la parementure arrière sur les autres côtés. Piquez à 2 cm des bords, puis couchez les coutures. Surfilez le bord supérieur. Tracez au bas de la parementure trois festons sur les pièces latérales, et cinq sur les pièces devant et arrière (voir page 156).

6 Épinglez la parementure sur le bord inférieur du chapiteau, endroit contre endroit. Piquez sur le tracé des festons *(fig. 5)*. Rognez la réserve de couture, et crantez les courbes (voir page 139). Retournez sur l'endroit, puis repassez. Épinglez le bord libre de la parementure sur l'envers du chapiteau.

réalisation du toupet

7 Assemblez les petits côtés de la bande, endroit contre endroit, puis ouvrez les coutures au fer. Pliez la boucle ainsi obtenue en deux dans le sens de la hauteur, envers contre envers, repassez-la, et dépliez-la. Placez la triplure autour, sur l'envers, puis repassez *(fig. 6)*. Enlevez le papier protecteur, et repliez le tissu sur le pli précédemment marqué. Torsadez ensemble les extrémités du fil de fer afin de former un anneau de la même taille que la boucle de tissu. Placez-le dans le pli, et épinglez. Repassez pour coller la deuxième face de la triplure. Avec un pied-de-biche pour fermeture à glissière, piquez le long du pli, juste sous le fil de fer.

8 Façonnez des plis sur toute la boucle de tissu, et épinglez-les en les rassemblant à la base *(fig. 7)*. Glissez le toupet dans le trou au sommet du chapiteau, et ajustez étroitement l'ensemble. Ôtez le toupet, puis fixez les plis à points coulés, à 3 cm du bord inférieur. Épinglez le toupet sur le chapiteau, et cousez-le solidement.

9 Enfilez le chapiteau sur les jambes de force de manière que les coins s'ajustent aux montants. Épinglez-le en piquant à travers la parementure. Ôtez la housse, puis faites une piqûre double au sommet des festons.

10 Attachez la moitié de la cordelière autour de l'un des montants du devant des étagères, au niveau de la tablette centrale. Marquez le point correspondant sur la housse, à l'intérieur du pli creux, puis ôtez-la. Coupez un carré de tissu de 6 cm de côté, et rabattez ses bords de 5 mm sur l'envers. Sur l'envers, dessinez un ovale suffisamment grand pour la cordelière. Épinglez cette pièce sur le rideau, endroit contre endroit, en la plaçant sur le point précédemment repéré, puis piquez sur le tracé ovale. Entaillez le tissu à l'intérieur de ce dernier, crantez-le *(fig. 8)*, puis rabattez la pièce sur l'envers. Repassez les bords, épinglez-les puis cousez-les à points coulés. Procédez de la même manière sur l'autre côté de la housse.

réalisation des garnitures

11 Tracez cinq festons sur chacune des parementures, puis assemblez-les aux garnitures comme pour le chapiteau. Égalisez et surfilez les trois autres côtés. Cousez l'une des partie d'un morceau de ruban autoagrippant sur chaque côté, sur l'envers. Fixez les secondes parties sur la tablette, aux endroits correspondants.

12 Placez les garnitures et la housse sur les étagères. Enroulez chaque embrasse autour d'un montant, enfilez l'une de leurs extrémités dans une fente, puis nouez-la souplement à l'autre.

changement de décor

quand le rêve devient réalité
dans une chambre à coucher

Les rêves peuvent être déclenchés par une phrase ou une image. L'inspiration en matière de décoration intérieure fonctionne sur le même principe. Elle part d'un détail ténu mais séduisant, et finit par gagner toute la pièce. Et où est-on plus libre de laisser vagabonder son imagination que dans sa chambre à coucher ?

Prenez une embrasse. Il s'agit d'un accessoire infime, plutôt considéré comme une finition que comme le point de départ d'une ambiance, mais qui peut rapidement engendrer un flot de rêveries. En regardant une embrasse ancienne, nous sommes transportés entre deux âges, dans un manoir délabré au charme désuet, où les vestiges de fastes passés subsistent dans un cadre devenu plus rustique. À partir de ce petit objet, vous pouvez camper toute une mise en scène.

Réfléchissez à l'espace dont vous disposez. Dans la plupart des cas, la chambre est avant tout destinée au sommeil : habillez d'abord le lit, puis construisez le décor autour de lui. Dans une pièce de dimensions réduites, il est préférable de reprendre pour l'ensemble les motifs et les coloris du lit afin d'éviter des contrastes qui la surchargeraient et la feraient paraître oppressante.

Cela ne veut pas dire que vous devez vous limiter à un seul motif dans les petits espaces. Tant que la répétition des coloris crée un fil conducteur, il est tout à fait possible d'associer plusieurs dessins, harmonieusement et sans sensation d'étouffement. Ici, le vert d'une toile nostalgique est relevé par un vichy contemporain. Les pétales rouge sombre d'un coton à fleurs sont assortis au damier rose et crème d'un chintz. On a marié des motifs tissés à des imprimés naïfs et à des carreaux modernes, et des étoffes transparentes, superbement décadentes, à des lins artisanaux et à de douces cotonnades fleuries.

ci-dessus

Le charme désuet d'une embrasse ancienne en bois doré met en valeur de fantasques rideaux.

Un paravent procure une intimité parfois nécessaire. Ici, on a froncé un panneau de tissu en haut et en bas à l'aide de ruban plisseur, puis on l'a noué sur un cadre de bois à l'aide de liens assortis.

Voir les rubans plisseurs page 151, et les liens page 144.

Une housse en toile grise et vichy vert habille coquettement un édredon rebondi.

Voir la housse de couette nouée page 182.

Une abondance de gris doux et de verts apaisants règne dans cette chambre douillette. Un coussin festonné fait écho à la bordure en vichy de l'édredon. La base du lit est habillée d'un cache-sommier en vichy coordonné. Le repose-pieds est habillé d'un simple carré de tissu, plissé aux quatre coins et orné de rosettes.

Voir la taie d'oreiller festonnée page 156, le cache-sommier froncé page 183, et la housse ornée de rosettes page 181.

Un effet inhabituel a été créé ici en encadrant un store à l'italienne non doublé, confectionné dans un coton imprimé, avec des rideaux en voile translucide, ornés d'un motif délicat.

Voir le store bouillonné page 146, et les rideaux non doublés page 149.

Ce panier, généreusement doublé comme les couffins des pages 134 à 137, est pourvu de poches supplémentaires pour ranger le nécessaire de toilette de bébé.

vert printemps et rose bourgeon
pour les détails et les finitions

Ne soyez pas avare de tissu dans une chambre à coucher. Parsemées de rosettes, les rondeurs de l'édredon ondulent comme des vagues apaisantes ; les housses de coussins, bouillonnées et froncées, sont bordées de festons. Le faible coût des tissus à carreaux et à rayures vous permettra d'être plus généreux par ailleurs. L'association du simple et du somptueux est toujours efficace. Ici, nous avons recouvert une chaise de toile rayée bon marché ; la petite folie, ce sont les rosettes et le volant coupés dans un taffetas de soie onéreux provenant des chutes d'une paire de rideaux. Les larges rosettes du repose-pieds ont été confectionnées dans le même tissu. Un paravent habillé de tissu froncé crée un arrière-plan en courbes douces. Un tapis souligne les tons roses et rouges des étoffes fleuries et à carreaux qui, disséminées dans la pièce, lui confèrent une atmosphère agréable et reposante.

Peignez les murs dans des teintes naturelles, puis ajoutez des accessoires tels que paniers en osier garnis de volants et cadres en bois, afin de doter votre composition d'un support authentique et rassurant.

Augmentez la luminosité du soleil à l'aide de voilages vaporeux, retenus en drapés par des embrasses dorées, et renforcez cet effet en accrochant un store bouillonné, plus volumineux. Amoncelez des coussins volantés, ainsi que des oreillers en broderie anglaise et en vichy, sur des meubles rustiques en bois peint.

Assorties aux gris de la housse de couette nouée, les rayures rustiques de ce fauteuil sont enjolivées de rosettes en taffetas rose.

rouge passion

un raffinement audacieux
pour une chambre

Le rouge est toujours resplendissant. Nous sommes enclins à porter des vêtements rouges si nous voulons nous sentir confiants, optimistes et rayonnants. Il est toutefois étonnant que les pièces d'une maison, elles, soient rarement habillées de cette couleur. Il s'agit sans aucun doute d'une idée audacieuse, mais qui mérite d'être mise en pratique. Prenez votre courage à deux mains, soyez intrépides, et savourez les délices du rouge !

Imaginez un jardin empli de coquelicots et de pivoines, de rhododendrons et de camélias. Gardez en tête ces riches teintes afin de choisir des tissus qui en restitueront toute la fraîcheur. Essayez les toiles de Jouy : il existe une quantité de motifs délicieux qui sont autant de bonnes excuses pour se laisser aller à sa passion du rouge. Les pages précédentes présentaient de ravissants imprimés mélangés à des tissus contemporains – carreaux, fleurs et rayures –, un coussin par-ci, un rideau par-là. Mais comme tous les motifs spectaculaires, les dessins caractéristiques de la toile de Jouy méritent d'être la vedette d'une chambre. Vous pouvez associez les interprétations modernes et les reproductions de thèmes originaux. C'est en reprenant dans toute la pièce plusieurs nuances d'une même couleur sur un fond neutre que vous obtiendrez le meilleur résultat. Utilisez des étoffes de textures différentes pour donner encore plus d'intérêt au décor.

Meubles, rideaux, coussins, tentures… Répandez la toile avec prodigalité. Votre devise doit être : « Toujours plus ! » Conservez des coloris neutres au sol et au plafond afin d'équilibrer la richesse du rouge.

ci-contre

Vue sur la chambre depuis la salle de bains attenante, elle aussi décorée de toiles magnifiques. La table est habillée d'un cercle de tissu galonné, coiffé d'une petite surnappe carrée.

Voir les nappes pages 184.

à droite

Deux toiles sont associées sur ce jeté de lit réversible et matelassé. Les oreillers et les rideaux sont dans le même ton de rouge, mais avec des motifs différents. La tête du lit est revêtue d'un tissu coordonné. La garniture volantée du chevet se réalise comme un set de table circulaire.

Voir le baldaquin et le jeté de lit matelassé pages 38 et 39, et les taies d'oreillers pages 155 à 157.

un baldaquin pour une chambre somptueuse

Les enfants raffolent des cachettes. Les adultes n'étant jamais que de grands enfants, pourquoi ne pas vous aménager une alcôve royale protégée par un baldaquin, comme une sorte de cabinet particulier à l'intérieur d'une pièce ? Des ornements anciens en laiton, en forme de rosettes et de guirlandes, ornent le dais habillé de velours.

Le jeté de lit matelassé est réversible. Quand elle est rabattue, la toile de l'envers, délicatement ornée, contraste joliment avec le motif plus chargé de l'endroit. Les surpiqûres mettent l'ensemble en valeur.

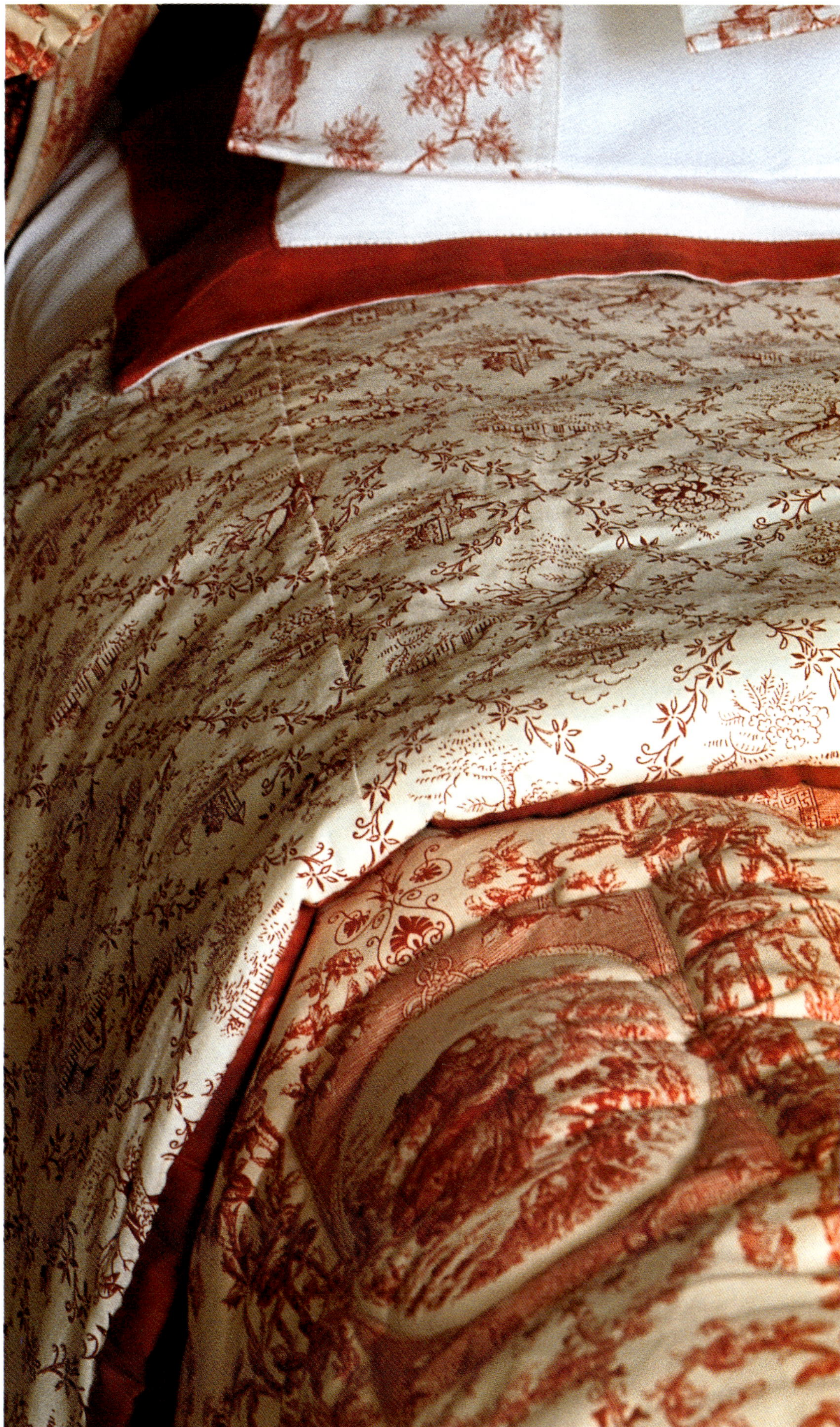

fig. 1

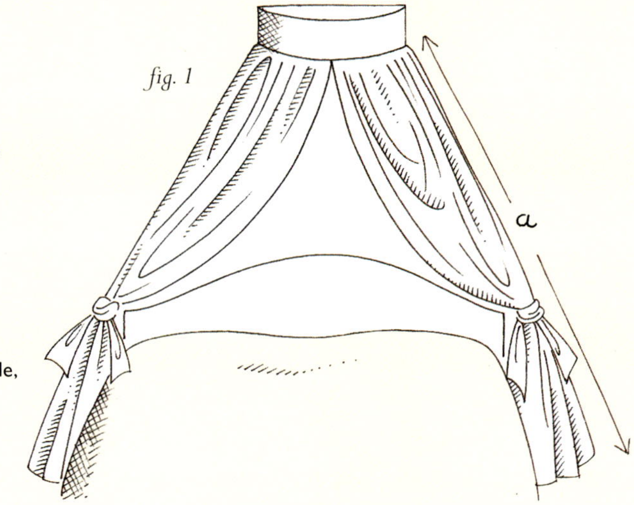

fournitures

pour les rideaux et les embrasses

Du tissu principal, du tissu contrastant, du galon frangé (longueur = 2 *a* + 6 laizes de tissu), une craie ou un crayon effaçable, cinquante crochets à rideaux, 5,50 m de passepoil étroit, deux petits anneaux en laiton, deux gonds à embrasses.

pour le baldaquin

Un demi-cercle d'aggloméré de 2,5 cm d'épaisseur (diamètre = 48 cm), un demi-cercle de tissu contrastant (diamètre = 0,55 m), 1,60 m de galon frangé, de la colle vinylique, une vrille, cinquante pitons, deux équerres et leurs vis, 1,50 x 0,10 m de contreplaqué, 0,20 x 1,60 m de velours, 1,60 m de passepoil en velours de 1 cm de largeur, des semences de tapissier.

fig. 2

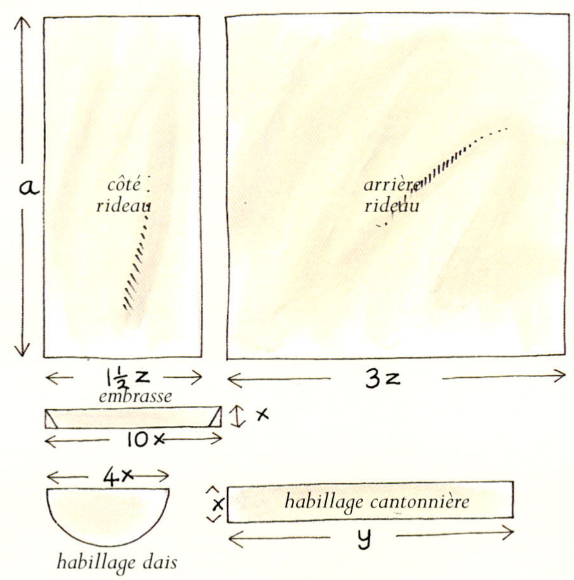

mesures et coupe *(fig. 1 et 2)*

Le dais est fixé au mur, au-dessus du lit et au centre de celui-ci ; sa hauteur dépend des dimensions de votre pièce. Déterminez son emplacement avant de calculer le métrage de tissu nécessaire. Prévoyez un supplément pour les raccords de motifs (voir page 148).

Arrière du rideau, coupez une pièce dans le tissu principal et une pièce dans le tissu contrastant : largeur = 3 laizes de tissu ; hauteur = *a* + 4 cm.

Côtés du rideau, coupez deux pièces dans le tissu principal et deux pièces dans le tissu contrastant : largeur = 1,5 laize de tissu ; hauteur = *a* + 4 cm.

Embrasses, coupez deux pièces dans le tissu principal et deux pièces dans le tissu contrastant : largeur = 15 cm ; longueur = 1,50 m.

Habillage du dais (tissu contrastant) : un demi-cercle de 60 cm de diamètre.

Habillage de la cantonnière (velours) : longueur = 1,55 m ; hauteur = 15 cm.

réalisation du dais

1 Recouvrez l'aggloméré de tissu contrastant en tirant bien celui-ci sur les tranches, et en le fixant avec de la colle vinylique. Sur tout le périmètre, sauf 10 cm au centre de la courbe, percez à l'aide de la vrille des petits trous espacés de 4 cm, à 1 cm du bord. Vissez solidement un piton dans chacun d'eux en positionnant l'œil parallèlement au bord du bois. Sur l'autre face, fixez les deux équerres sur le bord rectiligne, à 30 cm de chaque extrémité.

2 Recouvrez le contreplaqué de velours, puis cousez ou collez le passepoil le long du bord supérieur, en finissant soigneusement les extrémités. Courbez la base de la cantonnière autour de la courbe de l'aggloméré, et fixez-la avec des semences *(fig. 3)*. Collez le galon frangé pour masquer ces dernières. Ajoutez toute autre décoration, puis vissez les équerres au mur.

fig. 3

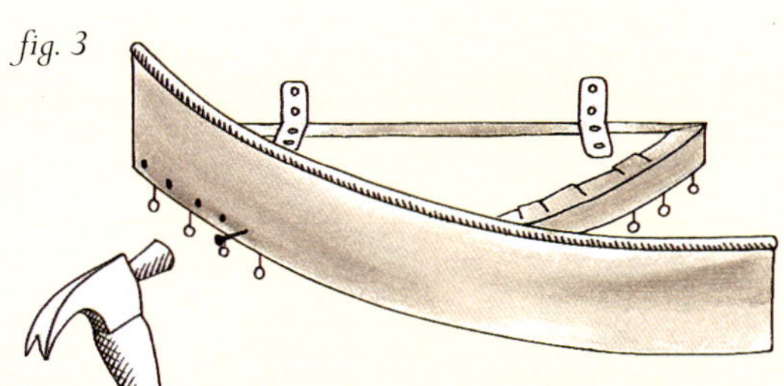

réalisation des rideaux

1 Coupez les lisières du tissu. Réunissez les laizes comme cela est expliqué page 143, puis assemblez les pièces latérales de part et d'autre de la pièce arrière. Doublez le rideau selon la méthode des panneaux réversibles (voir page 143), en laissant les bords supérieurs libres. Cousez le galon frangé sur l'endroit, sur les deux côtés et la base, sur les coutures. Repliez les deux bords supérieurs de 2 cm à l'intérieur, repassez-les, puis piquez-les.

2 Pour ramener la largeur du rideau à 2 m, façonnez le bord supérieur en plis cousus à la main de la manière suivante. Tracez deux lignes sur l'envers, la première à 1 cm du bord supérieur, la seconde 4 cm en dessous. Enfilez du fil cordonnet mis en double sur deux aiguilles robustes, et fixez solidement une aiguillée à l'extrémité de chaque ligne, à 4 cm du

fig. 4

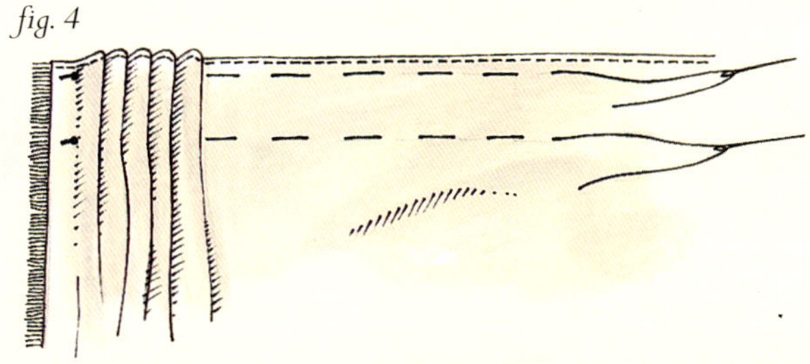

bord. Faites des points avant de 2 cm, en fronçant régulièrement le tissu, et en arrêtant le fil à la fin de chaque aiguillée *(fig. 4)*. Continuez jusqu'à 4 cm de l'autre extrémité. Cousez un crochet tous les 4 cm, de façon qu'ils soient dissimulés dans les plis et que seule leur pointe dépasse.

3 Épinglez ensemble les extrémités des deux pièces de chaque embrasse, et biaisez les angles. Épinglez puis cousez du passepoil tout autour des pièces de tissu contrastant, sur l'endroit. Épinglez une pièce de tissu principal par-dessus, endroit contre endroit. Piquez les quatre côtés sur la ligne de couture précédente en laissant une ouverture de 5 cm de longueur au milieu de l'un des grands côtés. Crantez les angles, et retournez sur l'endroit. Repassez, puis fermez les ouvertures à points coulés. Cousez un anneau en laiton au milieu de chaque embrasse, sur la face en tissu principal.

4 En commençant au centre du rideau, glissez un crochet dans chaque piton. Fixez un gond de chaque côté du lit. Repérez le point correspondant sur les coutures assemblant les pièces arrière et latérales du rideau. Décrochez celui-ci, et défaites les coutures des côtés sur 8 cm à l'endroit des repères. Fermez les pièces de tissu principal et de tissu contrastant ensemble, à points coulés, le long des lignes de couture précédentes, de manière à former une fente. Suspendez les embrasses aux gonds, et accrochez de nouveau les rideaux. Passez l'une des extrémités de chaque embrasse à travers une fente, et nouez-la souplement à l'autre.

le jeté de lit matelassé

fournitures

Du tissu principal, du tissu contrastant, du tissu uni, de la ouatine polyester, un guide de traçage pour machine à coudre, des épingles de sûreté et des clips de maintien pour quilting.

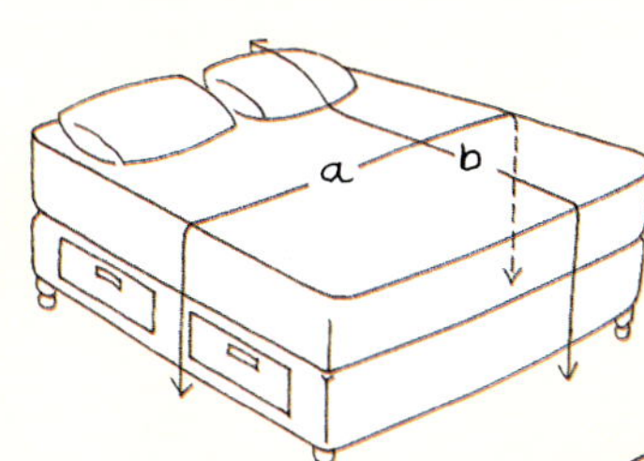

fig. 1

mesures et coupe *(fig. 1)*

Dessus (tissu principal) : largeur = *a* ; longueur = *b* ; ajoutez 3 cm tout autour.

Dessous : coupez une pièce identique au dessus dans le tissu contrastant.

Rembourrage : assemblez des laizes de ouatine avec un point de chausson souple afin d'obtenir une pièce identique à celle du dessus.

Biais (tissu uni) : largeur = 8 cm ; longueur = 2 *a* + 2 *b* + 40 cm.

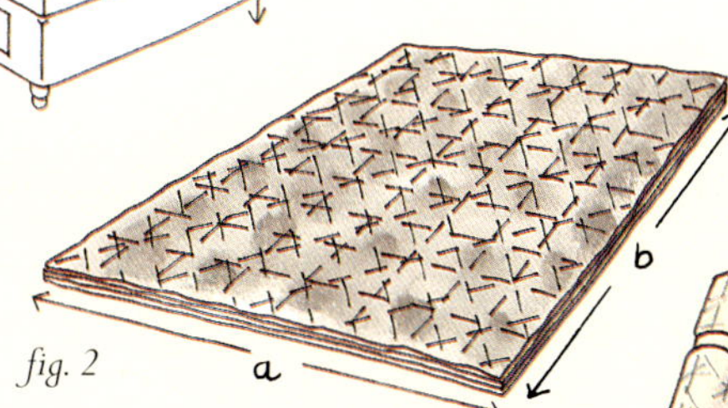

fig. 2

réalisation

1 Placez la pièce du dessus sur la ouatine, l'endroit vers l'extérieur, et bâtissez-les ou assemblez-les avec des épingles de sûreté pour quilting. Lissez le tissu au fur et à mesure. Travaillez du centre vers les quatre coins, puis vers le milieu de chaque côté. Couvrez ensuite toute la surface du tissu avec des lignes parallèles espacées de 25 cm *(fig. 2)*. Roulez les bords de l'ouvrage dans les clips de maintien, de façon à ménager une surface plate de 40 cm de largeur *(fig. 3)*.

fig. 3

2 Réglez la machine sur un point droit de longueur moyenne, puis piquez lentement le long des lignes. Lorsqu'une zone est terminée, enroulez les bords de manière à en découvrir une nouvelle. Travaillez du centre vers chacun des côtés.

3 Arrêtez les fils sur l'envers. Égalisez les bords, et coupez les coins à angle droit. Épinglez la pièce du dessous sur l'ensemble, l'envers contre la ouatine. Piquez à 1 cm des bords, puis posez le biais (voir page 140).

à droite

Des meubles en bois peint, des accessoires décoratifs et de la porcelaine précieuse des XVIIᵉ et XVIIIᵉ siècles mettent en valeur des tissus aux motifs du même style. Ici, un somptueux rideau en coton imprimé plante le décor.

Voir les rideaux à doublure flottante page 149.

Sur un tabouret peint, on a empilé des petits coussins en toile imprimée et en tissu à carreaux, généreusement ornés de franges, de pompons et de liens.

Voir les coussins pages 158 à 160, et la galette pour repose-pieds page 166.

une débauche d'étoffes **dans un boudoir**

Il est évident que d'opulentes étoffes drapées avec prodigalité autour des fenêtres apportent à une chambre à coucher un raffinement extrême dont le goût prouve un regret inavoué de n'être pas né à l'époque des robes longues et froufroutantes. Offrez à la fenêtre de votre chambre un tissu somptueux, tombant en larges plis, ou bien doublez de coton beige sombre des toiles aux dominantes rouge profond et blanc cassé. Ne réservez surtout pas aux rideaux votre petit penchant pour le faste. Les étoffes offrent des possibilités illimitées de décors spectaculaires. Jouez avec vos tissus préférés tout autour de la pièce. La répétition des associations de couleurs dans une salle de bains ou un cabinet de toilette attenants créeront une impression de continuité et d'espace. Confectionnez par exemple les tentures du lit et les rideaux de la salle de bains dans la même toile rouge et blanche. Vous pouvez aussi rappeler le dessin du jeté de lit dans la seconde pièce sur les garnitures en papier peint des étagères d'une armoire. Afin de reposer l'œil de cette abondance de motifs, le linge de lit et de toilette sera intégralement blanc, à l'exception peut-être de liserés ou de broderies rouges, mais les inconditionnels peuvent bien sûr opter pour une parure de lit entièrement imprimée. Choisissez des tapis rouges et blancs pour la chambre à coucher et la salle de bains. Des accessoires comme de la porcelaine du XVIIIe siècle, des cadres et des miroirs dorés, des chandeliers et des portraits anciens accrochés aux murs s'accorderont bien à la richesse des motifs.

L'intérieur d'une armoire peinte révèle bien des surprises avec ces étagères habillées de garnitures festonnées en toile.

été

la lumière

En été, le monde végétal est à l'apogée de son épanouissement et le genre humain au meilleur de sa forme. C'est l'époque où vous ouvrez les yeux avant que la sonnerie du réveil ne retentisse parce que le soleil s'est déjà frayé un chemin à travers le moindre interstice pour annoncer que le jour a commencé sans vous. Même lorsque l'air est frais, le simple mot d'été suffit à vous transporter en pensée sur une colline verdoyante d'où vous observez la dérive mouvante des nuages dans l'azur du ciel. Vous imaginez la brise ébouriffant les arbres, puis vous sentez les feuilles palpiter sous la caresse du vent.

inspiration naturelle

Nombreux sont ceux qui ont essayé de mettre en bouteille et de vendre le parfum du linge fraîchement lavé et qui aurait doucement séché sur un fil noué entre deux arbres, dans un jardin, en été. Mais il faut admettre que rien ne peut rivaliser avec l'authenticité. Il existe cependant d'autres façons de donner à votre maison une atmosphère de plein air. Décorez les pièces avec des tissus évoquant vos jours d'été préférés. Laissez l'éclat du sable, la clarté de la mer et la lumière du soleil orienter votre choix vers des étendues de bleu mêlé de blanc et de teintes naturelles. Les couleurs des prairies luxuriantes, la chair fondante des fruits mûrs, les fleurs en boutons et les feuillages vigoureux devront aussi jouer leur rôle. Pensez à la chaleur des scènes estivales peintes par Rousseau ou par Dufy. Souvenez-vous de ces après-midi coloriés par le vert des pelouses de croquet et le blanc des ballons. Et ne craignez surtout pas de déshabiller une pièce chaudement parée pour l'hiver pour lui faire revêtir une lumineuse robe d'été.

clarté et luminosité

pour des ambiances estivales

Au plus chaud de l'été, l'intérieur de votre maison doit donner l'impression d'un refuge net, frais et vivifiant où l'on peut se protéger du soleil de midi. Elle ne doit pas présenter la moindre trace de couleur sombre : laissez le champ libre aux teintes éclatantes et à l'exubérance désordonnée de fleurs lumineuses.

Pour que l'été entre chez vous, choisissez des tissus blancs et naturels, des indigos frais, des associations vigoureuses de bleu et de blanc, des jaunes citron acidulés et des imprimés fleuris exotiques. Les carreaux doivent être grands, les motifs audacieux et joyeux, afin d'égaler les jardins au sommet de leur gloire.

Les thèmes décoratifs sont généralement clairs et spontanés. Actuellement, un style plus citadin, sobre et architectural, commence à prendre le pas sur les ramages et les fleurs en boutons, sur les toiles rustiques et les vichys printaniers. Le résultat en est plus froid qu'intime. Ne rejetez pas pour autant toute idée de cotonnades désuètes, colorées et fleuries, car elles auront toujours leur place dans un décor.

légèreté
et fraîcheur
pour un contraste de matières

Laissez-vous aller à la splendeur de l'été qui, par ses couleurs, vous inspirera dans le choix de vos tissus. Imaginez-vous laissant traîner une main dans le sillage d'un voilier, et trouvez des cotonnades fluides, soyeuses et délicatement colorées qui vous rappelleront cette sensation. Ne vous arrêtez pas là ! Réalisez une cascade vaporeuse de voiles mousseux et transparents tombant jusqu'à terre : elle laissera entrer le soleil, vous offrant le meilleur des jours ensoleillés. Sur les canapés, les rideaux et les coussins, des toiles de lin naturel suggéreront la sensation du sable sous les pieds. Pour des coussins tout en douceur, la broderie anglaise est aussi fraîche que la crête blanche des vagues. Privilégiez les couettes et les oreillers minces et aérés qui évoqueront des scènes de voiles légèrement gonflées par le vent ou de lessives lavées de frais, ondoyant sous une brise tiède.

Si le jardin d'une fermette était fait en tissu, ce ne serait que cotons fanés roses et blancs, et voilages légers. Ici, un rideau ancien constitue une nappe idéale.

Voir les coussins pages 158 à 160, la galette volantée pour chaise cannée page 166, et la galette de chaise nouée page 167.

à l'ombre des grands arbres

des fleurs à profusion
pour un après-midi paresseux

Il est très satisfaisant de voir un rhododendron ou un buisson de roses récompenser vos soins attentifs par une explosion de couleurs. C'est le genre de spectacle qui peut vous inciter à abandonner la maison au plein cœur de l'été pour camper dans le jardin. Et pourquoi pas ? Mais vous pouvez également recréer cette vivacité dans la décoration de votre intérieur. Sur les murs et les meubles, essayez un fond uni d'un beau vert riche, puis animez-le avec des fleurs roses sur un fond de frais coton blanc. Vous pouvez aussi revêtir les murs de planches peintes dans des teintes pâles, puis y accrocher des étagères avec des pots en terre cuite garnis de géraniums ou de pensées. Aménagez votre véranda en vous inspirant des coloris du jardin afin qu'elle devienne une transition séduisante entre extérieur et intérieur. Observez arbres et massifs, puis choisissez des tissus assortis. Ou bien encore, imaginez le jardin de vos rêves, et cherchez les couleurs et les textures qui évoquent le mieux son atmosphère. Vous obtiendrez ainsi une composition parfaite pour une sieste d'été idyllique. Et quand les fleurs du jardin seront depuis longtemps fanées, celles disséminées sur les tissus évoqueront le souvenir délicieux de jours ensoleillés et de douces nuits.

Un coton vieux rose et blanc orné de roses appelle une finition délibérément féminine, toute en fronces et en rosettes.

un semis de bouquets
sur des meubles en plein air

Il est aisé de mettre une pièce à l'heure d'été grâce à une profusion de tissus ensoleillés. Les cotons doux et passés ainsi que les voilages légers sont autant de rayons de soleil. Confectionnez des housses de chaises dans des imprimés fleuris afin de recouvrir les tapisseries hivernales. Jetez des toiles de lin ou de coton fleuries sur les tables en bois sombre, puis habillez un abat-jour avec un tissu coordonné.

Les coussins fournissent une excellente occasion d'amener de la lumière dans une pièce. Capitonnez-les à l'aide de boutons, puis nouez-les à des chaises en métal ou en bois. Garnissez les fauteuils en rotin de dessus de siège épais, et les banquettes de traversins. Disséminez librement des coussins sur le plancher, les bancs ou les canapés. Échangez les tapis sombres contre des plus clairs. Ajoutez des images dans des cadres de bois clair, et chassez tout désordre. Afin de ranger les fournitures destinées aux ouvrages de couture qui resurgissent chaque été, utilisez vos chutes de tissu pour confectionner des sachets à coulisse ou pour doubler des paniers. Garnissez le couffin d'une adorable doublure en linon pour que Bébé passe un été frais et doux.

Dans la salle à manger, votre vaisselle sera mise en valeur par du linge de table clair et orné d'un motif coordonné, ou par des serviettes et des sets assortis à l'une de ses couleurs. Et surtout, ne pliez pas ceux-ci au fond d'un tiroir quand vous ne les utilisez pas, mais empilez-les sur un buffet comme des accessoires décoratifs.

Ici, nous avons choisi des fleurs rose passé sur fond écru, des roses et des cerises sur du vieux rose et du vert, une rose éclose sur du bleu ciel. Cette profusion de coloris restitue l'atmosphère d'une journée d'été. Ne soyez pas timide dans le choix des motifs floraux : les plus exubérants sont les plus beaux ! Les fleurs épanouies participent au charme de la saison. Vous pouvez associer autant d'étoffes que vous le souhaitez : des bordures tour à tour festonnées et soulignées de biais encadreront les différents motifs. N'oubliez pas de disposer dans la pièce quelques-unes des fleurs qui ont inspiré le décor. Un petit pot de roses et un peu de feuillage suffiront à suggérer la filiation.

à droite et ci-contre

Un abat-jour volanté et un sac à coulisse assorti reprennent les tons roses de la housse festonnée. Celle-ci est attachée au dossier à l'aide de rosettes en tissu.

Voir la housse de fauteuil nouée dans le dos pages 178 à 180, et l'abat-jour volanté page 154.

à gauche

Un panier de cerises a inspiré le tissu de ces courtepointes à l'ancienne, de ces délicieux oreillers et de ces coussins aux couleurs estivales, bordés d'adorables volants roses ou d'un simple passepoil.

Voir les coussins pages 158 à 160.

ci-dessous

Des roses sur un ciel bleu pour ce sac à coulisse et ce couffin. Des bordures en vichy jaune vif créent un contraste ensoleillé.

une folie en tissu le pavillon et ses pliants

Une maison d'été où l'on peut s'asseoir et rêver constitue un luxe que les finances ne permettent pas toujours. La prochaine fois que vous projetterez l'aménagement de votre jardin idéal, au lieu d'une folie gothique, songez à construire un pavillon en tissu, tout aussi merveilleux mais beaucoup plus simple à réaliser. Il vous suffit d'un toit festonné dans le style de ses ancêtres médiévaux, et de rideaux latéraux que l'on peut relever ou dérouler selon l'angle du soleil. Choisissez un tissu qui reprenne les couleurs d'une haie ou d'un massif voisins, et recouvrez les pliants d'étoffes coordonnées plutôt qu'identiques. L'assemblage de la structure demandera un effort familial puisqu'il requiert la participation de trois personnes. Procédez au montage avant de réaliser la housse, afin de pouvoir l'essayer et l'ajuster parfaitement.

fournitures

pour la structure

Des barres en bois de 3 cm de diamètre pour les montants du toit (deux de 0,30 m de long., trois de 2,50 m de long. et deux de 1,50 m de long.), quatre barres en bois de 4,5 cm de diamètre et de 2 m de long. pour les piquets d'ancrage, du ruban adhésif résistant, des raccords de 3 cm de diamètre intérieur avec système de fixation (quatre culottes à angle droit, deux culottes droites et deux coudes), une clé à six pans, quatre grands clous, quatre cordelettes de 2,50 m de long., quatre piquets de tente, un burin, une perceuse.

pour la housse

Du tissu principal, du tissu contrastant, du carton, une craie ou un crayon effaçable.

pour les pliants

Des pliants en bois, du tissu, des semences de tapissier de 2 cm de longueur, un marteau.

fig. 1

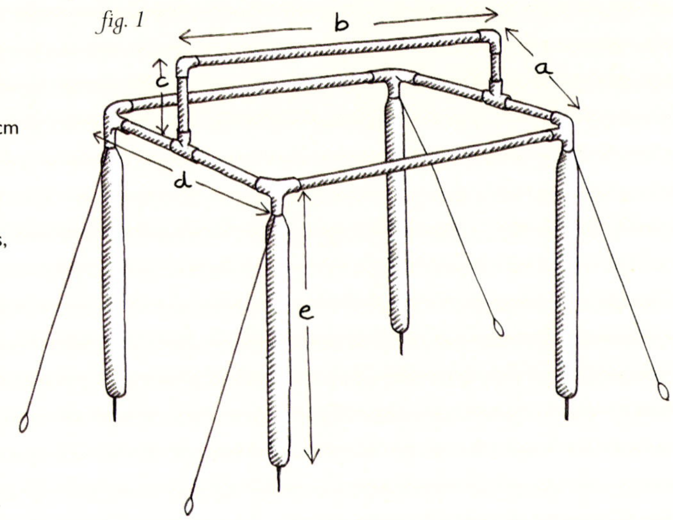

réalisation de la structure

1 Avec le burin, épointez l'une des extrémités des quatre piquets d'ancrage afin qu'elles puissent rentrer dans les culottes à angle droit. Percez un trou sur la section de l'autre extrémité, et plantez-y un clou que vous laissez dépasser.

2 Enroulez du ruban adhésif aux deux extrémités de tous les montants. Enfilez une culotte droite au milieu de chacun des montants de 1,50 m, en plaçant l'embranchement vide vers le haut, puis serrez les écrous avec la clé. Assemblez-les à deux des montants les plus grands, avec les culottes à angle droit, de façon à former un cadre. Enfoncez les montants les plus petits dans les embranchements vides des culottes droites. Placez un coude à chaque bout du montan restant, et enfoncez les coudes sur les deux petits montants.

3 Placez la structure du toit à terre, marquez-en les quatre coins, puis enfoncez les piquets d'ancrage sur ces repères. Faites une boucle aux deux bouts de chaque cordelette, comme sur des cordes de tente. Glissez une boucle autour du sommet de chacun des piquets, en plaçant la cordelette sur le côté. Levez le toit, enfoncez les embranchements vides des culottes à angle droit sur les piquets d'ancrage, et serrez les écrous *(fig. 1)*. Tendez les ficelles, accrochez-les aux piquets de tente, puis plantez ces derniers.

fig. 2

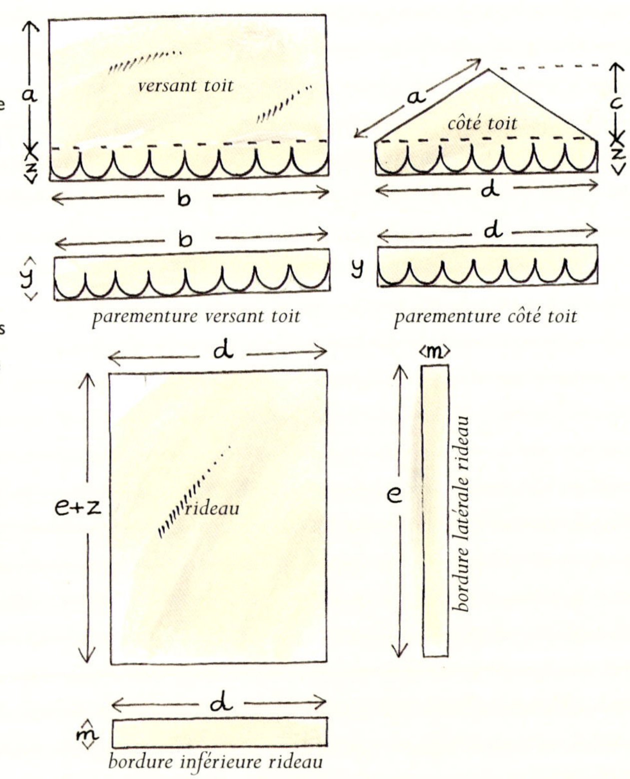

réalisation de la housse

mesures et coupe (fig. 1 et 2)

Ajoutez 2 cm autour de chaque pièce, sauf autour des liens.

tissu principal

Versants toit (deux pièces) : largeur = *b* ; hauteur = *a* + 20 cm.

Côtés toit (deux pièces) : largeur = *d* ; hauteur = *c* + 20 cm.

Rideaux (deux pièces) : largeur = *d* ; hauteur = e + 20 cm.

fig. 3

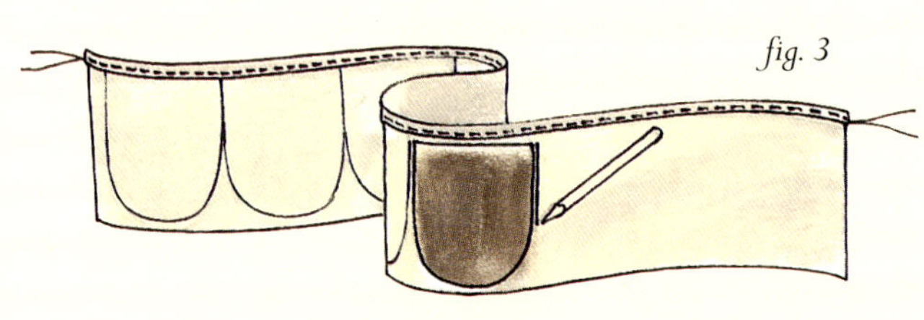

tissu contrastant

Parementures versants toit (deux pièces) : largeur = *b* ; hauteur = 22 cm.

Parementures côtés toit (deux pièces) : largeur = *d* ; hauteur = 22 cm.

Bordures latérales rideaux (quatre pièces) : largeur = 14 cm ; hauteur = e + 8 cm.

Bordures inférieures rideaux (deux pièces) : largeur = *d* ; hauteur = 14 cm.
Liens du toit : dix bandes de 6 x 30 cm.
Liens des rideaux : quatre bandes de 0,14 x 2 m.

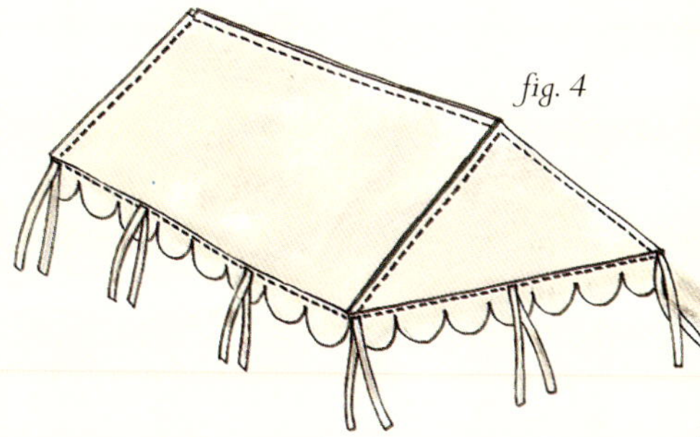

fig. 4

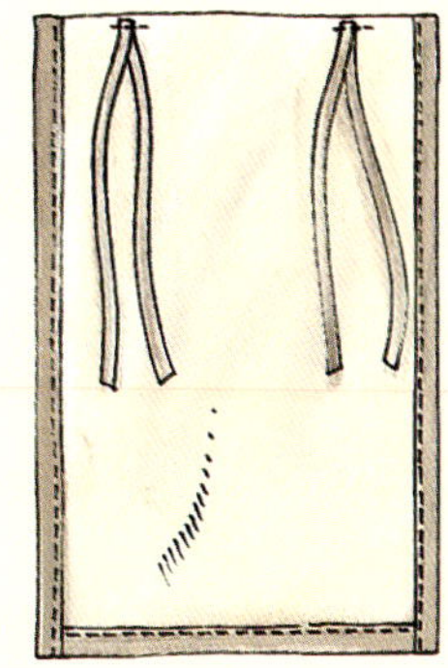

fig. 5

réalisation

1 Pour tracer le patron des festons, soustrayez 4 cm à la largeur *d*, puis divisez le résultat par six. Découpez un morceau de carton de cette largeur et de 18 cm de hauteur. Dessinez un feston profond, puis découpez-le. Faites un ourlet double de 1 cm le long du bord supérieur de l'une des parementures des côtés du toit. En commençant à 2 cm du bord et en plaçant le haut du carton sur le pli de l'ourlet, reportez le patron six fois *(fig. 3)*.
2 Épinglez la parementure à la base de la pièce principale, endroit contre endroit, bâtissez sur le tracé des festons, puis piquez. Crantez la réserve de couture (voir page 139), retournez sur l'endroit, et repassez. Cousez le bord ourlé de la parementure sur l'envers du tissu principal. Procédez de la même manière sur l'autre côté du toit, puis sur le bord inférieur des versants, mais en formant neuf festons sur ces deux dernières pièces.
3 Épinglez les deux versants endroit contre endroit, puis piquez à 2 cm du bord supérieur. Épinglez puis piquez une pièce de côté à chaque extrémité des versants. Confectionnez les liens comme cela est expliqué page 144. Pliez-les en deux, et cousez-les solidement à la base du toit, sur l'envers : un à chaque coin, un au milieu de chaque côté, et deux régulièrement espacés sur chaque versant *(fig. 4)*.
4 Sur les six bordures, rabattez l'un des grands côtés de 1 cm sur l'envers. Pliez les bordures en deux afin d'obtenir des bandes de 6,5 cm de largeur. Épinglez puis piquez les plus courtes à la base des rideaux, ensuite les plus longues sur les côtés de ceux-ci, de façon que les bords rabattus reposent sur les lignes de couture. Fixez-les sur l'envers des rideaux, et fermez la base des bordures latérales en rabattant le tissu à l'intérieur.
5 Confectionnez les liens (voir page 144). Pliez-les en deux, et épinglez-les en haut des rideaux, sur l'envers, à 40 cm des bords *(fig. 5)*. Placez les rideaux sous les festons du toit, l'endroit vers l'extérieur, épinglez leur bord supérieur au bord ourlé des parementures, puis piquez en prenant les liens dans la couture. Nouez la housse sur la structure.

réalisation des pliants

mesures et coupe

Pièce principale : ôtez le tissu existant, et utilisez-le comme patron pour couper un rectangle d'une longueur égale et d'une largeur double, plus 3 cm tout autour.
Volant (deux pièces) : largeur = 10 cm ; longueur = deux fois la largeur du siège.

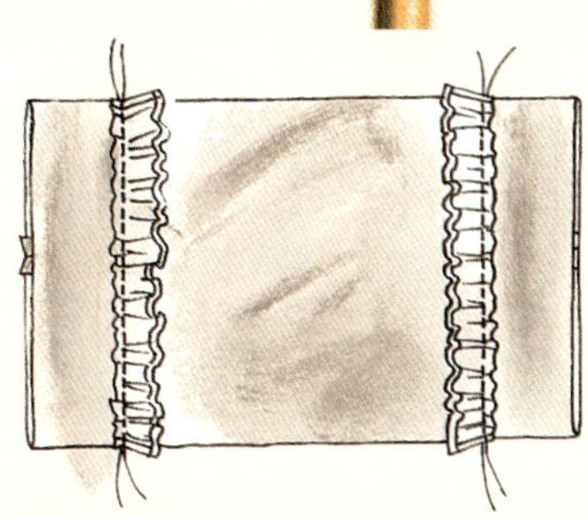

fig. 6

réalisation

1 Pliez la pièce principale en deux dans le sens de la largeur, endroit contre endroit. Épinglez puis piquez le grand côté à 1,5 cm du bord. Ouvrez la couture au fer, et retournez sur l'endroit. Repassez de manière que la couture se retrouve au centre du dos.
2 Faites un petit ourlet double sur la base et les deux côtés de chaque volant. Froncez le bord supérieur de ceux-ci pour les ajuster à la longueur de la pièce principale (voir page 142). De chaque côté de cette dernière, tracez une ligne correspondant au bord de la structure. Endroit contre endroit, épinglez les volants sur ces lignes, le bord ourlé vers l'intérieur, puis piquez-les *(fig. 6)*. Fixez le tissu sous la structure avec des semences de tapissier.

La toile unie de la tente équilibre la douceur acidulée de cette parure de table. Pour rester en forme, une rosette doit être réalisée dans un tissu qui a de la tenue.

Voir la nappe à plateau pour buffet pages 184 et 185, et les rosettes pages 144.

des housses coquettes **qui se tiennent bien à table**

L'obsession de l'époque victorienne consistant à recouvrir le mobilier de housses tombant jusqu'à terre provenait du fait que les gens bien élevés trouvaient inconvenant d'exhiber les pieds des chaises et des tables. On habillait les meubles tout comme on dissimulait ses jambes. L'effet pervers de ce moralisme fut le déchaînement de couleurs et d'inventions en tissu sous lesquelles disparurent chaises, tables, coiffeuses et autres dessertes. Revivez ces subtilités grâce à une table à tréteaux recouverte de coton fleuri. Trouvez des couleurs qui rappellent les fraises et la crème, les prunes et les cerises mûres. Choisissez un coton lisse ou un chintz brillant au tomber assez lourd pour que les plis balaient le sol avec grâce. Relevez la nappe de quelques centimètres à chaque coin de façon à laisser poindre un coquin jupon blanc en lin ou en broderie anglaise, puis piquez-y quatre généreuses rosettes, comme sur les tournures d'antan. Le résultat sera parfait pour un repas de noces ou pour une réception en plein air. Quémandez, empruntez, écumez les brocanteurs afin de rassembler une collection de verres et de porcelaines du XIXe siècle. Une tente ou un pavillon bleu et blanc fera un joli parasol à un banquet de fête ; une forme moderne et dépouillée contrebalancera le style suranné de la table.

Vous pouvez également adapter cette idée à une chambre. Pour le lit, confectionnez un cache-sommier constitué de plusieurs épaisseurs de tissus blancs et fleuris ornés de rosettes. Réalisez des rideaux en lin immaculé, et accrochez-les autour du lit sur quatre colonnes, ou suspendez-les en baldaquin. Mariez des vichys frais et de tendres imprimés à fleurettes. Offrez-vous aussi une coiffeuse. Cousez-lui un jupon de coton, puis coiffez-le d'une housse volantée, coupée dans une seconde étoffe coordonnée, bordée d'un passepoil taillé dans la première afin de souligner l'harmonie. Vous pouvez garnir un tabouret de la même manière, mais en inversant l'ordre des tissus pour donner plus de piquant à la parure. Fabriquez des accessoires assortis à l'ensemble (abat-jour ou cadres, par exemple).

DANS CETTE CHAMBRE, UN TISSU SIMPLE À CARREAUX CONTRASTE AVEC UNE ADORABLE COTONNADE FLEURIE. UNE PALETTE ESTIVALE DE ROSES CHAUDS SE DÉPLOIE SUR UN FOND JAUNE VIF. LES ACCESSOIRES ET LES FLEURS FRAÎCHES REPRENNENT LE MÊME THÈME. ADAPTEZ LA SUITE ÉCOSSAISE **(voir pages 104 et 105)** POUR RÉALISER CETTE VERSION PLUS LÉGÈRE.

le charme désuet **d'une parure de jardin**

En été, le mobilier de jardin mérite le même soin et la même attention que nous accordons à une salle de séjour. Les moments de plus en plus longs que nous passons à prendre l'air méritent que l'on y crée un coin confortable. Le style de votre mobilier de jardin servira de référence pour le choix des tissus. Les courbes ouvragées des meubles en fer forgé requièrent des étoffes satinées et romantiques. Empilez des courtepointes et des coussins vieux rose sur les sièges, puis superposez des nappes à fleurettes. C'est dans les marchés aux puces et les salles des ventes que l'on peut trouver les plus beaux tissus anciens, souvent sous la forme de vieilles robes d'été ou de rideaux. Après avoir décousu vos trouvailles, lavez-les soigneusement avant de commencer la confection d'un ouvrage. Coupez les endroits qui présentent des variations de teintes – généralement les réserves de couture et les ourlets –, ou bien conservez-les pour accentuer le côté suranné du décor. Des tables et des bancs plus contemporains, en bois naturel ou peint, peuvent être accompagnés de toiles de lin unies aux coloris vifs ou neutres, ou ornées de motifs géométriques simples. Il est bien sûr possible de disposer nappes et coussins à l'intérieur, afin de faire bénéficier une salle à manger de leur fraîcheur et de leur luminosité.

ci-contre

Des meubles en fer forgé, un chapeau de paille et un bouquet de roses satinées sont le point de départ d'une foule d'idées pour habiller du mobilier de jardin.

On peut doubler un joli panier avec des chutes de tissu.

Des coussins souplement noués à des chaises de jardin pourront être vite retirés si le temps tourne à l'orage.

Voir la galette de chaise nouée page 167.

Ce vieux paravent a retrouvé une nouvelle jeunesse grâce à un tissu à motif.

Voir la pose de tissu tendu page 143.

bleu indigo

des idées lumineuses
avec des couleurs froides

Sur la plage, la chaleur peut devenir insupportable mais, tant que vous serez hypnotisé par le bleu des flots interrompu de temps à autre par l'écume d'une vague, vous vous sentirez bien. Pour créer un décor rafraîchissant, rassemblez une collection de bleus, d'indigos, de blancs et de tons naturels sur du lin et du coton, des voilages et du jean. Rien ne rivalise en fraîcheur avec les bleus clairs. Vous ne pouvez pas vous tromper en mélangeant des tons intenses et pastel d'une même couleur. Afin d'apporter une touche lumineuse, ajoutez une éclaboussure de jaune chaud grâce à un vase de fleurs fraîches, un tableau ou un abat-jour. Transformez une chambre en un refuge frais et aéré à l'aide de voilages aux teintes délavées, de coussins coupés dans des cotonnades et des toiles de jean bleues et indigo, et d'un cache-sommier souplement plissé. Associez blanc et bleu pur sur une housse de couette et sa montagne d'oreillers. Un sol couleur sable ainsi que du mobilier en bois brut donneront de la chaleur. N'obscurcissez pas les fenêtres par de lourds rideaux. Le bleu absorbant la lumière, laissez largement entrer le soleil pendant la journée.

Disposées pour une soirée de spectacle, une rangée de chaises dans des imprimés bleu et blanc coordonnés.

Voir la galette de chaise nouée page 167.

Cette chambre apaisante est noyée de bleu. Pour que le sommeil soit agréable malgré la chaleur, des rideaux de lit transparents, d'épaisseurs et de motifs différents – attachés au cadre par des pattes boutonnées –, sont accompagnés d'une housse indigo et de linge blanc et bleu clair.

Voir les rideaux non doublés page 149, la tête à pattes boutonnées page 150, et les taies d'oreillers pages 155 à 157.

Les rideaux et les dessus de siège qui garnissent la banquette sont réalisés dans le même tissu. De simples coussins passepoilés prolongent cette palette de couleurs froides. Tranchant l'uniformité, les stores à l'italienne, en lin blanc doublé de blanc, filtrent la lumière avec simplicité.

Voir le dessus de siège structuré page 165, la bordure passepoilée page 160, le store à l'italienne doublé page 147, et les rideaux à doublure flottante page 149.

jeux de lumière
en toute clarté

Si les yeux sont les fenêtres de l'âme, les fenêtres doivent refléter l'esprit d'une maison. Elles sont importantes en été : grâce à elles, nous prenons notre premier contact avec le soleil quand, encore ensommeillé, notre regard prend la mesure de la couleur du ciel et du vent dans les arbres.

Tirez parti d'une vue agréable ou d'un bon ensoleillement en plaçant sous la fenêtre un siège garni de coussins. Le samedi, on savoure mieux les croissants chauds et les fruits du petit déjeuner dans la lumière du soleil ou face à un paysage verdoyant. Afin de profiter de la douceur de l'air au cours d'un dîner, vous pouvez aussi placer une table devant une croisée ouverte et joliment habillée.

Des stores à l'italienne unis, réalisés dans du lin souple ou du voile non doublé, apportent fraîcheur et authenticité aux journées d'été. Pour atténuer la lumière, ajoutez des rideaux en coton bleu marine et blanc. Si vous choisissez la même étoffe pour le siège et les rideaux, disposez des coussins bleus, aux motifs variés et contrastés, afin de casser l'uniformité. Des tissus naturels, dépouillés et légers, ainsi que des dessins simples, ne risquent pas de déprécier une belle huisserie ou un joli point de vue. Durant la journée, des stores blancs ou crème sont parfaits pour tamiser l'éclat du soleil sans plonger la pièce dans la pénombre et, bien sûr, pour laisser apparaître la silhouette dansante d'un arbre ou d'un buisson. Doublez-les si vous aimez les finitions soignées. Dans le cas où vous ne parvenez pas à dormir tant que la chambre n'est pas obscure, vous pouvez ajouter des stores plus épais.

ci-dessus

Le voilage de ce store à l'italienne au tomber impeccable est soigneusement doublé de coton blanc.

ci-dessus, à droite

Un panier rempli de coussins bleu et blanc rapportés du jardin à la fin de la journée.

Avec son petit air de tablier, cette housse est pourvue de poches pour y glisser livres et lunettes, ou bien sécateurs et gants de jardinage. Les rayures bleues et blanches de différentes largeurs sont fraîches et nettes.

Voir la housse de chaise ajustée pages 172 et 173.

pleins feux

une explosion de citron vert **dans une maison citadine**

Un moyen simple pour illuminer une pièce est de choisir comme thème décoratif les couleurs du citron vert. Il émane de cette tonalité un éclat très moderne, plein de vitalité, capable de répandre une vivifiante sensation de fraîcheur estivale à l'intérieur d'une maison. Stimulante, elle est mieux adaptée aux espaces de vie qu'aux chambres qu'il convient de décorer dans des teintes plus reposantes.

À partir d'une chaise contemporaine tapissée de vert citron, construisez le décor de la pièce autour d'elle. Progressez d'un coloris profond comme du sirop sur les murs, jusqu'à des teintes acidulées sur les meubles, en passant par un jeu de tons sorbet et de verts assourdis sur les rideaux. Des accessoires bien choisis termineront magistralement la composition : on pourra disposer dans la salle à manger ou la cuisine des céramiques crème décorées d'un soupçon de vert citron, ou des serviettes de table de la même couleur. Gardez toujours une provision des fruits ayant inspiré le thème, accompagnés de quelques pommes, poires et citrons jaunes.

Lorsqu'une partie du spectre coloré domine autant dans une pièce, il est important de mêler plusieurs textures de tissu. Associez des mousselines délicates à des lins d'épaisseurs variées, des cotons souples à des étoffes glacées et brillantes, puis regardez le décor prendre forme. Une telle concentration de nuances différentes nécessite un solide arrière-plan, comme ces doubles rideaux unis en coton vert, soigneusement tirés pendant la journée. Mais des voilages légers, travaillés en un damier opaque et délicatement translucide, font jouer la lumière à travers la pièce dans un style plus éthéré. Leurs carreaux écrus et vert citron, tour à tour mis en relief selon l'angle du soleil, font écho aux petits bois de la fenêtre. Observez toujours les motifs déjà en place dans une pièce avant d'en commencer la décoration. La courbe d'une corniche ou un nœud dans une boiserie suffisent parfois à insuffler une idée de tissu. Des planchers clairs apaiseront cette profusion de vert citron en absorbant un peu de sa vigueur. Un tapis en sisal, une housse de chaise ou une nappe en lin naturel, un meuble en bois clair pourront aussi atteindre le même objectif. Souvenez-vous que l'on se lasse vite de l'excès d'une seule couleur.

à gauche, de haut en bas

Dans cette pièce, la sobriété du fer forgé convient mieux à une embrasse que le tissu.

Une housse de chaise et des coussins dans des lins rudes aux teintes naturelles pondèrent un décor dominé par des couleurs vives. Les nuances bois de rose et crème des tissus en coton et des céramiques équilibrent l'acidité des chaises vert citron, élégamment contemporaines.

Voir la housse pour fauteuil en rotin pages 173 et 174, et les nappes page 184.

Moderne, une base colorée vert citron sur les murs, les meubles et les rideaux apporte dans une maison citadine le zeste de piquant propre à l'été. La tête des doubles rideaux est froncée ; les voilages sont attachés à la barre à l'aide de rubans cousus sur une tête droite.

Voir la tête à volant froncé page 151, et la tête droite nouée page 150.

une garniture à picots pour une nappe

Imitez le bouffon du roi, et métamorphosez une table sans attrait en un meuble à faire tourner la tête. Habillez-la de lin, puis coiffez-la d'une garniture bordée de picots, coupée dans un lin plus fin et d'un coloris différent. Doublez cette garniture afin de lui donner de la tenue, de souligner la netteté de la découpe, et d'empêcher les picots de s'effilocher. Le mariage des teintes naturelles et du jaune citron crée un contraste étonnant. Cousus au bout des pointes, des petites perles, des glands ou même des clochettes feront de parfaits ornements médiévaux. Un patchwork de couleurs primaires, ou de larges rayures bleues et banches, conviendraient également bien à ce modèle que vous pouvez aussi modifier en remplaçant les picots par des festons.

fournitures
Du tissu principal, du tissu contrastant, de la doublure en coton, vingt perles de 1 cm de diamètre, du carton fin et un crayon.

mesures et coupe *(fig. 1, page 184)*

nappe
Plateau, coupez un cercle dans le tissu principal : diamètre = diamètre du plateau de la table *(a)* + 5 cm (voir page 184).
Jupon (tissu principal) : longueur = *c* + 24 cm ;
hauteur = *b* + 3 cm.

garniture
Plateau, coupez un cercle dans le tissu contrastant : diamètre = *a* + 7 cm.
Bordure, coupez une pièce dans le tissu contrastant et une pièce dans la doublure : longueur = *c* + 3 cm ; hauteur = 25 cm.

réalisation de la nappe
1 Endroit contre endroit, assemblez les deux petits côtés du jupon en piquant à 1,5 cm du bord. Retournez sur l'endroit, et faites un ourlet double de 2 cm à la base. Pliez le jupon en deux en rabattant la couture sur le côté opposé, puis en quatre, et enfin en huit. Marquez chaque pliure avec une épingle. En commençant sur la ligne de couture, façonnez un pli couché de 1,5 cm de largeur à chaque repère, et épinglez-le *(fig. 1)*.
2 Pliez le plateau circulaire en deux, puis en quatre, et enfin en huit. Marquez chaque pliure avec une épingle piquée sur le bord extérieur. Épinglez le plateau au jupon, endroit contre endroit, en faisant coïncider les épingles et les plis. Ajustez l'ampleur de ces derniers si nécessaire. Vérifiez la hauteur de la nappe en l'essayant sur la table, puis piquez à 1 cm du bord.

N. B. : Pour réaliser une nappe plus ample dans un tissu plus fin, prévoyez un jupon d'une longueur égale à deux fois le périmètre de la table.

réalisation de la garniture
3 Pour calculer la largeur des picots, soustrayez 3 cm à la longueur de la bordure, et divisez le nombre restant par vingt. Découpez un rectangle de carton d'une largeur égale au résultat obtenu *(x)*, et de 23 cm de hauteur. Dessinez une ligne horizontale à 10 cm du haut, puis une verticale partageant le rectangle en deux parties égales. Tracez un triangle dans la moitié inférieure du carton *(fig. 2)*.
4 En commençant à 1,5 cm de l'un des petits côtés, et en alignant le haut du carton sur le bord supérieur du tissu, reportez vingt fois le patron sur l'envers de la doublure afin de former une ligne de picots. Arrêtez le tracé à 1,5 cm de l'autre extrémité *(fig. 3)*.
5 Fermez la doublure en boucle en piquant ensemble les deux petits côtés, endroit contre endroit, à 1,5 cm du bord. Couchez la couture au fer.

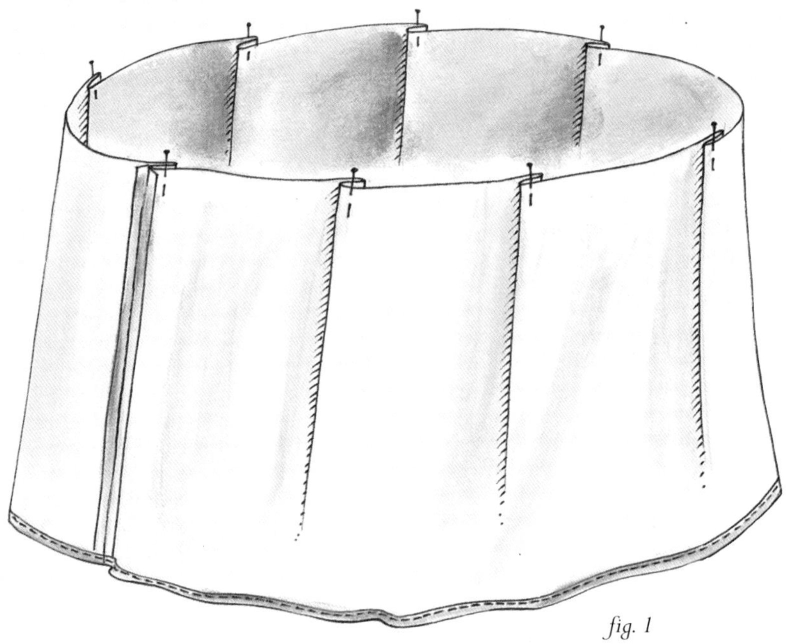
fig. 1

fig. 2
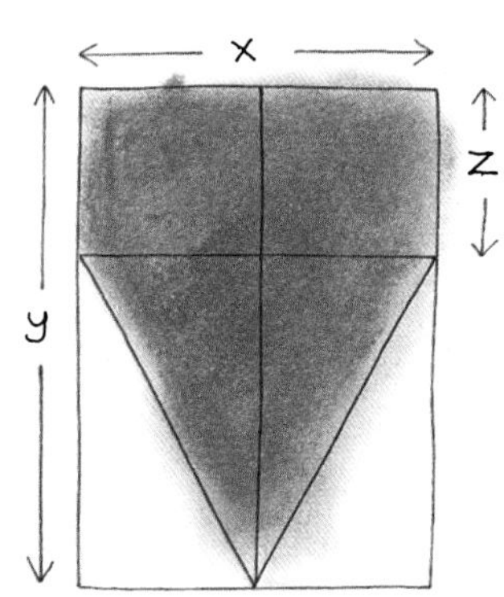

fig. 3
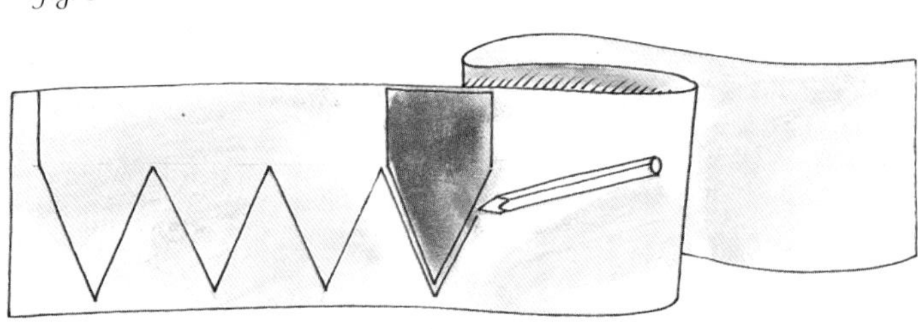

Procédez de la même manière avec la pièce de tissu principal, mais en piquant à 2 cm du bord.

6 Enfilez la doublure autour du tissu principal, endroit contre endroit, et épinglez les bords supérieur et inférieur. Bâtissez le long du tracé des picots *(fig. 4)*, puis piquez. Rognez et crantez la réserve de couture (voir page 139), et retournez sur l'endroit. Épinglez ensemble les bords supérieurs, puis piquez-les.

7 Épinglez la bordure autour du plateau, endroit contre endroit, et piquez à 1 cm du bord. Cousez solidement une perle au bout de chaque pointe.

fig. 4

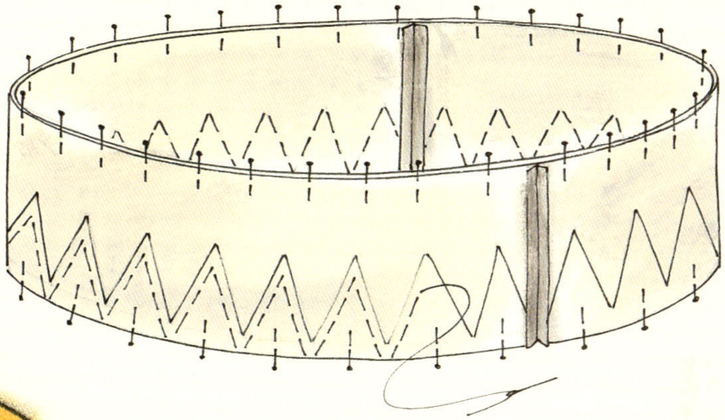

paradis blancs

paix et tranquillité **dans les chambres d'amis**

Symbole de paix, le blanc est bien évidemment propice au sommeil. Enveloppez votre chambre à coucher de coton et de lin blancs, et vous serez étonné de vous éveiller complètement revigoré chaque matin.

Commencez par des murs blancs. On peut dire que les blancs teintés de bleu et de vert acidulé rehaussent un décor dans les pays ensoleillés, alors que des nuances crème et porcelaine sont mises en valeur par des climats plus nordiques. L'histoire de la décoration est ainsi faite que les Français privilégient le tissu pour habiller leurs murs, alors que les Anglais préfèrent le papier peint ou la peinture. Comme plusieurs couches d'enduit sont nécessaires à l'obtention d'un mur bien blanc, restez fidèle à l'école de pensée française en optant pour des murs revêtus de coton blanc. Vous pouvez agrafer des pièces de tissu sur des lattes fixées au mur, ou enfiler des panneaux ourlés sur un fil de fer tendu. Il est aussi possible de visser à hauteur de cimaise une simple planche de bois garnie de gonds, puis d'y nouer l'étoffe à petits intervalles réguliers, à l'aide de rubans ou d'élastiques. Des paravents recouverts de tissu adouciront éventuellement les angles de la pièce. Continuez à honorer les traditions en disposant ensemble oreillers et traversins. Une vieille nappe en broderie anglaise fera un ravissant couvre-lit. Quelques pointes de couleurs sur le sol procurent une impression chaleureuse que l'on pourrait aussi obtenir avec un tapis, des meubles peints ou des tableaux.

À la lueur romantique des bougies, un lit en cuivre à colonnes est habillé d'une profusion de coton immaculé, de dentelles fines et d'organza transparent.

ci-dessous

Dans le cabinet de toilette attenant à la chambre, on a habillé la baignoire d'un ravissant rideau en organdi.

Pour accentuer leur charme, les oreillers ont été soigneusement amidonnés.

adoptez le blanc
pour un luxe sans manière

Un canapé blanc donne la même impression de confort qu'un immense drap de bain moelleux dans une hôtellerie. C'est le genre de luxe que vous appréciez en dehors de chez vous, mais que vous prévoyez rarement dans vos propres aménagements. Les gens chassent le blanc de leur maison pour deux raisons. La première est due à la crainte qu'il soit salissant bien que, en fait, une housse amovible prélavée puisse être nettoyée et séchée aisément, et qu'elle risque moins d'attirer la poussière que les couleurs sombres. Le second scrupule consiste à trouver le blanc trop majestueux pour une petite maison. Mais la vérité est tout autre : un canapé blanc introduit une sensation de lumière, d'air et d'espace qui agrandit la pièce en y apportant de la fraîcheur, et juste ce qu'il faut de désinvolture. Pour prolonger l'ambiance des vacances, dispersez des teintes colorées à travers le décor. Un bleu profond associé à du blanc, sur des housses de coussin en tissu rustique, sur le papier peint et quelques accessoires, rappellera les mers et les ciels estivaux ocellés de lumière ; choisissez des matières texturées aux teintes naturelles pour les rideaux et les peintures afin d'évoquer le sable des plages. Un lit paré de linge fraîchement lavé est l'un des spectacles les plus délicieux et les plus avenants qui soient. Ici, on a confectionné un jeté de lit en assemblant un trousseau d'origines anglaise et française, brodé et souligné de dentelle. Cousues sur un grand drap en coton, les pièces les plus fragiles sont protégées des déchirures, et l'entretien de l'ensemble est moins délicat.

Du linge, des housses et des coussins, dans de multiples associations de bleu et de blanc, sont empilés sur un lit bateau.

Des broderies, des chutes de dentelles, des serviettes de table et des napperons oubliés au fond d'un tiroir ont servi à réaliser ce splendide jeté de lit.

Un canapé confortable ne souffre pas la médiocrité. Confectionnez-lui une housse amovible dans un tissu blanc texturé qui ne rétrécira pas au lavage.

Voir les housses amovibles pour canapé page 180.

jeu de patience et de carreaux dans des chambres campagnardes

Qu'elle soit située au fin fond de la Provence ou dans la jungle de Manhattan, la recette d'une chambre campagnarde à l'ancienne tient en trois ingrédients : des planchers bruts, des tissus à grands carreaux, et de vieilles tables de chevet accompagnées de chaises en bois ciré. Ces éléments de base – plus une paire de miroirs pour donner une illusion d'espace et, peut-être, une armoire – suffisent à camper le décor d'une chambre estivale. Poussez les grandes penderies, et mettez-les là où vous pouvez pour laisser le champ libre à l'air et à la lumière. Il est préférable de ne pas planter un décor trop rigoureux afin de pouvoir changer un lit de place quand l'envie vous en prend, ou pour fuir la chaleur d'une matinée ensoleillée.

Dans une maison citadine, un espace pourvu d'un plafond haut, d'un plancher simple et de grandes fenêtres lumineuses est parfait pour y aménager la chambre d'été des enfants. Mais cela n'en est que le cadre. La réalisation d'une pièce commune est une affaire délicate. La solution consiste à créer des coins d'intimité. Par exemple, des lits en fer forgé de facture différente (si cela est possible, laissez chacun choisir le sien), garnis de couettes et d'oreillers déclinés sur un même thème – un jeu de carreaux rouges, blancs et noirs –, permettront à chaque enfant d'avoir son propre espace tout en respectant la cohésion de l'ensemble. Des planchers sans fioritures et des fenêtres sans rideaux accentueront la luminosité de la pièce, et éviteront les nids à poussière. On disposera sur le sol des tapis lavables, et on limitera la décoration au minimum. Laissez quand même son petit désordre à chaque enfant, afin qu'il puisse ainsi établir son territoire.

à gauche, en haut

Autour de la fenêtre baignée de soleil, une explosion de carreaux orange illumine cette chambre. Les murs blancs apportent fraîcheur et calme à la pièce. Les rideaux sont ornés d'une tête à volant rabattu.

Voir la tête à volant rabattu page 152.

à gauche

Les enfants aiment toujours lire en cachette avant de s'endormir.

Un paravent légèrement rembourré est recouvert de lin, brodé d'un côté et uni de l'autre.

Voir la pose de tissu tendu page 143.

Une chambre d'enfant est transformée en dortoir campagnard grâce à un jeu de carreaux rouges, noirs et blancs sur les housses de couette et les taies d'oreillers.

Voir les taies d'oreillers pages 155 à 157, et la housse de couette nouée page 182.

automne

la flamboyance

En dépit de ce qu'affirme le calendrier, l'année devrait sans aucun doute débuter en automne, époque où chacun s'attelle de nouveau au travail après les distractions estivales. Les soirées sont encore lumineuses, mais un frisson dans l'air et une certaine froideur dans le bleu du ciel font que le rythme de la vie semble alors s'accélérer. Avec ses récoltes abondantes, la campagne paraît plus animée, même si certains jours sont noyés dans le brouillard comme par une aube qui se prolonge. Et bien que les feuilles meurent et tombent, elles le font avec tant de splendeur que l'on ne peut s'empêcher de penser qu'il s'agit là de leur apogée.

inspiration naturelle

Du soleil brûlant de l'été, l'automne garde encore quelques charbons ardents qui font briller les mousses et les haies gorgées de pluie. La lumière embrase les flancs violets des coteaux et les arbres jaunis ; l'herbe se fait plus verte et la terre d'un brun plus profond. Les jours limpides, quand le ciel est d'un bleu parfait, calme et comme lavé, la nature semble être au faîte de sa majesté et de sa maturité. Mais, les matins de brouillard, le monde est dans les limbes, les couleurs sont ensommeillées et assourdies. Plus que jamais, quel que soit le temps, la campagne embaume les fruits mûrs : des prunes épanouies jonchent le sol, de lourdes pommes font courber les branches, et les baies envahissent les buissons. Cette diversité de formes, de couleurs et de textures est riche d'inspiration. Ramenez chez vous une pleine cueillette d'idées, disposez-la dans un plat, une cruche ou un panier, puis élaborez un thème décoratif autour de ses coloris somptueux.

classicisme et modernité

pour de nouvelles variations

Les tweeds et les écossais automnaux présentés dans ce chapitre prennent leur source dans la nature. Leurs couleurs et leurs motifs traduisent pêle-mêle le tourbillon des feuilles, le blanc argenté des semailles, les potirons dorés, les baies rouge vif, la bruyère et les fougères vertes et mauves, les hortensias, l'ail et les artichauts. Coloristes, créateurs et tisserands ont toujours leur imagination qui s'enflamme au contact des paysages de cette saison, aussi le choix des tissus est-il riche. Vous verrez par exemple d'anciens lainages pied-de-poule transfigurés par des verts et des roses lumineux. Tout en jouant sur des dessins traditionnels, les écossais contemporains font appel à de nouvelles associations de rouge, de bleu, de mauve, de jaune et de vert. Tous les contrastes riches et les motifs feutrés de l'automne ont été copiés et déclinés dans un large éventail de styles. Année après année, le monde de la mode envoie défiler sur les podiums des tweeds et des écossais classiques remis au goût du jour. Les intérieurs des maisons peuvent eux aussi profiter de ces infinies variations.

rudesse et douceur réconciliées
pour un contraste de matières

Un décor automnal requiert des étoffes assez lourdes, rudes et naturelles. Alors que la nuit tombe comme un manteau, les tissus d'ameublement doivent créer une atmosphère chaleureuse et intime qui console de la froidure. Mais au lieu d'un style entièrement rustique, ajoutez quelques matières douces et brillantes pour donner à l'ensemble une allure plus raffinée. Associées à des tweeds et à des écossais traditionnels, les fourrures acryliques imitant le pelage des animaux sauvages sont séduisantes et originales. Les étoffes tricotées se marient également avec succès à des lainages moins texturés. Dans une grande pièce, vous pouvez mélanger sans problème une grande variété de tissus ; dans un espace plus restreint, limitez-vous, par exemple, à un écossais ou à une flanelle avec une étoffe tricotée ou une fourrure.

étude de caractère

un motif contemporain **dans une pièce à l'ancienne**

L'écossais est l'un des motifs les plus célèbres qui soient. Il s'est affirmé grâce à des siècles d'histoire et à la forte personnalité de son origine. On ne peut pas décorer une pièce entière avec un tissu doté d'un tel tempérament, mais son caractère particulier se suffit à lui-même. Sur une base aussi traditionnelle, vous pouvez vous permettre d'être audacieux dans le choix des coloris. Il existe à présent une infinité de variantes créées à partir des motifs originaux, et la beauté de l'écossais est telle que, à la différence des membres des clans, il ne jure jamais !

Le sol de ce salon aux boiseries et aux meubles sombres est revêtu d'un tapis traditionnel tout en teintes feutrées évoquant des coteaux tapissés de bruyères et de fougères. La peinture des murs est bleu pâle. Mais toute l'ambiance est actualisée par un fauteuil écossais bleu et rouge. Cette touche de vigueur contemporaine ne fait rien perdre à la pièce de son authenticité, mais elle chasse au loin l'obscurité des nuits sombres d'automne. On pourrait obtenir le même effet avec une étoffe écossaise gaie jetée sur le dossier d'un vieux canapé uni, ou bien drapée sur une coiffeuse ou une desserte.

à gauche

Un salon traditionnel, à l'origine passablement sombre, est mis au goût du jour grâce à des étoffes modernes. Le fauteuil est toujours le même confortable vieux compagnon qu'autrefois, mais sa housse neuve égaie immédiatement la nuit.

Voir la housse de fauteuil nouée dans le dos pages 178 à 180, et la bordure passepoilée page 160.

à droite

Un cabinet de toilette est réchauffé par la présence d'une douillette nappe écossaise. Le plateau et le jupon sont coupés séparément pour permettre au tissu de tomber en plis généreux. On peut adapter les explications de la garniture de table à picots **(voir pages 70 et 71)** pour réaliser ce modèle.

nuits douillettes sous une couette doublée

Ce lit est un hommage aux tissus à carreaux et aux grasses matinées. Ici, le confort est roi. Les rideaux, les oreillers rebondis et la couette moelleuse enveloppent de bien-être cet antre du sommeil. Les rideaux isolent de la lumière et des courants d'air ; leurs douces teintes bleues fournissent un fond idéal aux couleurs prune et « fruits rouges » du lit. La housse de couette écossaise est protégée par un drap blanc pourvu de boutonnières brodées à la main qui se referment sur de grands boutons de nacre. Ce lit se suffit aussi bien à lui-même dans une petite pièce qu'habillé de rideaux dans un séjour. Les rideaux sont confectionnés selon la méthode d'assemblage des panneaux réversibles (voir page 143), puis attachés au cadre à l'aide de pattes boutonnées.

fournitures

Du tissu pour la housse de couette, de la toile à drap en coton ou en lin, du coton à broder rouge, vingt-deux boutons de 2 cm de diamètre.

mesures et coupe *(fig. 1)*

Assemblez autant de laizes que nécessaire (voir page 139).

housse de couette

Coupez deux pièces : largeur = *a* + 6 cm ; longueur = *b* + 11,5 cm.

drap

Coupez une pièce : largeur = *a* + 9 cm ; longueur = *b* + 1,20 m.

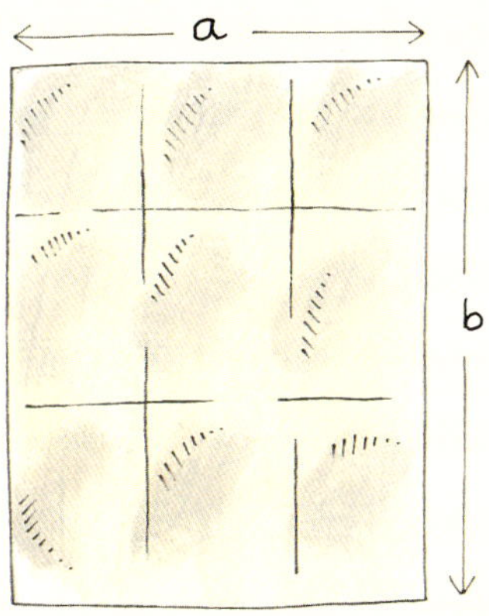

fig. 1

réalisation

1 Épinglez les deux pièces de la housse ensemble, endroit contre endroit, puis piquez les deux grands côtés et l'un des petits à 1,5 cm des bords. Égalisez les réserves de couture, surfilez-les au point zigzag, et retournez sur l'endroit.

2 Sur les deux bords de l'ouverture, rabattez et repassez le tissu sur l'envers sur 1 cm, puis de nouveau sur 6 cm. Piquez le long du premier pli, et repassez. À la machine ou à la main, réalisez sur le dessus six boutonnières régulièrement espacées, à 2 cm du bord inférieur. Cousez six boutons aux points correspondants sur l'envers du dessous, de manière à pouvoir fermer la housse.

3 Cousez deux autres rangées de huit boutons sur le dessus, à 5 cm des bords inférieur et supérieur.

4 Faites un ourlet double de 3 cm sur les quatre côtés du drap, en façonnant les coins en onglet si vous le souhaitez (voir page 140). Le long des deux petits côtés, réalisez seize boutonnières à la main ou à la machine, de façon qu'elles coïncident avec les boutons cousus sur la housse. Introduisez la couette dans la housse, puis boutonnez le drap par-dessus.

vive l'écossais !

classique et décontracté
du château à la fermette

Historiquement associé aux manoirs gothiques et aux rendez-vous de chasse, l'écossais n'exige pourtant ni grands espaces ni solennités pour exprimer tout son charme : il produit beaucoup d'effet dans une fermette ou un appartement élégant. Décliné dans des jeux de bleus, de roses, de jaunes, de verts et de lilas, il emplit la maison de couleurs, de lumière et de confort. Empilez sur une étagère des couvertures écossaises supplémentaires en prévision de l'heure du coucher. Au lieu des habituelles dominantes vert foncé ou rouge, essayez le bleu canard, le bordeaux, le vert olive ou le gris. Prenez les couleurs de l'un de vos objets préférés – une robe de chambre, par exemple – comme référence pour le choix des tissus.

Dans cette chambre, le matelas est garni d'une toile à carreaux bleu et blanc. Le cache-sommier reprend ce thème avec un écossais bleu réchauffé de crème. Cousues aux quatre coins, des incrustations coupées dans un écossais cramoisi classique ponctuent l'harmonie douce des bleus. On pourrait répéter cette touche de rouge à travers la pièce en se servant du même écossais pour habiller une chaise ou une coiffeuse, ou pour réaliser un lambrequin au-dessus d'un store à carreaux bleu et blanc. Une couverture ou un coussin rouge sur le lit suffiront à souligner le résultat obtenu. Des murs peints aux couleurs d'un ciel automnal – bleu pâle ou blanc brumeux –, des planchers naturels et des appuis de fenêtre en pierre équilibreront l'éclat du rouge.

à droite

Aux quatre coins de ce cache-sommier, des éclats d'écossais rouge rehaussent les carreaux bleu et blanc de la parure de lit.

Voir le cache-sommier plissé page 183.

à gauche

Ce coussin passepoilé illustre une utilisation sobre et raffinée d'un tissu rustique.

Voir le dessus de siège structuré page 165.

ci-dessous

Les repose-pieds sont aussi confortables que pratiques. Ici, on a utilisé des chutes de lainage écossais pour réaliser une housse généreuse, confectionnée comme la suite écossaise **(voir pages 104 et 105)**.

Les grosses couvertures écossaises sont de rigueur pour les pique-niques sur la lande. Elles supportent bien la vie en plein air, et leur chaleur est bienvenue quand le brouillard tombe.

une oasis dans la bruyère
lors d'un pique-nique

Déployée au milieu de la bruyère, une couverture écossaise procure une oasis de confort lors d'une balade automnale. C'est un décor parfait pour un pique-nique de soupe épaisse et de pain aux noix où chacun, emmitouflé dans de chauds lainages, savoure le plaisir de rassasier un appétit aiguisé par le grand air. Frangées, ornées de glands ou toutes simples, ces couvertures sont idéales pour la traque des champignons ou la chasse aux mûres. Les tissus écossais évoquent irrésistiblement les joies simples de la vie à la campagne.

Ces couvertures mènent une double vie, comme tapis de pique-niques et jetés de lit ou de canapé. Elles sont confectionnées dans des lainage lourds, parfois bordés de ganses. Elles sont belles, mais aussi chaudes et confortables. Doublez une couverture ou un plaid en flanelle avec une fourrure synthétique pour pouvoir y envelopper un enfant endormi. Amenez un fauteuil pliant afin de pouvoir admirer le paysage à votre aise. Une housse intégrale est un ouvrage quelque peu ambitieux bien qu'assez simple. Un fauteuil de metteur en scène noir pourra être accommodé à la vie campagnarde grâce à un écossais de couleur bruyère. Ne vous contentez pas d'une version édulcorée : regardez la couleur vigoureuse de cette plante – prenez-en un brin avec vous pour acheter votre tissu –, puis choisissez une étoffe moderne dont le ton violet soit le plus proche de celui de la bruyère, et s'associe bien au vert mousse ou fougère.

La housse d'un fauteuil pliant ordinaire rend hommage à la couleur de la bruyère. Le tissu a été soigneusement coupé afin que les carreaux soient raccordés. Les plis d'aisance façonnés aux quatre coins donnent de la générosité à l'ensemble.

Voir la housse pour fauteuil de metteur en scène pages 174 et 175.

un environnement douillet
en lainage écossais et fourrure moelleuse

Ce jeté en flanelle est doublé d'une douce fourrure synthétique.

Voir les jetés de lit page 182.

Des chutes de tissus écossais et des rubans astucieusement utilisés peuvent enjoliver une pièce, la rendant ainsi plus accueillante. Confectionnez des sets de table, des serviettes, une embrasse, un abat-jour, une doublure pour un panier à bûches ou une corbeille. Violet profond et vert forêt foncé forment un duo particulièrement chaud, utilisé ici pour un étui à couverts noué par une bande de tissu ou un ruban d'un écossais différent. Et entre deux pique-niques, cet étui peut se transformer en un séduisant set de table.

L'un des matériaux modernes les plus intéressants est la fourrure synthétique qui imite presque à la perfection le pelage des animaux. Dans ce domaine, il n'y a que l'embarras du choix : avec ou sans motif, ces fourrures sont disponibles dans des épaisseurs et des textures variées. Admirablement douces au toucher, elles permettent de confectionner des housses et des couvre-lits les plus merveilleusement confortables qui soient. Doublées de flanelle, de tissu écossais ou de tweed, elles ont autant de chic dans un élégant appartement citadin que sur le sol d'un pavillon de chasse ou d'une maison de campagne.

ci-contre

Cet étui réalisé dans un écossais violet et vert forêt peut être utilisé pour un pique-nique, mais il est assez élégant pour servir de set de table lors d'un dîner, avec des couverts aux manches de corne et d'argent.

Voir l'étui à couverts page 185.

modernes excentricités

ci-dessus et détail de droite

Les rideaux sont coupés dans un tweed à chevrons. Les bords effilochés forment de parfaites franges. Le fauteuil reprend le coloris des rideaux sur un tweed au motif plus extravagant.

Voir la tête à plis boutonnés page 151, et la housse de fauteuil nouée dans le dos pages 178 à 180.

la mode du tweed **dans un décor citadin**

Les costumes en tweed ont eu la réputation d'être quelque peu démodés, voire un peu snobs. Alors, que penserait-on d'une pièce décorée de ce même textile ! Cependant, tout comme les créateurs de mode ont révolutionné l'image du tweed dans leurs collections d'automne, les stylistes d'intérieur sont capables de transformer ce tissu au charme suranné en un matériau décoratif et raffiné. Mêlés à des tweeds contemporains hauts en couleur et à des étoffes plus dynamiques, les anciens tissages à chevrons et à pied-de-poule ont désormais une nouvelle utilisation. Il y a deux facteurs à prendre en considération : la coupe – la forme doit être parfaitement adaptée au canapé ou au fauteuil – et le souci des détails tels que boutons, passepoil et franges.

Pour les rideaux, on a utilisé un tweed à chevrons traditionnel dont les coloris sont répétés sur l'étoffe moderne et plus exubérante de la housse de fauteuil. Celle-ci est coupée dans un lainage haut de gamme d'origine écossaise, à grands carreaux moutarde et bleu. Classique, le canapé est habillé de velours gris clair, relevé par des jetés et des coussins très actuels aux teintes originales. Les coussins en tweed sont frangés et soigneusement boutonnés. Les rideaux, eux aussi bordés de franges, sont froncés à l'aide de ruban plisseur. Coquetterie discrète, on a cousu un bouton en écorce sur chaque pli. Les rideaux ne sont pas doublés afin de laisser filtrer la lumière. Si vous souhaitez une ambiance plus intime, ou une protection plus importante contre le soleil et les courants d'air, doublez-les avec un écossais de couleur chaude ou identique.

ci-dessus

Les tweeds et les écossais lumineux des jetés et des coussins rajeunissent un canapé douillet et éclairent la pièce.

Voir les jetés de lit page 182, et les coussins pages 158 à 160.

à gauche

Confectionnés comme des range-pyjamas, ces coussins sont frangés et boutonnés pour s'harmoniser aux rideaux.

rouge, blanc, bleu
dans une chambre d'enfant

Si on peint en crème doré tous les murs d'une maison, il en résulte une chaude luminosité d'automne. Des thèmes à base de tweeds et d'écossais sont ensuite répétés et déclinés dans chaque pièce, ainsi que dans le vestibule et le couloir. Les coloris de la chambre des parents et les chutes de tissus qui restent de son aménagement peuvent servir à décorer celle d'un enfant. La continuité des motifs et des couleurs aidera les bébés qui ont commencé leur vie en dormant avec leurs parents à se sentir en sécurité ; les bambins seront fiers d'avoir un décor coordonné à celui des grandes personnes.

Le cadre du berceau est habillé d'écossais bleu. Le drap est coupé dans un coton à carreaux bleu et blanc, et le couvre-lit dans un chaud écossais bleu et crème, protégé par un drap noué par-dessus. La couleur des housses de chaise est rappelée par la touche de rouge vif dans l'écossais des cantonnières. Celles-ci, décorées de pompons multicolores, surplombent des stores en lin uni brodés au point avant. Les appuis de fenêtre garnis d'écossais rouge servent de lits aux nounours et aux poupées. Les chambres d'enfant ne doivent pas être trop fades. Décorez-les de manière qu'elles puissent évoluer avec les goûts de leur occupant, ou jouer au besoin le rôle de chambres d'amis.

à gauche

Une vieille chaise de cuisine en bois a été transformée pour une chambre grâce à une simple housse écossaise rouge nouée dans le dos par des rosettes.

Voir la housse de chaise ajustée pages 172 et 173, et le dessus de siège structuré page 165.

ci-dessus

Une cantonnière, ornée de picots et de pompons, coiffe une fenêtre sur laquelle on tire un store en lin brodé pendant la nuit.

Voir les lambrequins page 152, et le store bouillonné page146.

ci-contre et détail de gauche

Ce couvre-lit est pourvu d'un drap en coton blanc, noué au-dessus afin de le protéger tout en créant une bordure douce et décorative. La broderie au point avant et les picots sont répétés pour donner à la chambre une allure bien finie.

Pour éclairer un vestibule, on a habillé une chaise en acajou d'une housse volantée en écossais rouge. Les écossais traditionnels conviennent mieux aux robustes bois sombres que les imprimés fleuris ou les rayures.

Voir la housse à plis creux page 169.

Cette chauffeuse s'est offert une coquette housse neuve réalisée dans un lainage au tissage serré. Ses couleurs vives faneront avec le temps, mais l'âge sied bien à l'écossais.

Voir la housse de chauffeuse pages 176 et 177.

des fauteuils qui ont de l'étoffe
grâce à des écossais rouges

De nombreuses nuances de rouge portent un nom : écarlate, cramoisi, cerise... Mais il en est une que l'on voit se refléter dans les lacs de Nouvelle-Angleterre, en automne, et que l'on devrait appeler « rouge-feuille d'érable ». Il s'agit d'un rouge flamboyant, mêlé de jaune doré, de brun et d'un peu de vert. Un écossais rouge-feuille d'érable est utilisé ici pour habiller une chauffeuse. La housse qui en épouse étroitement les formes lui donne une allure raffinée, malgré le clin d'œil de style plus campagnard du volant. Confectionnez un prototype dans un vieux drap, puis servez-vous en comme patron pour couper le tissu. Les housses amovibles sont bien adaptées aux couleurs claires et aux tissus fins puisqu'elles peuvent être ôtées et nettoyées aisément. Si vous aimez la netteté des sièges tapissés, mais que vous préférez quand même la facilité d'entretien d'une housse amovible, veillez à ajuster celle-ci parfaitement, avec un peu d'ampleur pour le mouvement. Vous obtiendrez ce résultat en travaillant avec le même soin que le tailleur qui fait un costume sur mesure. Des pinces ainsi qu'une ouverture close par du ruban autoagrippant, ou une fermeture à glissière, sont indispensables.

L'éventail des possibilités pour recouvrir de tweed ou d'écossais des sièges fatigués est infini. Enveloppez un vieux fauteuil dans un écossais neuf, puis empilez des coussins assortis dessus. Égayez une chaise sombre en y nouant un coussin muni d'un ample jupon. Ajoutez toujours jupons ou volants en dernier ; procédez à des essayages jusqu'à ce que leur forme vous satisfasse. La règle veut que le jupon doit être court si les pieds du meuble sont beaux, et qu'il doit les dissimuler s'ils sont insignifiants.

Ne réservez pas les écossais que pour la campagne car ils peuvent également décorer avec élégance un cadre moins rustique. Pensez à l'allure charmante d'une petite fille modèle vêtue d'un kilt et d'une veste en laine superbement taillée. Imaginez une belle veste de soirée d'intérieur écossaise ornée de revers en satin. Transposez ces associations de matière sur les rideaux, les housses de chaise, les coussins et les nappes de votre domicile citadin : le résultat sera tout à fait étonnant.

ci-dessous

Cette banquette a été tapissée d'écossais puis garnie de coussins assortis, ornés de cordelières. Disposez toujours des coussins aux motifs et aux coloris variés pour rendre l'ensemble plus intéressant.

Voir le dessus de siège structuré page 185, les cordelières page 141, et le traversin passepoilé à tranches froncées pages 162 et 163.

suite écossaise pour une coiffeuse et son tabouret

Une coiffeuse à l'ancienne et son tabouret assorti meublent une salle de bains ou un cabinet de toilette particuliers tout en assurant la continuité du décor. Ici, la housse de chaise de la chambre fait écho à celles de la coiffeuse et du tabouret. Ce lien suffit à harmoniser les deux pièces. Vous pouvez aussi répéter les coloris du tapis de la chambre sur les meubles de la pièce attenante. Dans le cas d'un cabinet de toilette ou d'une salle de bains, il est nécessaire que les housses soient amovibles afin de pouvoir les retirer et les nettoyer facilement.

fournitures

Du tissu principal, du tissu contrastant, de la mèche à passepoil (longueur = *a* + 2 *c* + 15 cm).

mesures et coupe *(fig. 1 et 4)*

En suivant la méthode expliquée page 166, établissez un patron en papier aux dimensions du plateau de la table, et un autre à celles du dessus du tabouret. Dans le cas d'une coiffeuse équipée d'un miroir fixe, coupez le volant et le jupon en deux, en laissant une ouverture sur chaque pièce pour qu'elle puisse bien s'ajuster. Les longueurs *a* et *c* sont celles du patron qui doit prévoir, autour de chaque pièce, 1 cm de plus que les dimensions réelles des meubles, afin que les housses ne soient pas trop serrées.

coiffeuse *(fig. 2)*

Plateau : coupez une pièce identique au patron dans le tissu contrastant, en ajoutant 2,5 cm tout autour.

Volant (tissu contrastant) : longueur = 1,5 *a* ; hauteur = 22 cm.

Jupon (tissu principal) : longueur = 2 *a* ; hauteur = b + 5 cm.

réalisation de la housse

1 Coupez une longueur de mèche mesurant *a* + 5 cm, et recouvrez-la avec une bande de tissu principal. Épinglez le passepoil ainsi obtenu sur l'endroit de la pièce du plateau. Crantez ses courbes, assemblez ses extrémités (voir page 141), puis piquez-le avec un pied-de-biche pour fermeture à glissière.

2 Fermez le volant en boucle en piquant les deux petits côtés ensemble, endroit contre endroit, à 1,5 cm du bord. Couchez la couture au fer. Surfilez l'un des grands côtés au point zigzag, puis rabattez-le sur l'envers pour faire un ourlet simple de 2 cm. Épinglez le plateau sur le volant, endroit contre endroit et bord à bord, en façonnant un pli de 1 cm de largeur tous les 5 cm. Pour cela, divisez le périmètre de la pièce par huit, et suivez la méthode de la page 142 expliquant comment poser un volant froncé *(fig. 3)*. Ajustez éventuellement les plis afin de bien répartir l'ampleur. Piquez à 1 cm du bord avec un pied-de-biche pour fermeture à glissière.

3 Surfilez les deux petits côtés du jupon au point zigzag, puis rabattez-les sur l'envers pour faire un ourlet simple de 2 cm. Effectuez la même opération sur le bord inférieur. Épinglez l'endroit du jupon sur l'envers du volant, en plaçant les extrémités du bord supérieur du premier au centre du plateau, et en façonnant un pli de 3 cm de largeur tous les 7 cm environ. Essayez la housse sur la table pour en vérifiez l'ajustement. Piquez à travers toutes les épaisseurs de tissu, au ras du passepoil, puis repassez.

tabouret *(fig. 5)*

Dessus : coupez une pièce identique au patron dans le tissu principal, en ajoutant 1,5 cm tout autour.

Collerette (tissu principal) : longueur = *c* + 3 cm ; hauteur = *d* + 3 cm.

Volant (tissu principal) : longueur = 1,5 *c* + 3 cm ; hauteur = 20 cm.

Jupon (tissu contrastant) : longueur = 2 *c* + 5 cm ; hauteur = e + 4 cm.

fig. 1

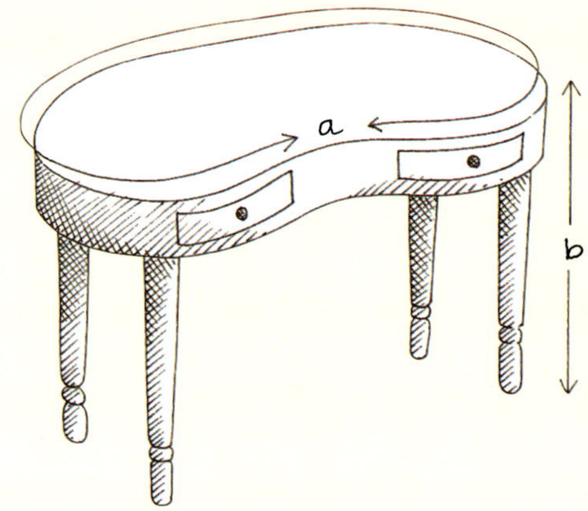

fig. 2

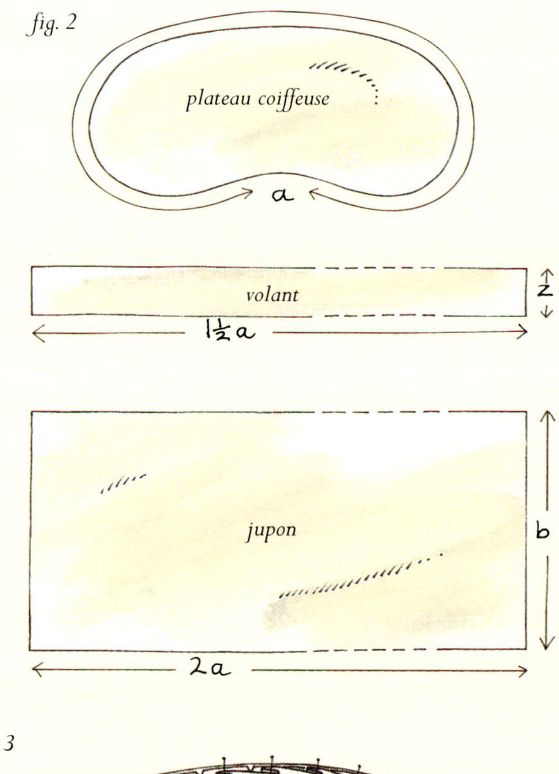

fig. 3

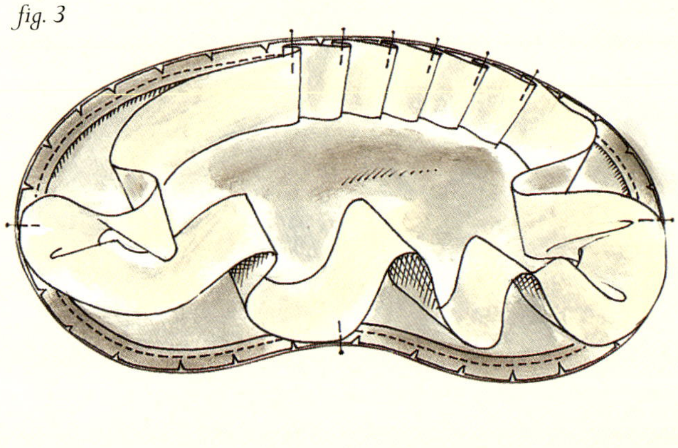

réalisation de la housse

1 Recouvrez la mèche restante avec du tissu contrastant, puis coupez-la en deux. Cousez un morceau sur l'endroit de la pièce du dessus, et joignez soigneusement ses extrémités. Épinglez les deux petits côtés de la collerette ensemble, endroit contre endroit, et piquez-les à 1,5 cm du bord. Ouvrez la couture au fer, puis cousez le second morceau de passepoil sur l'endroit, le long du bord inférieur. Épinglez le bord supérieur sur la pièce du dessus, et faites un essayage avant de piquer *(fig. 6)*.

2 Fermez le volant et le jupon en boucles en assemblant leurs petits côtés. Faites un ourlet double de 2 cm à la base de ces deux pièces. Épinglez le volant le long du passepoil de la collerette, endroit contre endroit. Répartissez régulièrement l'ampleur en façonnant des plis de 2 cm de largeur, espacés d'environ 8 cm. Épinglez le jupon au volant, comme à l'étape 3 ci-contre, en façonnant un pli de 2,5 cm tous les 5 cm. Piquez à travers toutes les épaisseurs de tissu, puis repassez.

fig. 4

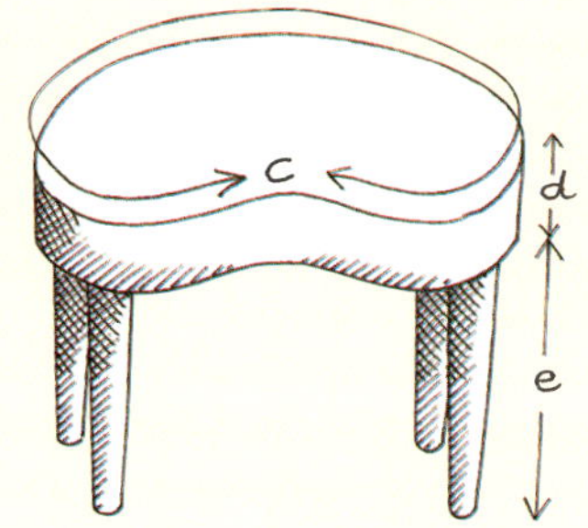

fig. 5

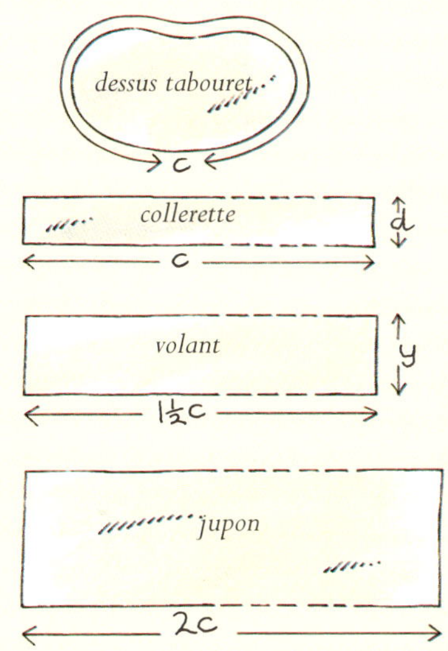

fig. 6

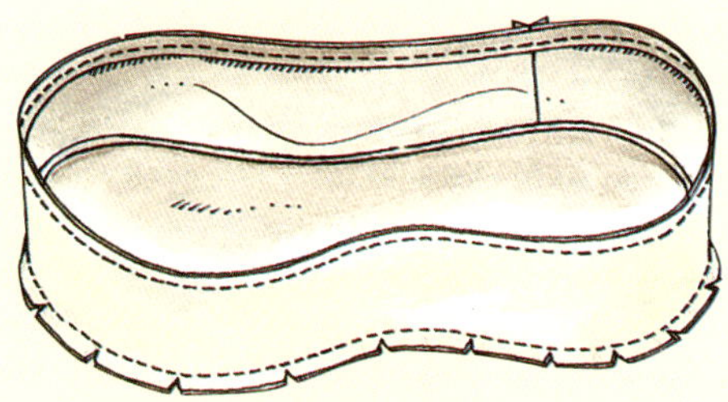

hiver

l'éclat

Nous trouvons souvent l'hiver triste parce que la nature est quasiment endormie, la campagne toute blanche, et le paysage aperçu par la fenêtre maussade. Cependant, si l'on regarde par la même fenêtre mais de l'extérieur, l'ambiance n'est jamais si chaude ni si hospitalière qu'en cette saison-là. Feux de bois, couvertures moelleuses, guirlandes de Noël, lumières féeriques, gâteaux aux raisins, épices, cadeaux : tous les accessoires de la fête compensent largement les rigueurs de l'hiver. Cela vaut la peine d'affronter un vent âpre et vivifiant pour visiter famille et amis, et savourer le plaisir des relations humaines qui font probablement de l'hiver la saison la plus chaleureuse de toutes.

inspiration naturelle

Loin de nous sentir misérable par ces temps de froidure, nous pouvons nous créer un pays des merveilles hivernales où il est vital de manger, de boire, d'être heureux, de s'emmitoufler dans de luxueux lainages épais, de chanter tous ensemble autour d'un piano, ou bien seul dans un bain richement parfumé, de faire griller des marrons sur le feu, de préparer des tonnes de sauce chaude et fondante pour les gâteaux au chocolat, le tout sous prétexte de garder le moral. Pour insuffler une atmosphère de bonne humeur, il faut aussi faire participer la maisons à ces excès, en l'habillant d'une abondance de tissus opulents et de couleurs somptueuses.

abondance et raffinement

pour des décors exceptionnels

Principalement inspirés des marchés d'Asie, les tissus présentés dans ce chapitre donnent aux réalisations une chaleur exotique et épicée. Les subtilités occidentales ne sont pas de mises ici : couleurs radieuses et décors époustouflants contrastent du tout au tout avec le ciel gris, les arbres endormis et la terre gelée du dehors. Riches et joyeux, les coloris doivent être mariés avec la même jubilation spontanée que celle présidant à la décoration d'un arbre de Noël. Nous avons choisi de l'or, de l'écarlate, de l'argent et des teintes crème aux nuances bronze et caramel, puis nous les avons mélangés à des verts, des bleus, des roses vifs et des violets profonds. Les motifs (rayures, cachemires et fleurs brodées), plus ou moins complexes mais toujours somptueusement détaillés, constituent une fête pour les yeux. La théâtrale flamboyance du style Renaissance joue également un rôle dans cette composition : vous verrez revivre cette ère de fastes qui bénéficiait largement des importations étrangères.

douceur et volupté
pour un contraste de matières

Venir au monde entouré de velours doux et fluides, de lourds brocarts, de taffetas apprêtés et de soieries somptueuses est de loin la manière la plus confortable de commencer dans la vie. Dans ce chapitre, vous verrez comme il est facile de créer une sensation de luxe grâce à des étoffes appropriées. Pour camper un décor hivernal, le toucher des matières, leurs reflets, leur profondeur, le relief de leurs broderies sont primordiaux. Tout comme les cadeaux de Noël disposés sous le sapin semblent bien plus alléchants enrobés d'une profusion de rubans et autres décorations, les tissus sont valorisés par une débauche de passementerie. Une fois vos étoffes choisies, l'autre point à se rappeler est qu'il vous en faut une grande quantité ! Des rideaux tombant jusqu'au sol en plis profonds paraîtront plus luxueux et plus chauds qu'une petite parure étriquée. Aussi, soyez généreux.

un hiver enchanté

chatoiement et préciosité **pour des meubles sur leur trente et un**

Imaginez la blancheur lumineuse de la neige recouvrant arbres et champs comme du sucre glace. L'immense clarté du ciel bleu métamorphose les cristaux de neige en autant de diamants étincelants. Si ce romantique paysage d'hiver enchanté vous fait défaut, créez-le dans votre intérieur. Des taffetas, des soieries et des organzas chatoyants réfléchissent eux aussi la lumière du jour ainsi que l'éclat des chandelles ou des lampes. Il en va de même des étoffes translucides tissées de fils d'or ou d'argent. Ce scintillement magique sera encore plus efficace sur des murs très pâles, crème ou de teinte pastel.

Si, pour une soirée, la petite robe noire est la parure incontournable des femmes, le lin blanc a généralement le monopole des nappes. Mais les grandes occasions méritent des jeux surprenants de textures et de couleurs propres à accentuer l'atmosphère de fête. C'est le cas de cette nappe en soie argentée dotée d'un plateau avantageusement ajusté comme la taille bien prise d'une jupe, autour duquel l'étoffe est distribuée en plis froufroutants. D'une longueur délibérément exagérée, elle balaie le plancher ciré, évoquant ainsi la robe de bal qui a inspiré sa forme... et procuré son tissu ! Le recyclage est toujours une manière fructueuse de trouver des matières premières. Pour décorer la table, recherchez dans les boutiques d'occasion et les brocantes des coupes à champagne en cristal ou en verre taillé, ainsi que des chandeliers en argent ou en fer forgé.

à droite

Habillée de soie argentée et coiffée d'une garniture en organdi bordée de minuscules perles grises, une table campe le spectaculaire décor d'un repas de Noël. Cette nappe ronde et froncée a été confectionnée d'après le modèle à picots des pages 68 et 69, mais avec plus d'ampleur.

Un berceau ancien en fer forgé, transmis de génération en génération, est décoré d'un assortiment de superbes tissus orientaux : mousseline de soie lilas ou rose hibiscus et brocarts richement tissés. Une superposition de rideaux en organza orange et en mousseline jaune brodée baigne cette chambre de bébé d'une lumière apaisante.

Voir les rideaux non doublés page 149.

dormir en beauté
du berceau au baldaquin

Ces deux chambres illustrent la beauté magique des tissus capables de réfléchir la lumière, comme les organdis transparents, les mousselines et les soieries. Dans les deux cas, des murs subtilement teintés de lilas ou de jaune transforment la pâleur hivernale en une ambiance lumineuse, réchauffée d'un doux éclat. Mais que le soleil se mette à briller et ces superpositions d'étoffes exotiques s'épanouissent alors véritablement. Au-dessus du berceau, de délicates mousselines de soie rose hibiscus se déploient sous un vaporeux fourreau lilas. La règle attribuant du rose bonbon aux filles et du bleu layette aux garçons peut être enfreinte par un choix de coloris plus sensuels. Ici, des étoffes légères vivement colorées et des brocarts richement tissés (que l'on peut trouver en Inde sur n'importe quel étal de marché, ou bien dans les boutiques exotiques du monde entier) métamorphosent un berceau de fer forgé ancien en un songe des Mille et Une nuits.

Les voilages sont réalisés dans un organdi teint en orange, et les doubles rideaux dans une mousseline de soie jaune brodée. La plupart des gens ne penseraient pas à associer ces coloris à du lilas et à du rose, excepté en Orient où l'on considère ces mariages harmonieux. Il en résulte une chaude lumière aux multiples nuances. Ces deux compositions – parure de berceau et rideaux – suffisent à restituer tout l'éclat d'un coucher de soleil indien. Le reste de la chambre est relativement dépouillé : des planchers sur lesquels la poussière ne s'accumulera pas, un badigeon lilas sur les murs, et une simple embrasse dorée.

Le lit en bois peint, souvenir de voyages merveilleux, est drapé de soies diaphanes et tissées d'or. Dans cette pièce, les murs jaunes suggèrent des ciels toujours ensoleillés, et les kilims éparpillés sur le sol évoquent les tisserands du bout du monde.

à droite

Ruisselant par de hautes fenêtres, la lumière hivernale met en valeur les soies et les mousselines drapées sur un lit oriental à colonnes, ramené de contrées plus ensoleillées.

Un lit Empire est habillé de tissus damassés aux teintes grises, lilas, bleues et blanches.

Voir la housse de chaise juponnée pages 170 et 171, et les coussins pages 158 à 160.

blancheur et uniformité
dans un salon calme

Un champ de neige au petit matin est l'une des visions les plus apaisantes offertes par la nature car le moindre son est absorbé par cette blanche couverture qui rend le monde silencieux. Au lieu de s'opposer à l'ambiance hivernale à l'aide de chaleureuses étoffes exotiques, l'une des pièces de la maison peut traduire un peu de cette beauté dépouillée grâce à un mélange de tissus argentés, blancs et gris. Le résultat sera empreint de sérénité. Les chaises droites de ce salon sont habillées de housses en soie grise, pareilles à des robes de bal ornées de brocart doré. Le divan et le fauteuil sont recouverts de tissu côtelé blanc, passepoilé de gris ; du velours ivoire ou de la soie moirée aurait également convenu. Un impressionnant miroir craquelé à cadre doré parachève cette composition givrée qui comporte cependant quelques ornements. Les murs sont entièrement blancs, le plafond gris ciel, et le sol teinté de gris pastel argenté.

Si vous ne vous voyez pas vivre au milieu de tant de teintes neutres, il suffira, pour rompre ce sortilège glacé, d'une pointe de couleur dans un tableau ou sur un tapis. Près de la fenêtre, une table peinte en bleu frais adoucit la pièce, tout comme les rideaux d'allure provinciale, en tissu gris et blanc bordé de picots. Bien que plus austères, une table en marbre ou une cheminée en pierre seraient aussi bien adaptées à ce décor, et en souligneraient l'atmosphère éthérée.

à droite

Un paysage enneigé a été traduit en tissus soyeux gris et blancs sur le fauteuil et le divan de ce salon.

Voir la housse à jupon plissé page 171, et les traversins page 161.

La touche de couleur apportée par la table réchauffe le décor sans altérer son ambiance glacée. Le coton léger des rideaux contraste chaleureusement avec la soie brillante des chaises.

passepoil et boutons pour un jeté de lit

Nous réservons ordinairement la soie à la confection de vêtements, alors qu'elle peut également habiller la maison. Elle s'avère fragile, mais elle est aussi extrêmement chaude et, de ce fait, idéale pour l'hiver. Les soies traitées ou synthétiques sont aussi bon marché que les toiles de lin ou de coton, et ne constituent plus un privilège. La soie a, pour les couleurs riches et les motifs audacieux, la même affinité que le coton pour les ravissants imprimés fleuris un peu passés. Tout le luxe de ce lit tient à une soie rouge et ocre, ornée de grosses rayures d'influence indienne.

fournitures

Du tissu principal pour le dessus, du tissu contrastant pour le dessous, du passepoil (longueur = périmètre de la couette + 5 cm), une craie, du fil à coudre robuste, douze boutons à recouvrir de 3 cm de diamètre environ.

mesures et coupe (*fig. 1*)

Coupez le dessus et le dessous aux mêmes dimensions : largeur = largeur de la couette ; longueur = longueur de la couette ; ajoutez 1,5 cm tout autour. Coupez six cercles dans chacun des deux tissus, selon le gabarit fourni avec les boutons.

réalisation

1 Sur l'endroit de chaque pièce, marquez trois points sur les deux grands côtés : deux à 40 cm des coins, le troisième à égale distance des deux premiers. Épinglez le passepoil autour du dessous, endroit contre endroit. Crantez-le dans les angles, assemblez ses extrémités (voir page 141), puis piquez-le *(fig. 1)*.

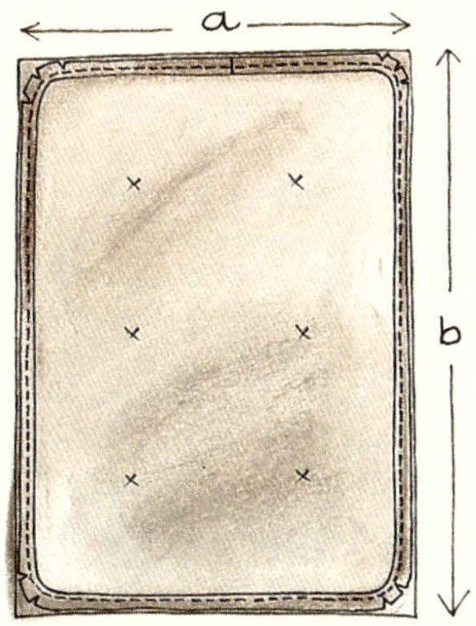

fig. 1

2 Épinglez le dessus sur le dessous, endroit contre endroit. Piquez-les sur la ligne de couture précédente, au ras du passepoil, en laissant une ouverture de un mètre sur l'un des petits côtés. Rabattez la réserve de couture de cette ouverture sur l'envers, et repassez-la. Crantez les angles, retournez sur l'endroit, puis repassez. Introduisez la couette dans la housse, et fermez celle-ci à points coulés.

3 Confectionnez les boutons. Enfilez du fil mis en double sur une longue aiguille, passez celle-ci à travers la tige d'un bouton, et nouez le fil à 10 cm du nœud. Piquez l'aiguille dans la couette, sur le premier repère, et ressortez-la de l'autre côté. Passez-la dans la tige d'un autre bouton, puis ramenez-la sur le dessus *(fig. 2)*. Piquez une ou deux fois à travers la couette, nouez solidement le fil, et coupez-le au ras du tissu. Fixez les autres boutons de la même manière.

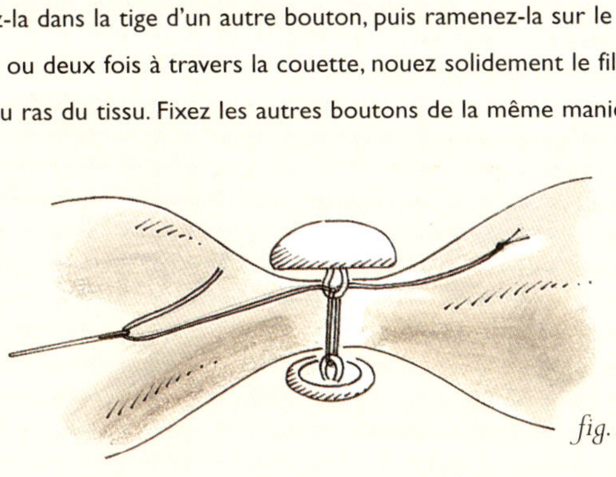

fig. 2

carnaval de couleurs

un festival de tissus **pour une ambiance dépaysante**

Les réceptions données au plus profond de l'hiver doivent être aussi brillantes et colorées que possible. Pour donner une ambiance de carnaval à votre maison, choisissez un assortiment d'étoffes clinquantes, aux coloris et aux textures surprenants. Pour cette fête costumée, la table de jardin – qui sera ultérieurement chargée de champagne, de petits-fours et de fruits tropicaux – est resplendissante en doré, bleu et rouge exotiques. Elle est habillée d'un mélange de trois tissus différents : un damas au motif rayé compliqué, un satin rouge brillant et un taffetas à carreaux. Une rosette de tissu rouge souligne le tout comme un paquet-cadeau. La table et sa collection de chapeaux de théâtre reprennent le thème de la Renaissance, avec une touche d'inspiration venue des Bohémiens d'Europe de l'Est.

ci-dessus et à droite

DES ÉTOFFES CLINQUANTES COMME DES BIJOUX HABILLENT UN JARDIN POUR LA FÊTE.

tout un tralala de chichis
pour habiller les meubles

À l'époque médiévale, les chaises étaient un luxe réservé uniquement aux seigneurs et à leurs favoris, mais elle se généralisèrent à la fin du XVIe siècle, en particulier dans les grandes demeures. Les causeuses – sièges bas et munis d'accoudoirs – devinrent alors à la mode. De nos jours, nous bénéficions d'un choix toujours plus grand de chaises ainsi que de tissus pour les garnir, dont l'acquisition, fort heureusement, ne dépend pas de notre rang de courtisan ! Afin de rivaliser avec les manoirs de cette époque, habillez vos fauteuils de brocarts et de taffetas fastueux. Dévalisez étals de marchés et merceries pour trouver des galons et des rubans somptueux. Ici, on a drapé de soie rayée un canapé fatigué, puis on y a amoncelé des coussins en soie bordés d'or et noués de rubans verts. Sur un fauteuil de velours vert, on a empilé des coussins verts et cramoisis également en velours. Un repose-pieds est garni de damas froissé cramoisi. Veillez à maintenir le reste de la pièce à la hauteur de cette opulence grâce à des murs tendus de tissu, des paravents, des abat-jour et une multitude d'ornements qui brilleront à la lumière.

Un jeté au motif cachemire et un traversin sont galonnés de taffetas plissé. L'abat-jour en soie est bordé d'un ruban froncé.

Voir l'abat-jour volanté page 154.

à gauche

Ce canapé est habillé avec un jeté en soie à grosses rayures et un amoncellement de coussins.

Voir les jetés de lit page 182, et les coussins pages 158 à 160.

à l'extrême droite

Le jupon de la housse du repose-pieds en damas est bouillonné aux quatre coins afin de laisser voir d'adorables pieds dorés.

Voir la housse bouillonnée page 181.

à droite

Cette housse en damas ornée d'un capuchon dissimule un simple fauteuil de metteur en scène.

Voir la housse à capuchon pour fauteuil de metteur en scène page 176.

haute couture pour un couffin d'hiver

On pense souvent que le rouge est une couleur agressive, alors que certaines de ses nuances peuvent être très sécurisantes… sauf si vous êtes né sous le signe du Taureau ! Garnissez des couffins de velours – rouge rosé sombre, rouge plus doux et terre de Sienne brûlée –, ainsi que de soie brillante ; le toucher de ces étoffes est doux à souhait, et leurs coloris intenses rassurent les nouveau-nés.

Lorsque votre bébé aura grandi, vous pourrez conserver le couffin pour son cadet, ou bien l'abandonner aux poupées et autres nounours. Les garnitures s'enlèvent facilement afin d'être nettoyées. Confectionnez des courtepointes, simples ou matelassées, dans un tissu identique ou en associant velours et soie. Bordez-les de mignons volants festonnés, puis ajoutez-y des rubans en velours et en soie.

fournitures

Un couffin, du papier et un crayon, du tissu principal, du tissu contrastant, de la ouatine polyester.

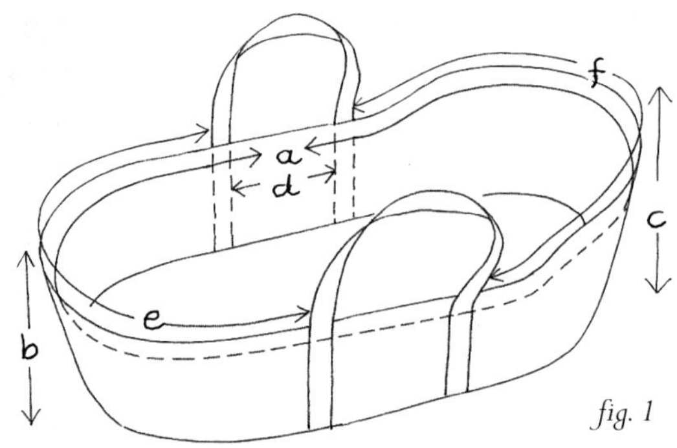

fig. 1

mesures et coupe de la parure de base (fig. 1 et 2)

Pour tracer le patron du fond, posez le couffin sur un morceau de papier, et dessinez-en le contour. Le patron doit être plus grand que l'intérieur du panier d'environ 1,5 cm. Pour réaliser le patron de la courtepointe, partez du même gabarit, découpez 20 cm en haut, puis ajoutez 2,5 cm aux trois autres côtés. Pour réaliser les patrons des parois, coupez une grande bande de papier de longueur *a*, et d'une largeur égale à la hauteur du couffin en son point le plus haut (= *c*). Avec du ruban adhésif, fixez-la sur les parois du couffin, puis découpez son bord supérieur pour lui faire épouser la forme du panier. Déchirez-la au milieu de chaque côté afin d'obtenir deux patrons distincts (l'un pour le haut, l'autre pour le bas). Sur chacun d'eux, ajoutez 4 cm en hauteur au-dessus du bord supérieur, et 2 cm en largeur à chaque extrémité.

fig. 2

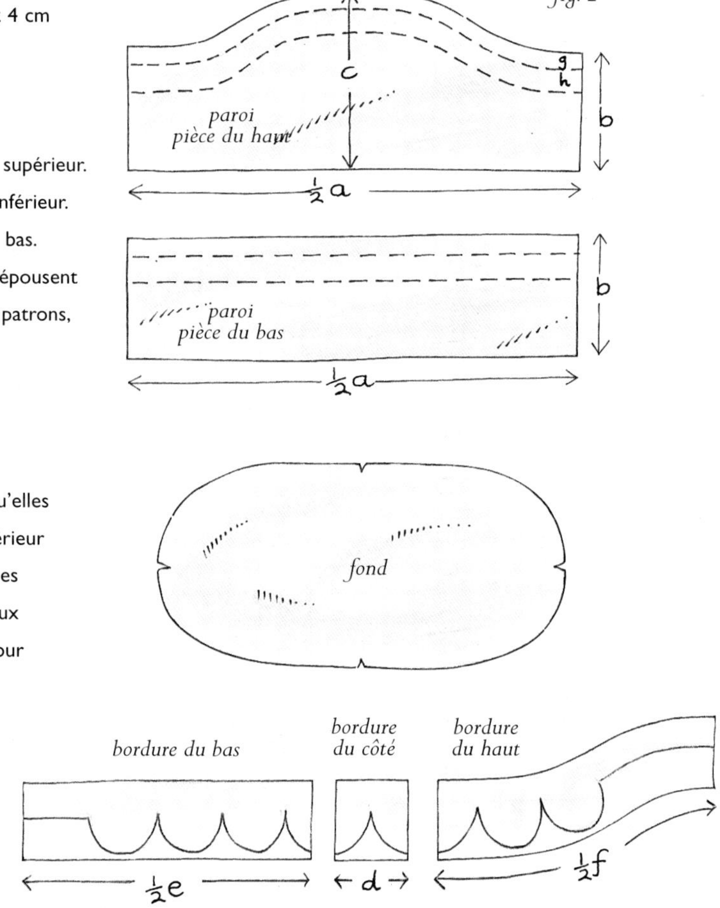

garniture

Paroi, pièce du haut : coupez une pièce identique au patron. Entaillez le milieu du bord supérieur.
Paroi, pièce du bas : coupez une pièce identique au patron. Entaillez le milieu du bord inférieur.
Fond : coupez une pièce identique au patron. Entaillez le milieu des côtés, du haut et du bas.
Bordure simple : coupez deux bandes de tissu de 8 cm de largeur, de manière qu'elles épousent le bord supérieur des pièces du haut et du bas (guidez-vous sur le bord supérieur des patrons, indiqué par la ligne *g*).
Bordure volantée : coupez quatre bandes de 15 cm de hauteur, une de longueur = 2 *e*, une de longueur = 2 *f*, et deux de longueur = 2 *d*.
Liens : coupez quatre bandes de 13 x 50 cm.
Bordure festonnée : coupez trois bandes de papier de 15 cm de hauteur, de manière qu'elles épousent le bord supérieur des pièces du haut et du bas (guidez-vous sur le bord supérieur des pièces du patron, indiqué par la ligne *h*). Ces bandes doivent correspondre aux lignes *d*, *e* et *f*, afin que les festons s'ajustent aux poignées. À l'aide de ces patrons, coupez deux pièces pour le haut, deux pour le bas, et quatre pour les côtés, en ajoutant 1,5 cm autour de chacune d'elles. Sur chaque pièce, tracez les festons comme indiqué sur la figure 2.

réalisation

1 Assemblez les deux pièces des parois par leurs petits côtés, endroit contre endroit, en piquant à 1,5 cm des bords. Rabattez le bord supérieur de l'ensemble de 1 cm sur l'envers, et repassez-le. Épinglez le bord inférieur à la pièce du fond, endroit contre endroit, en faisant d'abord coïncider les entailles en haut et en bas, puis en alignant celles des côtés sur les coutures des parois. Continuez à épingler, en faisant deux petits plis de part et d'autre du milieu, au sommet, pour résorber l'excédent d'ampleur, puis deux autres en bas si nécessaire *(fig. 3)*. Piquez à 1,5 cm du bord.

fig. 3

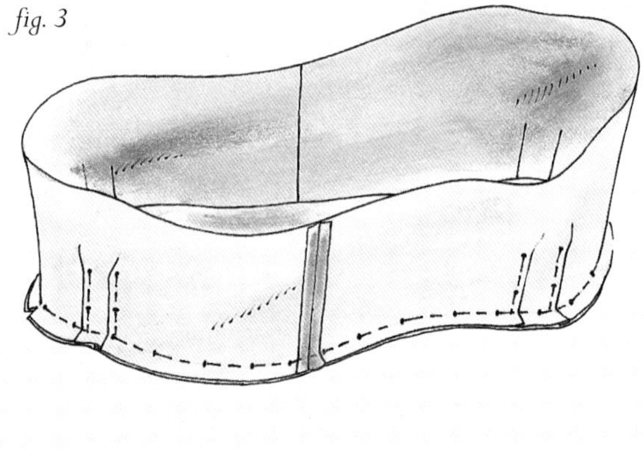

bordure simple

2 Assemblez les deux bandes par leurs petits côtés, endroit contre endroit, de manière à former une boucle, puis couchez les coutures au fer. Faites un ourlet double de 1 cm le long du bord inférieur. Épinglez, puis piquez la boucle sur le bord supérieur de la garniture, endroit contre endroit, en faisant coïncider les

coutures. Cette bordure étroite et serrée maintiendra la garniture en place autour du couffin, et se glissera derrière les poignées.

fig. 4

bordure volantée

2 Le volant est coupé en quatre parties de façon à pouvoir s'ajuster autour des poignées. Faites un petit ourlet double le long des petits côtés et du bord inférieur de chacune des quatre bandes, puis entaillez le milieu du bord supérieur des deux plus longues. Passez un fil de fronces en zigzag (voir page 142) le long des bords non ourlés.

3 Placez la garniture dans le couffin, l'endroit vers l'extérieur. Épinglez les bords non ourlés des volants en haut, en bas et sur les côtés, endroit contre endroit, sur le bord rabattu de la garniture, en faisant coïncider les entailles en haut et en bas *(fig. 4)*.

4 Ôtez la garniture du couffin, et tirez les fils de fronces pour ajuster la longueur des volants. Répartissez les fronces régulièrement, puis piquez par-dessus. Ramenez la réserve de couture à 6 mm, puis rabattez dessus le bord de la garniture sur 1,5 cm, de manière à la recouvrir. Piquez au ras du pli.

5 Confectionnez les liens comme cela est expliqué page 144. Pliez-les en deux, puis cousez-les de chaque côté, aux endroits des poignées. Placez la garniture dans le couffin, et nouez-la.

bordure festonnée

6 Épinglez les pièces deux par deux, endroit contre endroit, puis piquez sur le tracé des festons, le long des deux côtés et du bord inférieur. Rognez les réserves de couture, crantez les courbes (voir page 139), et retournez sur l'endroit. Épinglez les quatre bandes festonnées sur le bord rabattu de la garniture, comme pour la bordure volantée, puis piquez. Ramenez les réserves de couture à 6 mm, rabattez dessus le bord de la garniture sur 1,5 cm, et piquez au ras du pli.

courtepointe matelassée (fig. 5)

Dessus : coupez dans le tissu principal une pièce identique au patron.

Dessous : coupez dans le tissu contrastant une pièce identique au patron.

Bordure (tissu principal) : largeur = 18 cm ; longueur = largeur du dessus.

Rembourrage : coupez une pièce de ouatine identique au patron, mais avec 1,5 cm de moins tout autour.

fig. 5

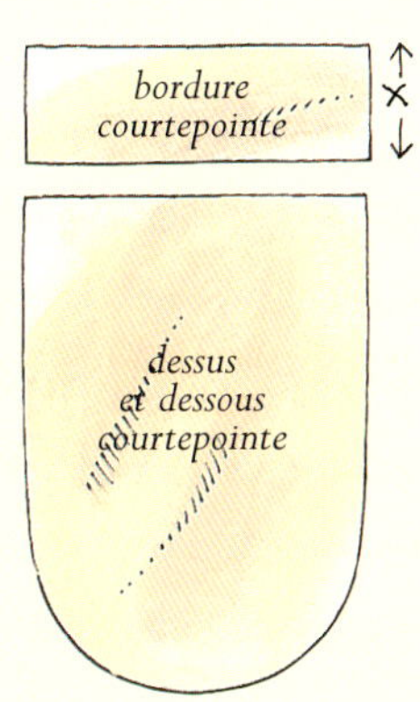

réalisation

7 Faites un ourlet simple de 1 cm sur l'un des grands côtés de la bordure. Épinglez le côté opposé sur le bord supérieur de la pièce de dessus, endroit contre endroit, puis piquez à 1 cm du bord.

8 Bâtissez la ouatine sur l'envers de la pièce de dessous. Épinglez les deux pièces principales l'une sur l'autre, endroit contre endroit, avec la bordure entre les deux *(fig. 6)*. Piquez les deux côtés et l'arrondi du bas à 1 cm des bords. Retournez sur l'endroit, puis rabattez la bordure sur le dessus. On peut décorer la courtepointe en la surpiquant à la machine, ou en ajoutant une bande festonnée ou volantée sous la bordure, avant de piquer celle-ci.

fig. 6

Ces coussins de style Renaissance sont recouverts de velours et de damas d'ameublement, imprimés ou texturés, et richement ornés de glands, de cordelières et de perles.

Voir les coussins pages 158 à 160.

fastes de jadis

tapisserie et passementerie **dans une somptueuse salle à manger**

Au XVIe siècle, les costumes devinrent terriblement extravagants. Les hommes riches dépensaient d'énormes quantités de velours pour leurs habits qu'ils agrémentaient d'argent, de chapeaux en soie et de bijoux. Les épaulettes naquirent, les manches gigot faisaient déjà rage, sans parler des capes ornées de dentelle en fils d'or ou d'argent, voire brodées de perles, et toujours doublées avec recherche. Les hommes portaient des boucles d'oreilles, les femmes des jupes à cerceaux ou à jupons et des gants parfumés. Ce n'était que fraises et plumes, souliers ornés de pierres précieuses et bas en soie. Les demeures commencèrent également à refléter les goûts de leur propriétaire. Les riches tapisseries, les majestueux lits à colonnes, les coussins et les traversins brodés firent leur apparition pendant que les tapis turcs envahissaient les salles d'apparat. La vie devenait plus confortable et agréable qu'elle ne l'avait jamais été auparavant.

Une pile de coussins ou des rideaux de style Renaissance suffisent à introduire chez vous un peu du faste de cette époque, sans devoir pour autant renoncer au chauffage central ! Choisissez des brocarts, puis ornez-les de glands ou de galons tressés. La mèche à passepoil brillante fait beaucoup d'effet sur des coussins en velours. Vous pouvez aussi utiliser des bouts de dentelle noire ou des chutes de soie. Dévalisez les corbeilles de coupons des magasins de tissus pour y trouver brocarts, velours et taffetas. Servez-vous de vos trouvailles dans toute la maison, pour des coussins, des housses, des embrasses, des lambrequins et des sets de table. Riches mais sombres, les harmonies du XVIe siècle étaient composées de bronze, de beige, de violet, de noir et de rouge foncé. Profitez du plus grand éventail de couleurs disponibles de nos jours pour y mêler de vigoureuses teintes modernes.

ON A UTILISÉ DES CHUTES DE VIEUX RIDEAUX ET DE ROBES POUR RÉALISER DES ACCESSOIRES, COMME CE TRAVERSIN À TRANCHES LISSES.

Voir le traversin à tranches lisses page 163.

des parures de tissu
pour des suites particulières

Les salles de bains sont trop souvent des débarras tristes et fonctionnels, repaires de serviettes humides et de pots de crèmes miraculeuses à moitié vides. Les experts affirment unanimement que le meilleur remède contre le stress consiste à prendre fréquemment des bains aromatisés, en dégustant une coupe de Veuve Clicquot, sur des accords de Bach, le tout à la lueur des bougies. Ce programme n'offre pas une perspective séduisante dans une pièce aménagée à la va-vite et sans classe. Aussi, étudiez votre salle de bains, puis transformez-la en un somptueux boudoir qui vous aidera à survivre dans ce monde cruel.

C'est le XVIIIe siècle qui perfectionna l'art des boudoirs. À cette époque, les femmes s'harnachaient d'accessoires de beauté afin de livrer bataille dans les salles de bal. Suivez leur exemple en décorant avec exigeance et attention une salle de bains froidement carrelée. Un paravent rouge et jaune procure un coin intime pour le bain ; les tentures et les rideaux amples, réalisés dans de sensuelles toiles rouges et de riches imprimés copiés dans des documents anciens, ont été choisis pour leurs superbes coloris. Les étoffes tendues sur les murs confèrent opulence et chaleur à la pièce. On peut réaliser des panneaux de tissu allant du sol au plafond, puis les agrafer sur des baguettes fixées aux murs, ou les attacher, comme ici, à l'aide de galons et de ravissants rubans.

ci-dessous

Des accessoires richement décorés transforment cette salle de bains. Fixée à une barre à rideaux avec des pinces parisiennes, une étoffe tissée fait une splendide portière. Les pompons rouges du rideau font écho à la toile de la nappe.

à gauche

Plus qu'un simple espace pour la toilette, cette salle de bains a été métamorphosée en boudoir grâce à des tissus tendus sur les murs et sur un paravent.

Voir les panneaux de tissu page 143, et les pliants pages 56 et 57.

des jours de brume dorée
dans une salle de séjour

Les étoffes richement tissées sont coûteuses. Si vos ressources ne sont pas extensibles, le secret consiste à imiter Scarlett O'Hara en affectant, par exemple, de vieux rideaux à un nouvel usage. Les endroits où l'on trouve des tissus de deuxième main (foires aux tissus, magasins à but caritatif et boutiques de vêtements d'occasion) sont d'appréciables sources d'inspiration. Vous pouvez aussi rechercher des imprimés, séduisants mais meilleur marché, comme les toiles de Jouy, les cotons fleuris aux teintes passées, les satinettes unies et les soies indiennes vivement colorées.

Le fauteuil de bureau présenté ici est recouvert d'une étoffe provenant d'un somptueux rideau abandonné puis retrouvé dans une demeure bourgeoise. Façonnée dans le dos en forme de capuchon de moine, cette housse dissimule avec charme la modernité d'un fauteuil qui risquerait de jurer dans cette salle de séjour faisant également office de bureau. Le reste de la pièce est décoré de tissus splendides. Le luxe des doubles rideaux en lourde soie vert mousse est accentué par la fluidité lumineuse des soieries jaunes accrochées à la même barre. Réalisés dans une matière ressemblant à l'organdi, des stores à l'italienne d'un jaune d'or translucide filtrent la grisaille hivernale, et créent une ambiance mystérieusement ensoleillée. Ils changent admirablement des rideaux en filets, tout en étant comme eux presque invisibles, mais capables d'établir une barrière entre l'intérieur et l'extérieur. Le canapé est éblouissant dans son brocart or, blanc, rose et vert. Jeté sur un paravent, un tapis tissé à la main donne du faste à l'ensemble. Loin de dépareiller, le fauteuil baigné de lumière devient le point de mire de ce décor.

ci-dessus

Lorsque le soleil brille à travers ce store jaune, ce dernier diffuse une chaude lumière dans toute la salle de séjour. Il masque aussi la vision déprimante de la pluie et du vent, sans pour autant obscurcir la pièce.

Voir les stores à l'italienne pages 146 et 147.

à gauche

Cette parure est composée de deux rideaux en soie d'épaisseur différente et de couleur contrastée (jaune brillant et vert mousse).

Voir les rideaux pages 148 à 152.

à droite

Ornée d'un capuchon, une housse de fauteuil en damas doré est le point de mire de cette pièce. On a placé le bureau face à la fenêtre, pour l'inspiration et pour la lumière. Des rideaux en soie filtrent le soleil, et détournent les courants d'air.

Voir la housse à capuchon pour fauteuil de metteur en scène page 176, et les rideaux pages 148 à 152.

ma chambre d'atours
ou l'histoire d'un décor

Au XVIe siècle, lorsque les lits à colonnes firent leur apparition, la chambre devint l'une des pièces les plus splendides de la maison. Les ciels de lit auxquels on accrochait des rideaux consistaient souvent en de merveilleuses tapisseries. Les têtes de lit, sculptées avec force extravagances, étaient parfois munies de petits supports pour les chandelles. On garnissait les matelas de laine et de plumes.

Le rôle de la chambre à coucher n'a pas diminué. Toutefois, la structure du lit est devenue moins importante que sa parure. Ici, on a utilisé un cadre en noyer datant du XIXe siècle, et on l'a habillé de riches tissus indiens brodés, ainsi que d'un jeté réversible, audacieusement rayé de velours et de soie. Stores à l'italienne et rideaux en soie froissée sont bordés de soieries rayées de coloris exotiques. Le plancher ciré est jonché de chaleureux tapis orientaux. Un excès de bois peut assombrir une pièce, mais celle-ci est pourvue de deux grandes fenêtres qui la baignent de lumière ; un miroir placé entre elles accroît la sensation de luminosité et d'espace. Le plafond blanc contraste avec le jaune vigoureux des murs qu'il éclaircit.

ci-dessus, à gauche

CETTE HOUSSE DE CHAUFFEUSE EN TAFFETAS ROUGE VIF EST ACCOMPAGNÉE D'UN TRAVERSIN REBONDI EN VELOURS.

Voir la housse de chauffeuse pages 176 et 177, et le traversin passepoilé à tranches froncées page 162.

à gauche

CE CONFORTABLE FAUTEUIL DE LECTURE EST RECOUVERT D'UNE ÉTOFFE TISSÉE DANS DE RICHES COLORIS ASSORTIS AU DÉCOR DE LA PIÈCE.

Voir les housses de fauteuils pages 178 à 180.

De majestueuses influences orientales ont inspiré le décor somptueux de cette chambre à coucher. Comme dans une salle de bal, les rideaux en soie froissée soulignés de coloris exotiques sont retenus par de délicieuses embrasses ornées de glands. Le couffin est doublé de taffetas et habillé d'une courtepointe festonnée en velours.

Voir les couffins pages 136 et 137.

techniques et réalisations

Quiconque connaît bien la couture pourra réaliser sans problème tous les ouvrages de ce livre. Ce chapitre expose les astuces qui donneront un fini professionnel à votre travail, et explique de manière claire et détaillée la confection de tous les modèles présentés, de la serviette de table ou de la taie d'oreiller la plus simple, jusqu'à la housse de fauteuil.

les techniques de base

les coutures

Il est nécessaire de bien préparer les coutures. Superposez les deux pièces de tissu bord à bord, et épinglez-les tous les 5 à 10 cm, perpendiculairement à la ligne de couture. Bâtissez le long de celle-ci avec un fil de couleur contrastée. Si les bords de l'étoffe risquent de s'effilocher, surfilez-les préalablement au point zigzag.

la couture simple

Épinglez les deux pièces de tissu endroit contre endroit et bord à bord, et bâtissez-les. Piquez sur la ligne de couture, en fixant chaque extrémité par quelques points arrière. Ôtez les fils de bâti, puis ouvrez la couture au fer sur l'envers *(fig. 1)*.

fig. 1

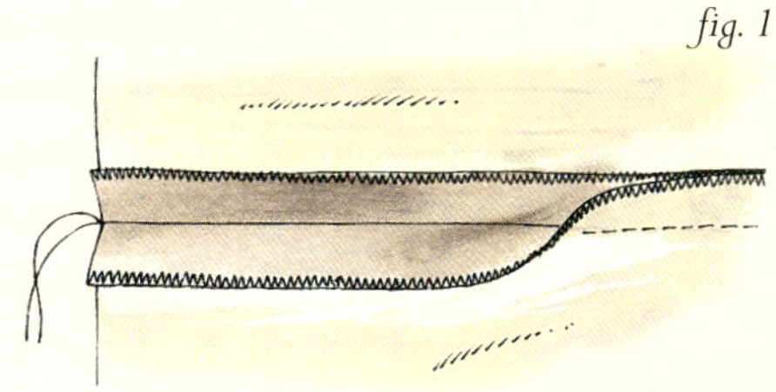

les angles

Pour réaliser un angle droit, piquez l'aiguille dans le tissu, relevez le pied-de-biche, tournez l'ouvrage à 90°, baissez le pied-de-biche, et continuez à coudre. Biaisez la réserve de couture. Sur les angles saillants, faites un ou deux points en travers du sommet, coupez la réserve de couture au-dessus, puis biaisez-la de chaque côté. Sur les angles rentrants, crantez la réserve de couture à 2 mm de la piqûre *(fig. 2)*.

fig. 2

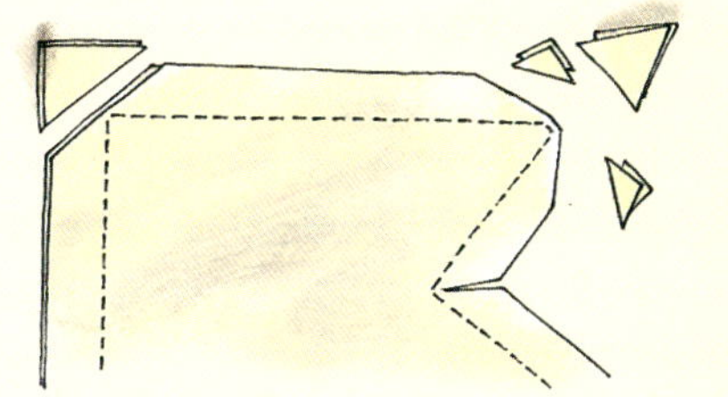

les courbes

Ramenez la réserve de couture à 6 mm et crantez-la. Dans les courbes concaves, il est nécessaire d'entailler régulièrement le tissu à 2 mm de la piqûre, afin que les bords de la réserve soient bien à plat quand vous ouvrez la couture au fer *(fig. 3)*.

fig. 3

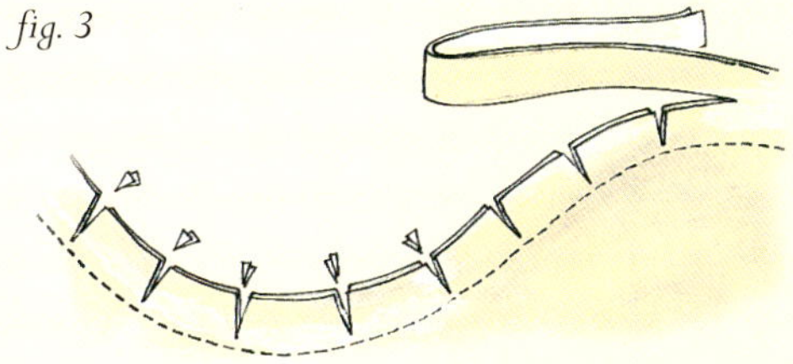

la couture anglaise

Cette couture double emprisonne les bords du tissu, ce qui la rend solide et bien adaptée aux étoffes un peu transparentes. Épinglez les deux pièces de tissu envers contre envers, et piquez-les à 6 mm du bord. Ramenez la réserve de couture à 3 mm, repliez les pièces endroit contre endroit, puis piquez à 8 mm du pli *(fig. 4)*.

fig. 4

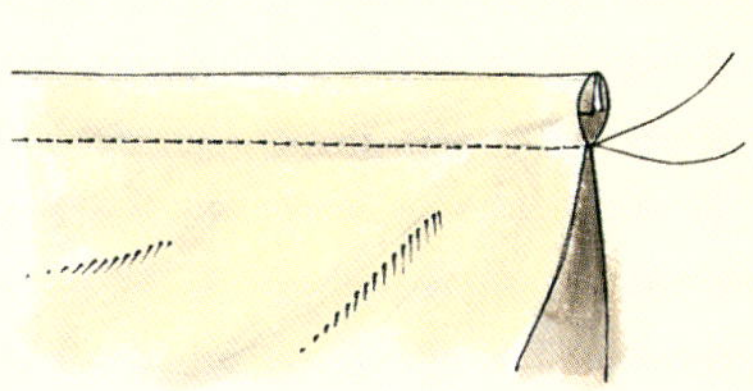

la couture rabattue

Cette couture double, réversible et très solide, résiste bien à l'usure et aux lavages. Piquez les deux pièces de tissu envers contre envers, à 1,5 cm du bord. Repassez la réserve de couture en la couchant sur un côté. Coupez le bord du dessous à 5 mm de la piqûre. Repliez le bord du dessus de 3 mm sur l'envers, repassez-le, rabattez-le sur le tissu, puis piquez au ras du pli *(fig. 5)*.

fig. 5

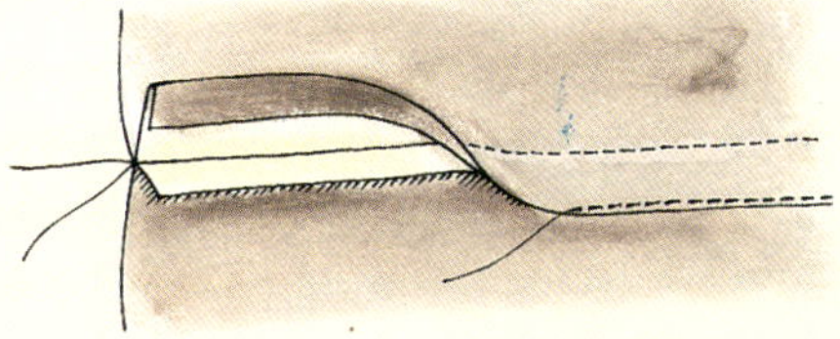

le point coulé

Il sert à assembler soigneusement deux bords repliés. L'aiguille passant sous le rabat, les points sont à peine visibles. Placez les deux bords l'un contre l'autre, glissez l'aiguille dans un rabat, faites-la sortir, puis piquez-la dans le bord opposé. Ressortez-la 6 mm plus loin, et piquez-la dans le bord opposé *(fig. 6)*.

fig. 6

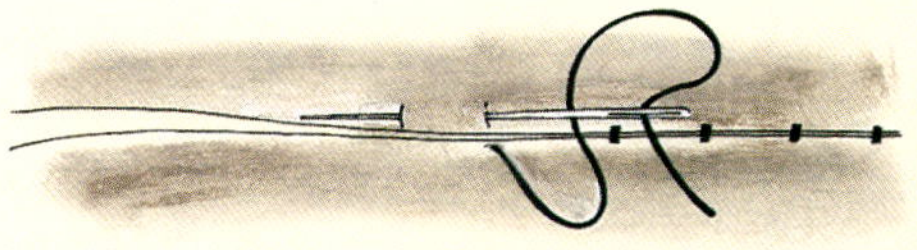

les ourlets

Si le tissu est épais, il faut réaliser un ourlet simple en rabattant le tissu une seule fois. Un ourlet double, composé d'un rentré étroit puis d'un second plus large, convient à la plupart des étoffes ; on fait deux rentrés égaux si le tissu est transparent ou pour obtenir un bord plus net *(fig. 1)*. On peut piquer la majorité des ourlets à la machine, sauf ceux des rideaux qui doivent être cousus à la main.

fig. 1

l'ourlet simple

Surfilez le bord du tissu au point zigzag, ou coupez-le avec des ciseaux à cranter. Rabattez-le sur la hauteur voulue, épinglez-le et cousez-le. À la main, utilisez le point de chausson : en commençant à gauche, sortez l'aiguille sur le rabat, et piquez-la en diagonale au-dessus de celui-ci. Faites un petit point horizontal de droite à gauche dans le tissu principal. Piquez l'aiguille dans le rabat, en diagonale et vers la droite, puis faites un point horizontal *(fig. 2)*. Continuez toujours ainsi.

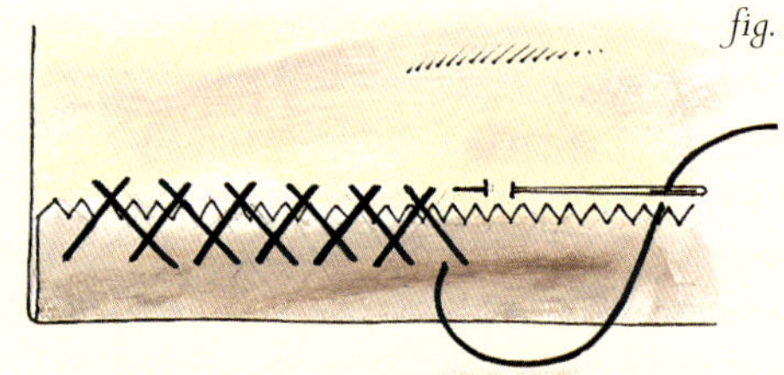

fig. 2

l'ourlet double

Rabattez le tissu sur la hauteur voulue. Repliez le bord de 6 mm, et repassez-le. Cousez à la main au point d'ourlet : travaillez de droite à gauche, en ne prenant que deux ou trois fils du tissu à chaque point *(fig. 3)*. Ne tirez pas trop sur le fil.

fig. 3

les onglets

Lorsqu'on ourle deux bords à angle droit, on résorbe le tissu excédentaire en façonnant un onglet. Dans le cas d'un ourlet simple, repassez le rabat de chaque bord, puis dépliez-les. Pliez le coin du tissu à 45° de façon que les pliures soient alignées et forment les deux côtés d'un carré *(fig. 4)*. Repliez les rabats, puis assemblez-les à points coulés. Dans le cas d'un ourlet double, repassez ensemble les deux rentrés de chaque bord, mais ne dépliez que le second. Réalisez l'onglet comme précédemment *(fig. 5)*.

fig. 4

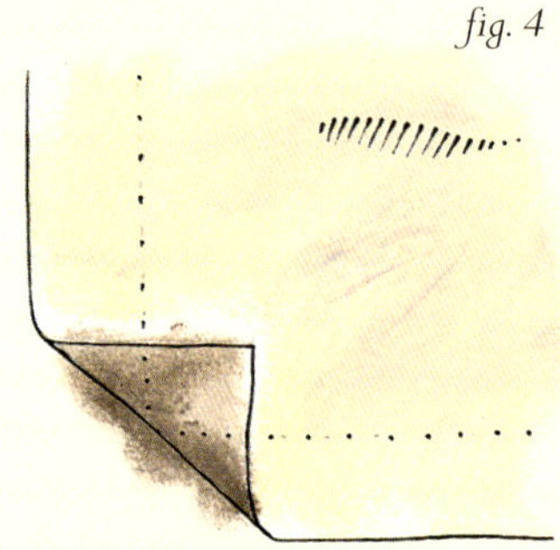

fig. 5

le biais

On l'utilise pour finir les bords des pièces épaisses ou matelassées. Si, pour border des lignes droites, on peut couper des bandes dans le droit-fil du tissu, pour obtenir la souplesse indispensable aux courbes, il est nécessaire de travailler dans le plein biais de celui-ci. Il existe du biais tout prêt, mais il est facile d'en fabriquer soi-même. Coupez des bandes deux fois plus larges que la bordure souhaitée, plus 12 mm pour les rabats.

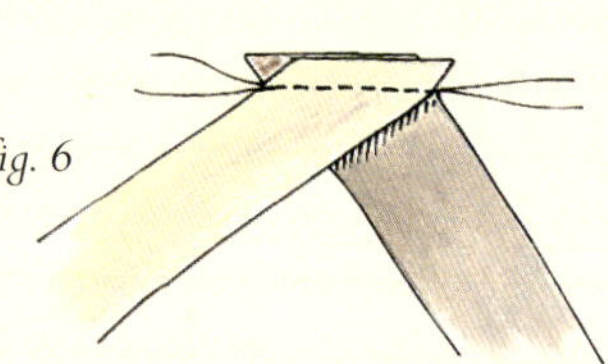

fig. 6

découpe des bandes

Tracez à la craie une diagonale à 45° par rapport au droit-fil. Tracez des lignes parallèles, espacées de la largeur voulue, et découpez les bandes ainsi obtenues. Assemblez-les à angle droit, à 6 mm des bords *(fig. 6)*. Ouvrez les coutures au fer, puis biaisez les extrémités des réserves de couture.

Pour confectionner une longue bande, coupez un rectangle de 30 x 60 cm. Coupez l'un des coins à 45°, et cousez-le sur le petit côté opposé du rectangle. Tracez des lignes diagonales parallèles aux bords *(fig. 7)*. Avec le tissu plié endroit contre endroit, faites coïncider *a* et *b*, épinglez, puis piquez. Retournez sur l'endroit, et coupez tout au long de la ligne continue ainsi obtenue *(fig. 8)*.

fig. 7

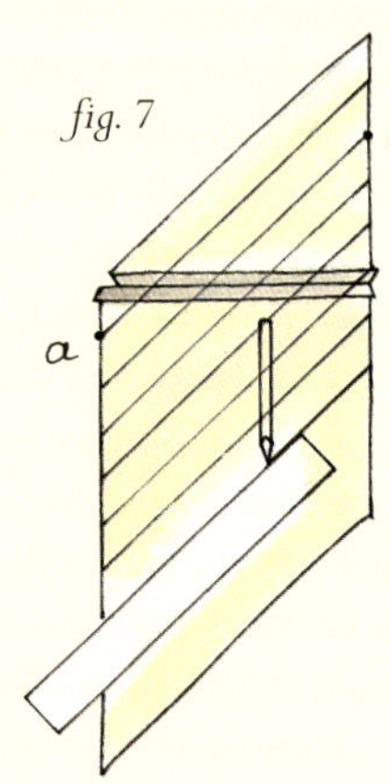

fig. 8

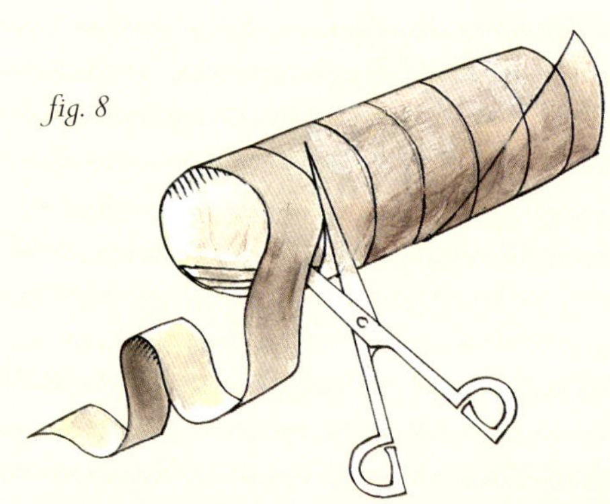

pose du biais

Rabattez les deux bords du biais de 6 mm sur l'envers, et repassez-les. Pliez la bande en deux dans le sens de la largeur, envers contre envers, repassez-la, et épinglez-la à cheval sur le bord du tissu, en façonnant des onglets aux angles, et en donnant de l'ampleur dans les courbes. Piquez à la machine ou cousez à la main à points coulés, au ras du bord, en prenant toutes les épaisseurs de tissu *(fig. 9)*.

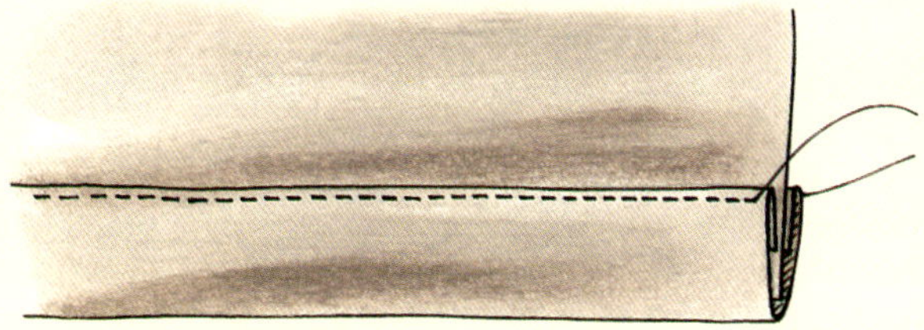

fig. 9

le passepoil

Il s'agit d'une mèche recouverte de biais prise dans une couture afin de la renforcer et de la décorer. Les mèches sont vendues en diamètres différents ; si elles ne sont pas traitées, il convient de les laver à l'eau bouillante avant de les utiliser.

habillage de la mèche

Coupez une bande de biais : sa longueur doit être égale à celle de l'ensemble des coutures à passepoiler, plus 5 cm pour chaque extrémité et chaque raccord ; sa largeur doit être égale au diamètre de la mèche plus 3 cm. Pliez-la en deux autour de la mèche, envers contre envers, et épinglez-la. Piquez en utilisant un pied-de-biche pour fermeture à glissière *(fig. 10)*.

fig. 10

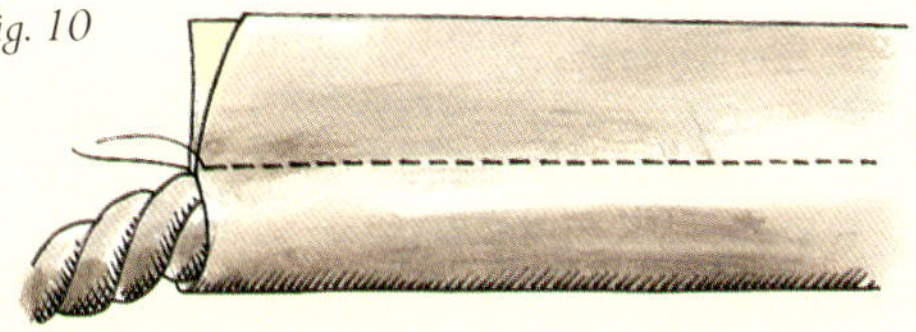

pose du passepoil

Épinglez le passepoil bord à bord sur l'endroit du tissu. Bâtissez puis piquez avec un pied-de-biche pour fermeture à glissière. Dans les coins, façonnez le passepoil en léger arrondi, et crantez sa réserve de couture. Le long des lignes courbes, entaillez ensemble les réserves du passepoil et du tissu *(fig. 11)*. Épinglez la seconde pièce de tissu sur l'ensemble, endroit contre endroit et bord à bord, puis piquez sur la première ligne de couture.

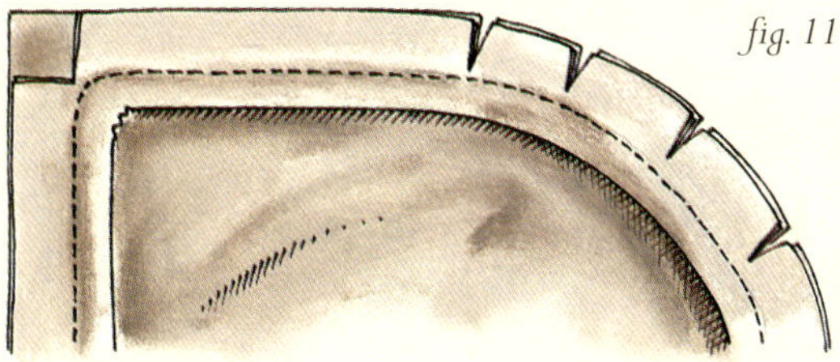

fig. 11

raccord des extrémités

Les deux extrémités d'un passepoil placé en continu autour d'une pièce (un coussin, par exemple) doivent se raccorder discrètement et, si possible, dans le prolongement d'une couture. Piquez le passepoil en laissant 5 cm libres aux deux extrémités. Sur celles-ci, décousez la couture qui enferme la mèche sur 3 cm. Recoupez les bouts de la mèche au ras l'un de l'autre, puis attachez-les ensemble en les enroulant avec du fil à coudre. Découpez le biais de façon que l'une de ses extrémités chevauche l'autre sur 1,5 cm. Rabattez cette extrémité de 5 mm sur l'envers, et repliez-la sur l'autre *(fig. 12)*. Fixez le raccord à points coulés, puis finissez de piquer le passepoil en prolongeant la ligne de couture.

fig. 12

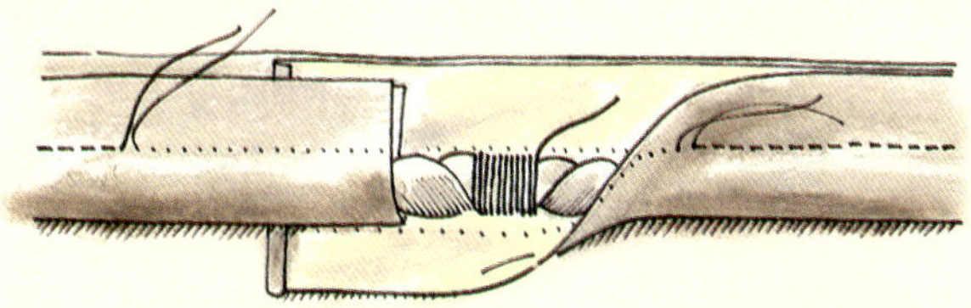

les cordelières

Les cordelières sont cousues à la main sur les coutures terminées. Utilisez un fil à coudre d'une couleur identique, et piquez à travers quelques fils pris sous la cordelière. Comme il n'est pas possible de réussir un raccord soigné, on dissimule les extrémités de la cordelière à l'intérieur de la couture. Prévoyez 5 cm de cordelière supplémentaires, et laissez une ouverture de 3 cm dans la couture. Glissez-y l'un des bouts de la cordelière que vous aurez effiloché *(fig. 13)*. Cousez la cordelière autour de l'ouvrage, puis effilochez l'autre bout afin de l'aplatir. Introduisez-le dans l'ouverture, près du premier, puis fermez celle-ci solidement.

fig. 13

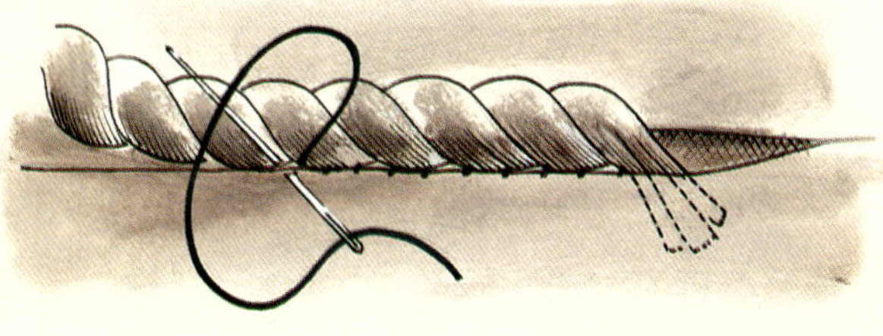

les galons et les franges

Franges et galons peuvent être cousus à la main ou à la machine. Si leurs extrémités ne s'effilochent pas, assemblez-les à l'aide d'une petite couture ; sinon, il faut les faire se chevaucher, puis les dissimuler dans la couture *(fig. 1)*. Dans ce cas, prévoyez 5 cm supplémentaires à chaque bout. Lorsque vous bordez un jeté de lit qui doit être réversible, faites un ourlet simple en rabattant le tissu sur l'endroit, et cachez-le en cousant le galon par-dessus.

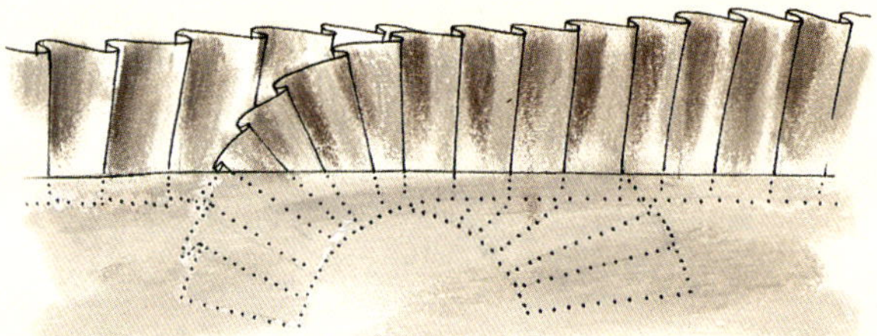
fig. 1

les fronces et les plis

Les volants froncés ou plissés permettent d'adoucir le bas d'un store, de border une housse, ou de juponner une nappe. On peut les confectionner dans de simples bandes de tissu finies par un petit ourlet, ou bien les doubler pour leur donner plus de tenue (il suffit de couper une pièce deux fois plus haute que la dimension finie, et de la plier en deux). Fermez le volant en boucle avec une couture simple s'il est doublé, ou une couture rabattue s'il ne comporte qu'une épaisseur.

passage des fils de fronces

Le tissu est froncé par un fil passé le long de l'un de ses bords. Sur une étoffe légère, piquez à la machine deux lignes parallèles de grands points, ou cousez à la main une ligne de points avant, avec du fil mis en double. Sur un tissu épais ou pour une grande longueur, passez le fil de fronces en zigzag afin d'éviter qu'il ne se casse. Réglez la machine sur un point long et de petite amplitude. Attachez du fil cordonnet à une épingle, maintenez-le sous le pied-de-biche pendant que vous piquez de façon qu'il soit pris sous les points zigzag *(fig. 2)*, puis tirez-le.

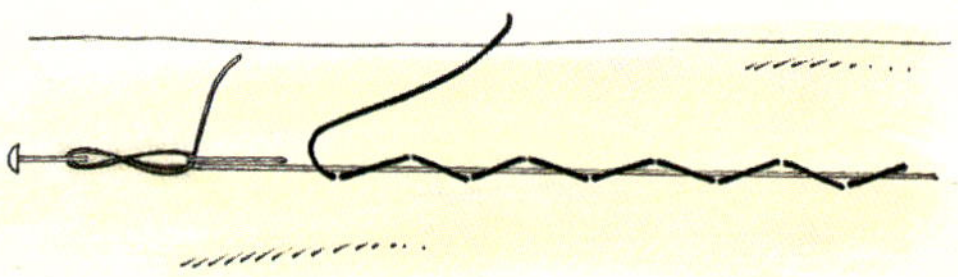
fig. 2

pose des volants froncés

Il est important que les fronces soient bien réparties. Quand un volant est destiné à une ligne droite, pliez-le en deux, puis en quatre. Repérez les lignes de pliure en faisant des petites encoches au sommet. Procédez de même sur le bord de la pièce principale. Passez un fil de fronces entre chacun des repères, et épinglez le volant sur la pièce principale, endroit contre endroit, en superposant les encoches. Ajustez la longueur de chaque fil, répartissez les fronces, puis épinglez le volant *(fig. 3)*. Nouez les extrémités des fils de fronces avant de coudre. Surfilez les bords. Une méthode similaire est utilisée pour un volant fermé en boucle. Dans le cas d'un carré – une taie d'oreiller, par exemple – le volant est plié en quatre, chaque partie correspondant à l'un des côtés. Pour un rectangle, divisez le périmètre par huit, et marquez des repères espacés de cette valeur tout autour de la pièce principale, en commençant à un angle. Pliez le volant en huit, et encochez le bord supérieur en haut de chacun des plis. Passez un fil de fronces, puis épinglez le volant sur la pièce principale *(fig. 4)*. Laissez un peu d'ampleur à chaque coin.

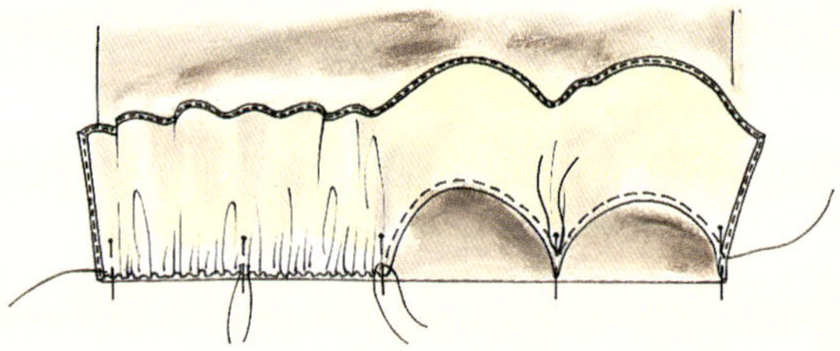
fig. 3

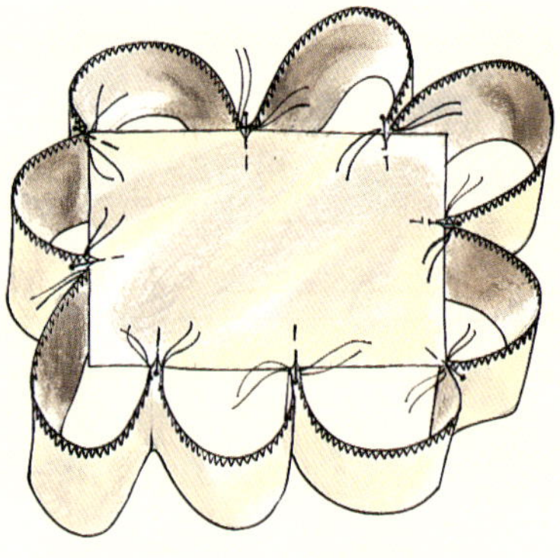
fig. 4

pose automatique d'un volant froncé

Cette technique dissimule la réserve de couture, afin de donner un fini soigné à une garniture de berceau ou à un rideau. Coupez le bord supérieur du volant 6 mm au-dessus de la ligne de fronces. Rabattez la réserve de couture de la pièce principale de 5 mm sur l'endroit, et repassez-la. Repliez-la sur les fronces, puis cousez-la à la main à points coulés, ou bien piquez-la à la machine *(fig. 5)*.

fig. 5

les plis

Pour qu'une garniture plissée tombe bien, on doit la couper en suivant le droit-fil. Assurez-vous que les raccords se trouvent à l'intérieur des plis, et que ces derniers coïncident avec les angles de l'objet que vous voulez habiller.

les plis couchés

Coupez une bande de tissu deux fois plus longue que la garniture souhaitée. Avec une craie, tracez des lignes espacées de la largeur du pli voulu. Superposez les repères *a* et *c* *(fig. 6)*. Épinglez, puis bâtissez le long du bord supérieur.

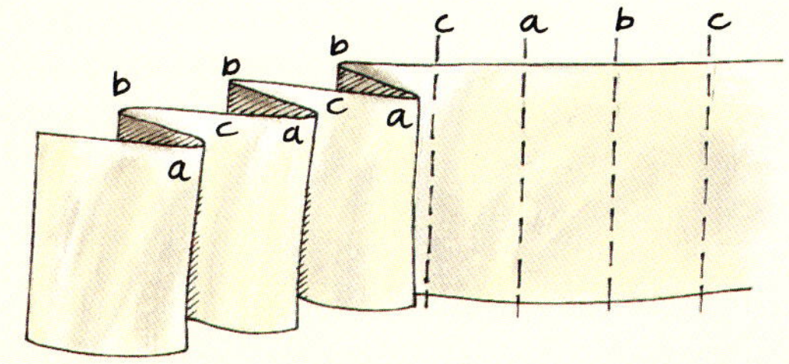

fig. 6

les plis creux

Deux plis couchés tournés l'un vers l'autre forment un pli creux. Coupez une bande de tissu trois fois plus longue que la garniture souhaitée. Tracez des lignes parallèles : la distance les séparant égale la moitié de la largeur du pli voulu. Superposez les repères *a* et *c*, puis *e* et *c*, épinglez *(fig. 7)*, et bâtissez le long du bord supérieur.

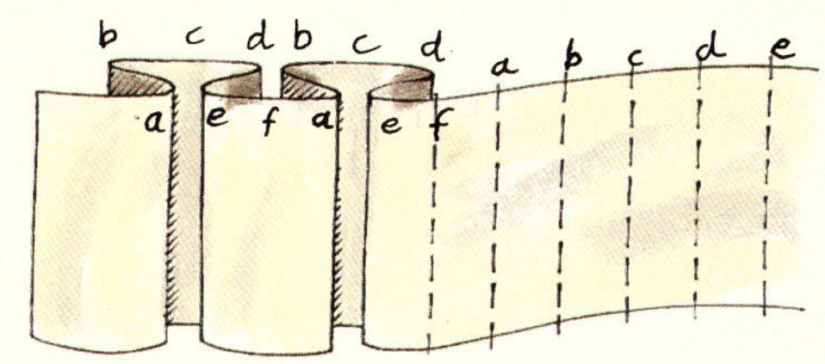

fig. 7

les panneaux de tissu

Il existe plusieurs manières simples d'utiliser des pièces de tissu. Un rectangle ourlé peut être drapé en lambrequin sur une barre à rideaux, ou épinglé au ras du plafond pour recouvrir un mur.

raccord des motifs

Les motifs doivent coïncider de part et d'autre des coutures. Assurez-vous qu'ils commencent au même endroit sur chacun des morceaux. Sur l'un d'eux, rabattez la réserve de couture du bord à assembler sur l'envers, et repassez-la. Épinglez-la sur l'autre pièce en faisant correspondre les dessins, bâtissez, puis cousez à points coulés *(fig. 8)*. Repliez les pièces l'une sur l'autre, endroit contre endroit, puis piquez le long de la ligne de points coulés.

fig. 8

assemblage de laizes

Pour éviter la gêne d'une couture centrale, coupez la seconde laize de tissu en deux panneaux de largeur égale, et cousez-les de part et d'autre de la première *(fig. 9)*.

fig. 9

réalisation de panneaux réversibles

Pour confectionner des panneaux réversibles, épinglez les deux pièces de tissu endroit contre endroit. Dans le cas d'un jeté, piquez les quatre côtés en laissant une ouverture de 25 cm sur l'un d'eux. Biaisez les angles, retournez sur l'endroit, et fermez l'ouverture à points coulés. Pour des rideaux, piquez les deux côtés et la base, biaisez les angles, puis retournez. Finissez la tête.

pose de tissu tendu

On peut tendre du tissu sur un paravent ou une tête de lit. Découpez une pièce aux dimensions de la surface à habiller, plus 5 cm tout autour. Agrafez le milieu de chacun des côtés, en tirant bien sur le tissu, et en laissant dépasser le surplus. Continuez à agrafer tous les 10 cm, en tirant toujours l'étoffe vers l'extérieur mais sans la déformer *(fig. 10)*. Coupez le tissu excédentaire, puis collez un galon tout autour du panneau pour dissimuler les bords.

fig. 10

les systèmes d'attache

Les systèmes d'attache peuvent être fonctionnels et dissimulés, comme les fermetures à glissière, ou bien faire partie intégrante du décor.

les fermetures à glissière

En métal ou en Nylon, elles sont disponibles dans des longueurs, des grosseurs et des couleurs multiples. La longueur donnée est toujours celle du mécanisme. Utilisez un pied-de-biche spécial pour les coudre, et piquez à 3 mm des dents.

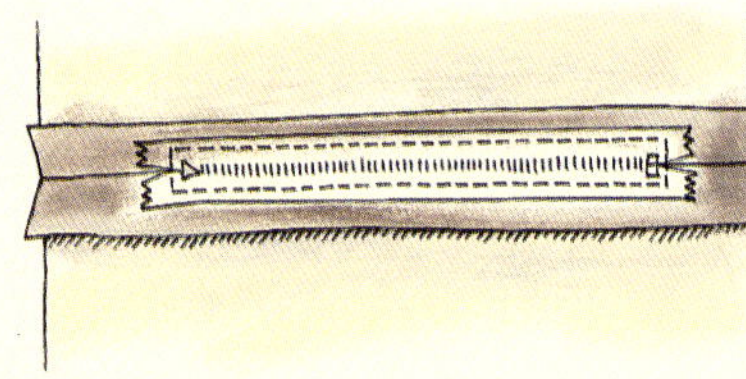

fig. 1

montage dans une couture simple

Bâtissez les deux pièces de tissu. Piquez en laissant une ouverture d'une longueur égale à celle de la fermeture à glissière plus 1 cm. Renforcez les extrémités par des points arrière. Ouvrez la couture, et placez la fermeture à cheval sur la ligne de bâti, l'endroit contre le tissu. Épinglez, bâtissez, puis piquez sur l'endroit *(fig. 1)*.

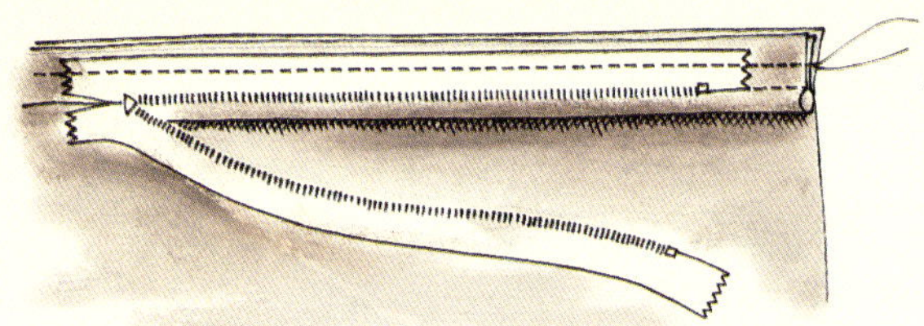

fig. 2

montage dans une couture passepoilée

Piquez les deux pièces de tissu jusqu'à l'endroit où la fermeture doit être montée. Ouvrez celle-ci et, endroit contre endroit, bâtissez puis piquez l'un de ses côtés sur le bord passepoilé, en plaçant les dents contre la mèche *(fig. 2)*. Repliez la réserve de couture sur l'envers, et remontez la glissière. Rabattez et repassez la réserve de couture de la seconde pièce, alignez-la contre le passepoil, puis bâtissez-la sur l'autre côté de la fermeture, en cousant sous le rabat. Piquez à 6 mm du bord et de l'extrémité inférieure *(fig. 3)*.

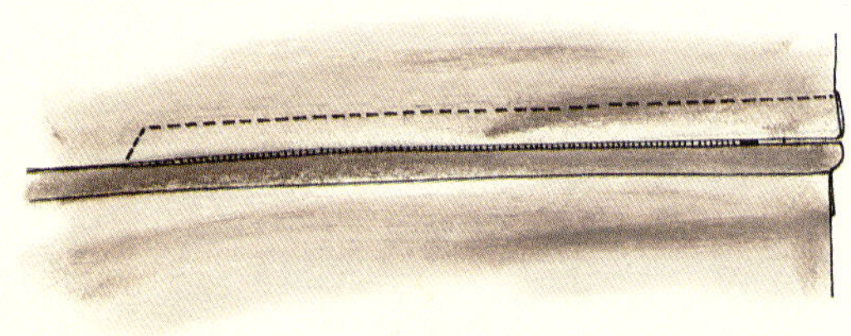

fig. 3

les liens

Coupez une bande de tissu d'une longueur égale à celle du lien voulu, et d'une largeur double, avec 1 cm supplémentaire tout autour. Pour un lien étroit, rabattez les quatre côtés de 1 cm sur l'envers, pliez la bande en deux dans le sens de la largeur, et repassez-la. Bâtissez puis piquez tout le périmètre à la machine, à 3 mm des bords *(fig. 4)*. Pour un lien large, pliez le tissu en deux, endroit contre endroit, et piquez son grand côté. Repassez-le de manière que la couture se trouve au centre du dos, puis piquez l'une des extrémités, en ligne droite ou en diagonale *(fig. 5)*. Coupez le tissu excédentaire, biaisez les angles, et retournez sur l'endroit.

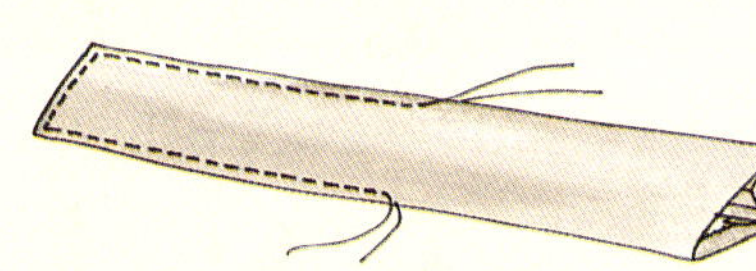

fig. 4

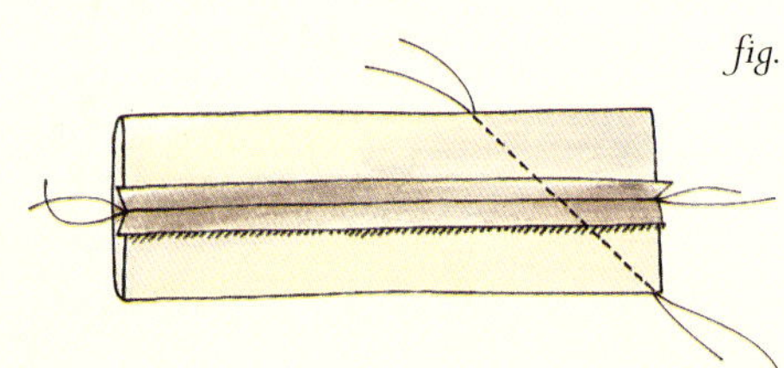

fig. 5

les rosettes

Coupez quatre pièces *(fig. 6)* en ajoutant1,5 cm autour de chacune.

Partie principale : largeur = 2 *a* ; hauteur = 2 *b*.

Pans, coupez deux pièces : largeur = 2 *d*, hauteur = *c*.

Partie centrale : largeur = e, hauteur = *b*.

Pliez la partie principale en deux dans le sens de la largeur, endroit contre endroit, et piquez le grand côté. Retournez-la sur l'endroit, puis repassez-la en plaçant la couture au centre du dos. Procédez de la même manière avec la partie centrale. Rabattez les extrémités de la pièce principale vers le milieu, et passez deux fils de fronces à travers toutes les épaisseurs *(fig. 7)*. Tirez les fils, et arrêtez-les. Confectionnez les pans comme des liens larges (voir ci-dessus), repassez-les, puis attachez-les au dos de la partie principale *(fig. 8)*. Cousez la partie centrale autour des fronces et par-dessus les pans, en la fixant solidement au dos de la rosette.

fig. 6

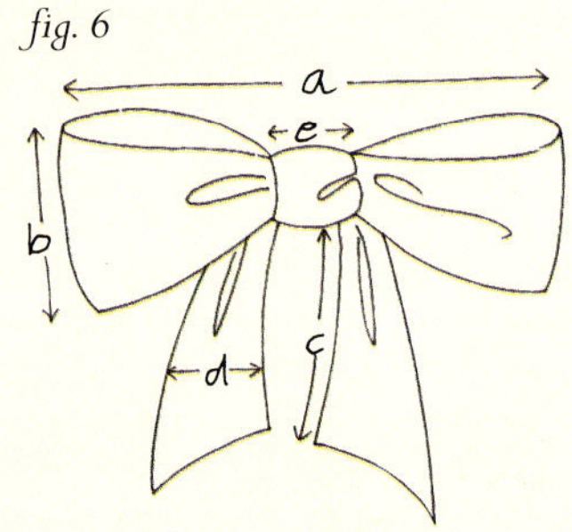

fig. 7

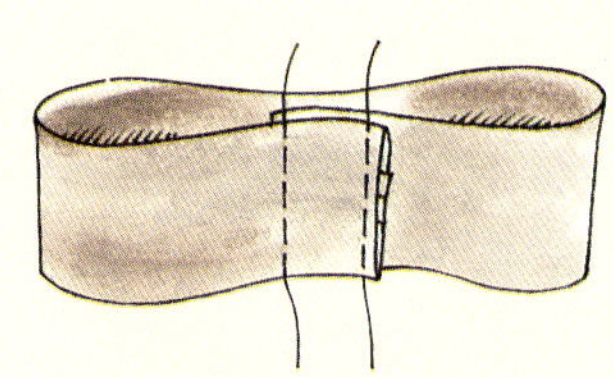

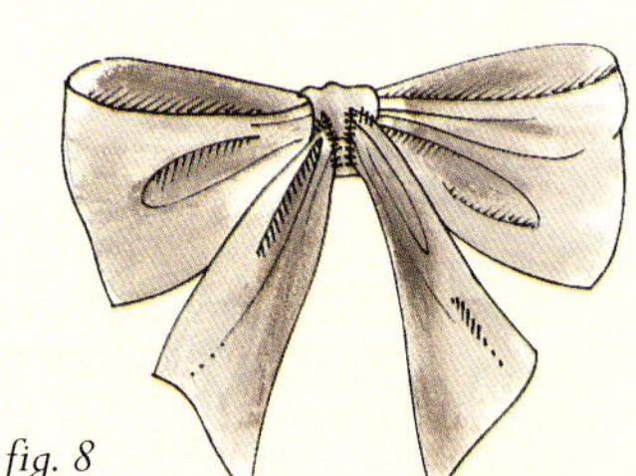

fig. 8

La manière dont les fenêtres sont habillées donne le ton de toute une pièce. On peut associer rideaux, stores et lambrequins pour donner de l'intimité, s'isoler du bruit et de l'obscurité, mais aussi pour ajouter du mouvement et de la lumière. Créer son propre décor peut sembler difficile bien que ce soit aussi simple que de coudre des rubans en haut d'un panneau ourlé.

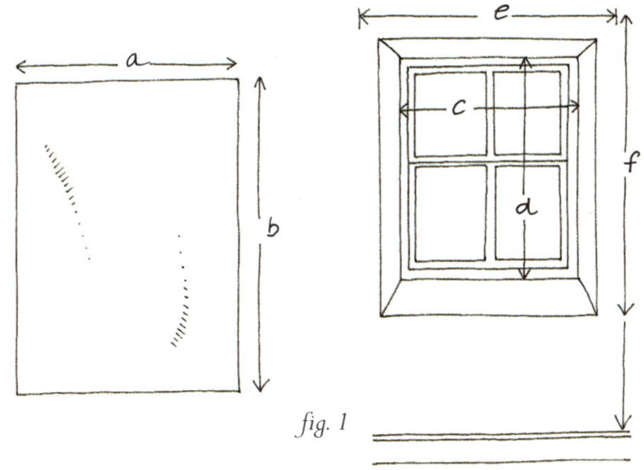

fig. 1

les stores

On peut utiliser les stores seuls ou les accrocher derrière des rideaux coordonnés. Les stores rouleaux s'enroulent autour d'une baguette glissée dans l'ourlet du bas. Les tissus à motifs leur conviennent bien, ainsi que les étoffes transparentes puisqu'ils ne comportent aucun mécanisme visible. Les stores à l'italienne sont plissés par des ficelles glissées dans des petits anneaux cousus sur l'envers. Le tomber du tissu est souple, mais on peut ajouter des tringles en bois qui génèrent des plis structurés. Quand vous choisissez du tissu pour un store à l'italienne, souvenez-vous que celui-ci sera relevé durant la plus grande partie de la journée, et que des motifs importants ne font plus d'effet une fois repliés.
Les stores s'adaptent à toutes les fenêtres, mais avec une largeur de deux mètres maximum, afin qu'ils ne ploient pas sous le poids de l'étoffe. Idéalement, un store devrait être coupé d'un seul tenant. Pour éviter de placer une couture au milieu d'un ouvrage composé de deux laizes, coupez la seconde en deux parties égales que vous assemblez de chaque côté de la première. Jouez de ces pièces rapportées comme d'éléments décoratifs en les choisissant dans un coloris contrasté. Vous pouvez aussi orner la base du store de franges ou de festons (voir page 142). Dans ce cas, placez la première rangée d'anneaux légèrement plus haut que ce qui est indiqué, de façon que la bordure soit visible lorsque le store est relevé.

calcul des dimensions (fig. 1)

Les deux types de stores sont maintenus par du ruban autoagrippant agrafé sur un tasseau recouvert de tissu, qui peut être vissé directement dans l'embrasure de la fenêtre, ou au-dessus de celle-ci, sur des équerres fixées au mur. Choisissez l'endroit où vous voulez accrocher votre store avant de calculer sa largeur et sa hauteur (*a* et *b*). Afin de tomber bien droit, le tissu principal et la doublure doivent être rigoureusement coupés dans le droit-fil.

Pour un store monté dans une embrasure, *a* = la largeur de l'embrasure *(c)* ; *b* = la hauteur mesurée du haut de l'embrasure à l'appui de fenêtre *(d)*.

Pour un store monté sur un mur, *a* = la largeur du cadre de la fenêtre + le surplus souhaité à chaque extrémité *(e)* ; *b* = la hauteur mesurée du haut du tasseau, y compris une marge au-dessus de la fenêtre, au point où l'on souhaite que le store descende, en dessous de l'appui de fenêtre.

le store rouleau

fournitures

Du tissu, une baguette (diamètre = 1 cm ; long. = *a* – 1 cm), du ruban autoagrippant en 2 cm de largeur (longueur = *a* – 1 cm), de la cordelette en coton (longueur = 6 *b* + *a*), deux anneaux de 3 cm de diamètre, 40 x 2 cm de cuir, un tasseau (section = 50 x 25 mm env. ; longueur = *a* – 1 cm), une agrafeuse, deux pitons de 1 cm de long., des clous, un marteau, un taquet de tournage.

mesures et coupe (fig. 1)

Tissu : largeur = a + 6 cm ; hauteur = b + 16 cm.

réalisation

1 Faites un ourlet double de 3 cm sur les deux côtés du tissu, puis sur le bord inférieur. Glissez la baguette à l'intérieur de la gaine ainsi obtenue à la base, et fermez les extrémités à points coulés pour la maintenir en place *(fig. 2)*.

2 Rabattez le bord supérieur de 2 cm sur l'envers. Épinglez la partie munie de picots du ruban autoagrippant sur le rabat, puis cousez-la *(fig. 3)*.

montage

3 Recouvrez le tasseau de tissu. Agrafez la seconde partie du ruban autoagrippant sur l'une des tranches les plus étroites du tasseau puis, en-dessous, vissez un piton à 5 cm de chaque extrémité *(fig. 4)*. Fixez le tasseau au mur en plaçant le ruban autoagrippant vers la pièce.

fig. 2

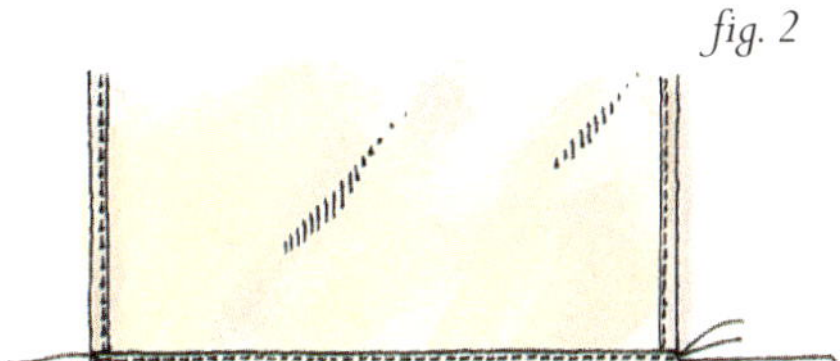

fig. 3

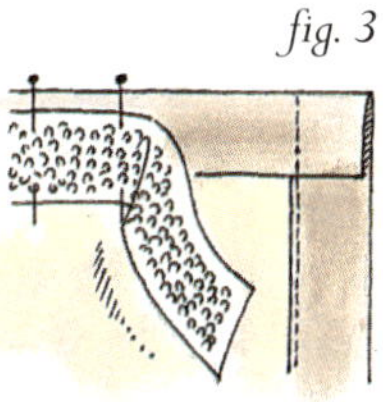

fig. 4

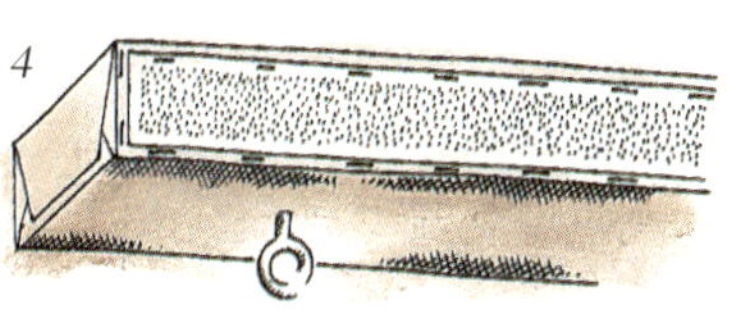

fig. 5

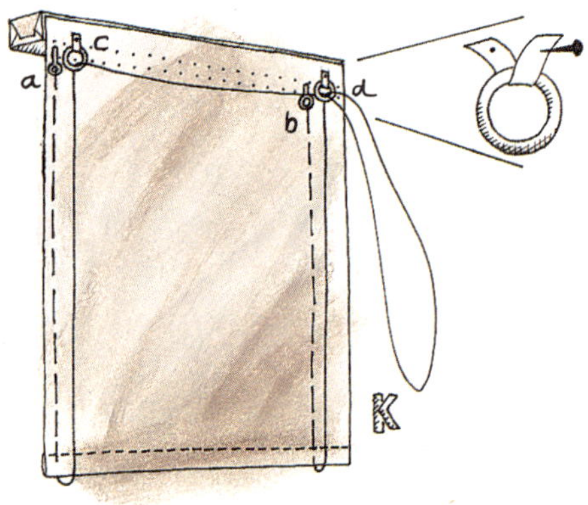

fig. 5a

4 Attachez le store au tasseau en superposant les deux parties du ruban autoagrippant. Coupez la bande de cuir en deux, et enfilez chaque bout dans un anneau *(fig. 5a)*. Clouez ceux-ci au sommet du store, à 5 cm de chaque extrémité *(fig. 5)*.
5 Nouez la cordelette au piton, en *a*, faites-la passer sous le store, ramenez-la devant, et glissez-la dans l'anneau *c*. Nouez solidement l'autre extrémité au piton *b*, puis enfilez la cordelette à présent doublée dans l'anneau *d*, sur le devant, afin d'obtenir le cordon de tirage *(fig. 5)*. Fixez le taquet de tournage au mur, à droite du store et au niveau de l'appui de fenêtre.

le store à l'italienne

Décidez du nombre de plis que votre store comportera (selon les proportions de la fenêtre, on en prévoit habituellement trois ou quatre). Afin de laisser de la place au store en position relevée, ôtez 5 cm à la hauteur finie (= *x*), puis calculez l'espacement entre les plis.

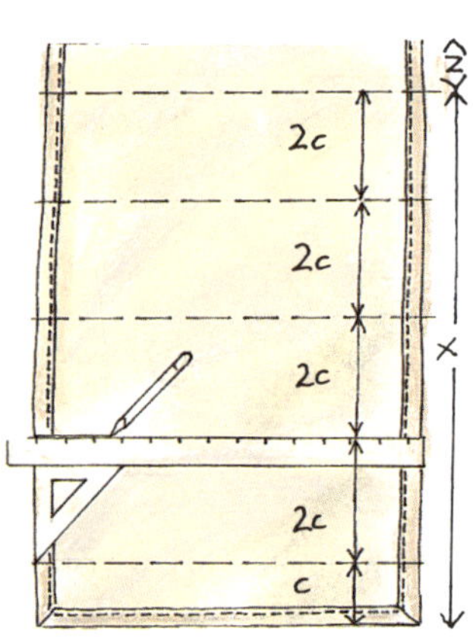

fig. 6

● calcul de l'espacement des plis

Store sans tringles : divisez la hauteur *x* par deux fois le nombre de plis plus un, pour trouver l'espacement *c*. Le premier rang d'anneaux sera distant du bord inférieur de cette valeur *c*, et les suivants seront espacés de 2 *c* *(fig. 6)*.
Store muni de tringles : ôtez 5 cm par tringle à la hauteur *x*, puis divisez le nombre obtenu par deux fois le nombre de plis plus un, pour trouver l'espacement *c*. Le premier pli sera distant du bord inférieur de cette valeur *c*, et les suivants seront espacés de 2 *c* + 5 cm.

le store bouillonné

C'est le store à l'italienne le plus simple ; il tombe en plis souples. Non doublé, il laisse passer la lumière du jour, aussi choisissez un tissu léger à tissage serré.

fournitures

Du tissu, 15 anneaux (diamètre 12 mm env.), une baguette (diamètre = 1 cm ; long. = *a* – 1 cm), une règle et une équerre, un crayon effaçable ou une craie.

mesures et coupe (fig. 1)

Tissu : largeur = *a* + 4 cm ; hauteur = *b* + 8 cm.

fig. 7

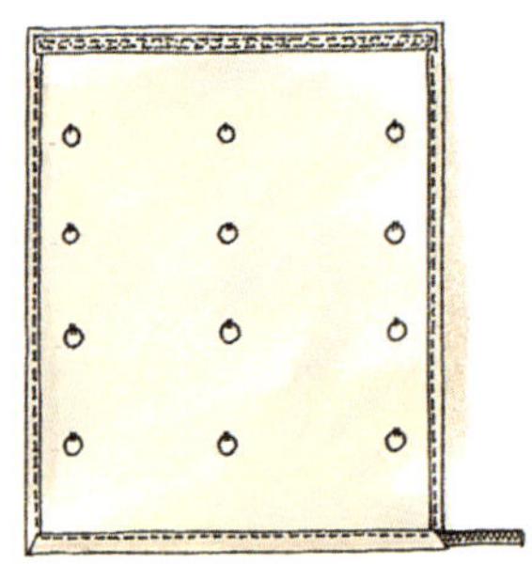

réalisation

1 Faites un ourlet double de 2 cm sur les deux côtés du tissu, et un ourlet double de 3 cm sur le bord inférieur, avec un onglet à chaque extrémité (voir page 140). Glissez la baguette dans l'ourlet du bas, puis fermez les onglets à points coulés *(fig. 7)*.
2 Calculez la distance entre les plis (voir ci-contre, à gauche), et tracez les lignes correspondantes sur l'envers du store, à l'aide de l'équerre et de la règle *(fig. 6)*. Pour être certain qu'elles sont bien parallèles, mesurez-les toutes à partir du bord inférieur.
3 Cousez les anneaux par rangées de trois, un à 5 cm de chaque extrémité, le troisième au centre *(fig. 7)*. Finissez le haut du store avec du ruban autoagrippant, comme cela est expliqué à l'étape 2 du store rouleau.

le store bateau

Les plis plus ordonnés de ce store sont supportés par des tringles insérées dans des gaines étroites créées dans le tissu. Piquez chacune d'elles dans le même sens afin que le tissu ne tire pas.

fournitures

Du tissu, quinze anneaux (diamètre = 12 mm env.), une baguette par gaine (diamètre = 1 cm ; long. = *a* – 1 cm), un carrelet de section 20 mm environ, une règle et une équerre, un crayon effaçable ou une craie.

mesures et coupe (fig. 1)

Largeur = *a* + 8 cm.
Hauteur = *b* + 8 cm, + 5 cm par gaine.

fig. 8

fig. 9

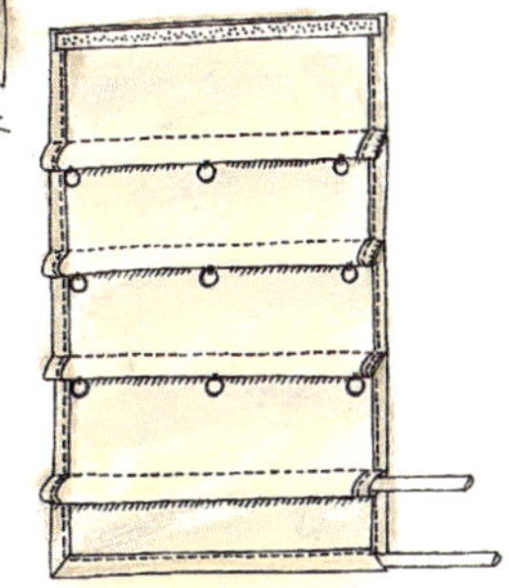

fig. 10

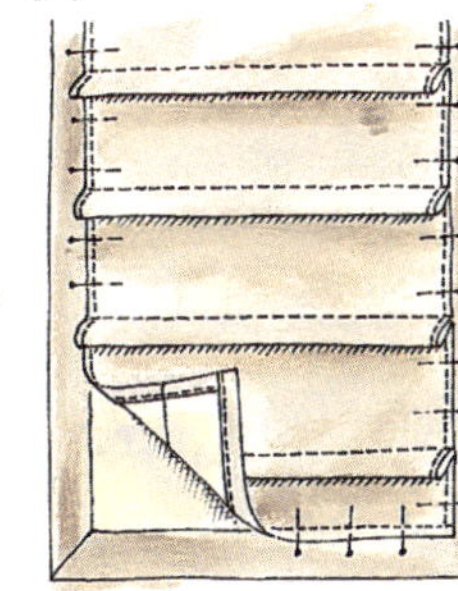

réalisation

1 Faites un ourlet double de 2 cm sur les deux côtés du tissu, et un ourlet double de 3 cm sur le bord inférieur, avec un onglet à chaque extrémité, mais sans le fermer. Calculez l'espacement des tringles, et tracez les lignes correspondantes sur l'envers, comme cela est expliqué à l'étape 2 du store bouillonné.

2 Pliez le tissu le long de la première ligne, et donnez un léger coup de fer. Sur les côtés, épinglez les deux épaisseurs ensemble et bord à bord, puis piquez à 2,5 cm du pli *(fig. 8)*. Procédez de la même manière pour les autres gaines.

3 Insérez les baguettes dans les gaines, et fermez les extrémités de celles-ci à points coulés. Glissez le carrelet dans l'ourlet du bas, sous les onglets, puis fermez ces derniers à points coulés. Cousez trois anneaux sur le pli de chaque gaine, un à 10 cm de chaque extrémité, et le troisième au centre *(fig. 9)*. Finissez le haut du store avec du ruban autoagrippant, comme à l'étape 2 du store rouleau.

le store à l'italienne doublé

La doublure, qui donne au store une apparence plus structurée est confectionnée comme un store bateau, puis cousue à la main sur le tissu principal, afin que les coutures soient invisibles sur l'endroit. Les tringles sont fixées à la doublure.

fournitures

Comme pour le store bateau, plus de la doublure.

mesures et coupe (fig. 1)

Tissu principal : largeur = *a* + 12 cm ; hauteur = *b* + 12 cm.

Doublure : largeur = *a* + 6 cm ; hauteur = *b*, + 5 cm par gaine.

réalisation

1 Faites un ourlet simple de 3 cm sur les deux côtés de la doublure. Tracez les lignes de plis sur l'endroit de la doublure, et piquez-les comme cela est expliqué aux étapes 1 et 2 du store bateau.

2 Sur le tissu principal, rabattez 6 cm de tissu sur l'envers le long des deux côtés et du bord inférieur, en façonnant un onglet à chaque extrémité de ce dernier, puis ourlez au point de chausson.

3 Étalez le tissu principal, l'envers vers vous. Placez la doublure par-dessus, envers contre envers, en alignant les angles et les coutures de manière à la centrer, puis épinglez l'ensemble *(fig. 10)*. Fixez la doublure au tissu principal à points coulés.

4 Terminez en suivant l'étape 3 du store bateau.

● montage des stores à l'italienne

On utilise la même technique pour monter les trois types de stores à l'italienne.

fournitures

De la cordelette fine en polyester (longueur = 6 *b* + 2 *a*), une latte en bois de section 50 x 25 mm environ (longueur = *a* – 1 cm), trois pitons, deux équerres ou deux grandes vis, une agrafeuse ou un marteau et des clous, un taquet de tournage, une perle en bois pour lester la cordelette.

technique

Habillez le tasseau, et agrafez-y le ruban autoagrippant comme pour le store rouleau (*fig. 4*, page 145). Fixez-le au mur ou dans l'embrasure, en vous aidant d'un niveau à bulle. Vissez les pitons sur sa tranche inférieure de façon qu'ils soient alignés avec les rangées d'anneaux. Accrochez le store.

fig. 11

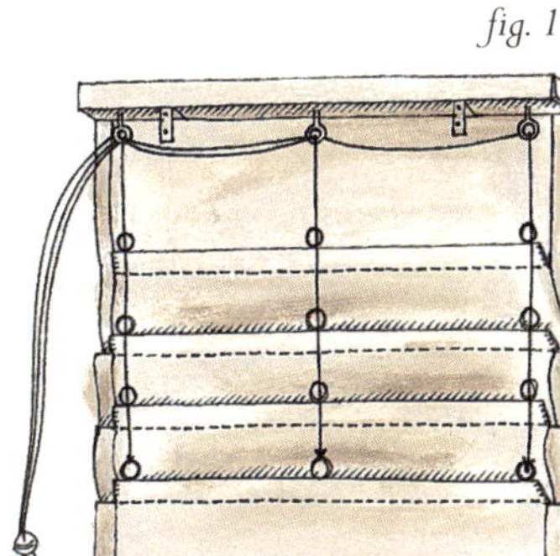

installation des cordons de tirage (fig. 11)

Coupez la cordelette en trois morceaux égaux. Placez-vous entre la fenêtre et le store, nouez-en solidement un au premier anneau de la tringle du bas, et enfilez-le vers le haut dans les autres anneaux, puis à travers les trois pitons. Fixez de la même manière la cordelette centrale, en glissant son extrémité à travers les deux derniers pitons, puis la troisième : les trois cordelettes sont enfilées dans le dernier piton. Nouez-les ensemble au niveau de l'appui de fenêtre, égalisez leurs extrémités, et attachez-y la perle en bois.

les rideaux

Lorsque vous choisissez le tissu et le type de montage de vos rideaux, tenez compte des proportions de la fenêtre et des dimensions de la pièce. Des drapés en brocart surmontés d'une cantonnière assortie conviendront parfaitement à un grand salon haut de plafond, alors que des petits rideaux bonne femme seront ravissants dans la salle à manger d'une fermette. Dans les chambres, le tissu doit être doublé pour ne pas laisser filtrer la lumière du petit jour. Les rideaux ne sont pas seulement destinés à l'habillage des fenêtres : on peut aussi les accrocher à un baldaquin, un paravent ou dans une embrasure de porte.

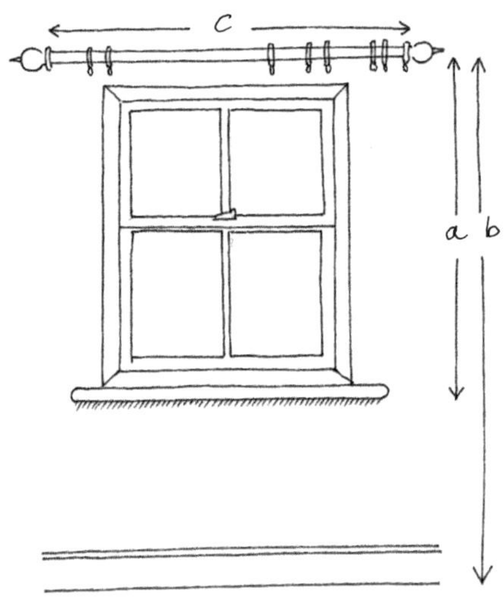

fig. 1

les tringles et les barres

Le type de montage – rail, tringle ou barre – joue pour beaucoup dans l'aspect final d'un rideau. Assurez-vous que le système choisi mesure au moins 20 cm de plus que la fenêtre, afin que celle-ci soit dégagée quand les rideaux sont ouverts. Les barres décoratives, que l'on place sur des supports vissés au-dessus de la fenêtre, existent dans de nombreux styles – fer forgé, bois ou laiton –, et sont munies d'embouts ouvragés. On peut y suspendre directement les rideaux, grâce à des liens ou à des pattes, ou bien y enfiler des grands anneaux attachés au tissu à l'aide de crochets. Les rails sont fixés au mur ou au plafond par plusieurs points d'ancrage qui en assurent la solidité. Ils sont généralement prévus pour que le rideau affleure le mur, mais on trouve aussi des dispositifs plus profonds qui laissent la place d'installer un store derrière. Une patte de croisement centrale assure une jonction parfaite des deux parties du rideau, et un cordon de tirage évite de salir les étoffes lourdes en les manipulant.

calcul des dimensions (fig. 1)

Il faut prendre les mesures une fois le système de montage en place. Décidez de la hauteur du rideau : tombera-t-il au-dessus ou au-dessous de l'appui de fenêtre, au ras du sol ou sur celui-ci, ou encore à une autre hauteur... Choisissez ensuite le style de la tête car c'est elle qui détermine l'ampleur nécessaire : il faut prévoir une plus grande largeur pour un rideau froncé en tissu léger que pour un panneau doublé, et un grand motif fera moins d'effet s'il est trop plissé.

calcul du métrage de tissu

Ce calcul peut paraître compliqué, mais les règles en sont simples. Les bons magasins de tissu emploient généralement des vendeurs compétents qui peuvent vous aider à calculer le métrage nécessaire.

la hauteur

La hauteur de base est la distance entre le système de montage et le bas du rideau (*a* et *b*). Il faut ajouter à celle-ci une réserve pour la tête et une autre pour l'ourlet. Si vous utilisez un tissu à motifs, prévoyez un supplément afin de pouvoir faire coïncider les dessins aux coutures et sur les deux parties du rideau : mesurez la hauteur du raccord, puis ajoutez-la à chacune des hauteurs nécessaires.

la largeur

Pour obtenir un plissé satisfaisant, il faut prévoir proportionnellement plus d'ampleur pour une grande fenêtre que pour une petite. Multipliez la longueur de la tringle (*c*) par l'ampleur nécessaire à la tête choisie (voir page 150). Divisez le résultat par la largeur du tissu, et arrondissez au chiffre entier supérieur afin d'obtenir le nombre de laizes nécessaires pour un rideau d'un seul tenant ; la moitié de ce nombre vous donnera le nombre de laizes pour l'une des deux parties d'un double rideau. Calculez le métrage total en multipliant la hauteur par le nombre de laizes. Procédez de la même manière pour calculer le métrage de doublure, mais sans ajouter de surplus pour la tête, ni pour les raccords de motifs.

coupe et assemblage

Les bords du tissu doivent être droits afin que le rideau tombe bien. Étalez le tissu sur une surface plane et propre, mesurez la hauteur souhaitée, et coupez avec une paire de grands ciseaux bien affilés. Sur les étoffes unies, suivez srcupuleusement le droit-fil (vous pouvez tirer un fil de trame pour vous guider). Sur les tissus imprimés, coupez en suivant le motif, après avoir éventuellement tracé un repère à la craie à l'aide d'une règle et d'une équerre. Si, pour obtenir la largeur voulue, vous devez ajouter des laizes plus étroites, placez-les de part et d'autre d'un rideau d'un seul tenant, ou sur le côté extérieur de chacune des parties d'une paire de rideaux. Coupez toujours les lisières avant d'assembler les laizes de tissu, afin de supprimer les inscriptions et d'éviter les fronces. Si les rideaux doivent être doublés, faites des coutures simples, puis ouvrez-les au fer ; dans le cas contraire, faites des coutures doubles afin de dissimuler les bords du tissu. Épinglez les laizes deux par deux en faisant éventuellement coïncider les motifs de part et d'autre des coutures (voir page 143). Avant de couper, assurez-vous que le motif commence au même endroit en haut de chaque pièce. Piquez le long des lignes de couture.

les rideaux non doublés

Un rideau non doublé est une pièce de tissu rectangulaire dont on a ourlé trois côtés – avec des onglets aux coins –, et dont on a fini le quatrième avec une tête.

mesures et coupe (fig. 1)

Calculez le métrage de tissu (voir ci-contre). Majorez la largeur de 12 cm, et la hauteur de 16 cm, plus la réserve destinée à la tête.

réalisation

1 Assemblez les laizes de tissu, endroit contre endroit, en faisant des coutures anglaises ou rabattues (voir page 139). Pliez et repassez un ourlet double de 3 cm sur les deux côtés, et un de 8 cm sur le bord inférieur.

façonnage des onglets

2 Piquez trois épingles : la première au coin du rideau, les deux autres à l'intersection des ourlets, l'une sur celui du côté, l'autre sur celui du bas *(fig. 2)*. Dépliez le tissu, puis rabattez-le une seule fois sur l'envers. Repliez le coin du rideau vers l'intérieur de façon à aligner les trois épingles *(fig. 3)*, et rabattez le tissu une deuxième fois pour former l'onglet. Fixez éventuellement un lest dans l'ourlet du bas, puis fermez l'onglet à points coulés, en travaillant du coin vers l'intérieur *(fig. 4)*.

3 Cousez les trois ourlets à la main ou à la machine. Repliez sur l'envers la réserve du bord supérieur, repassez-la, puis confectionnez la tête choisie.

fig. 2

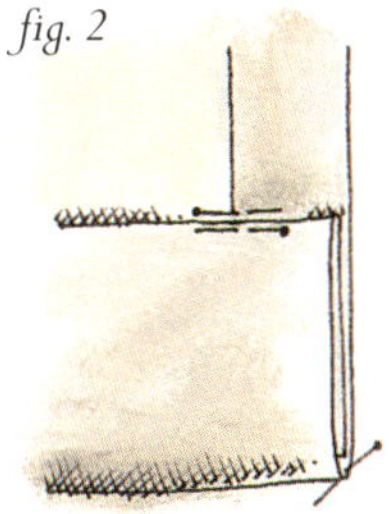

fig. 3

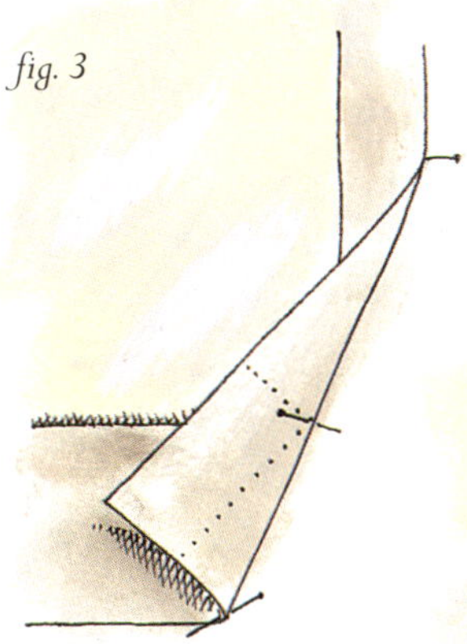

fig. 4

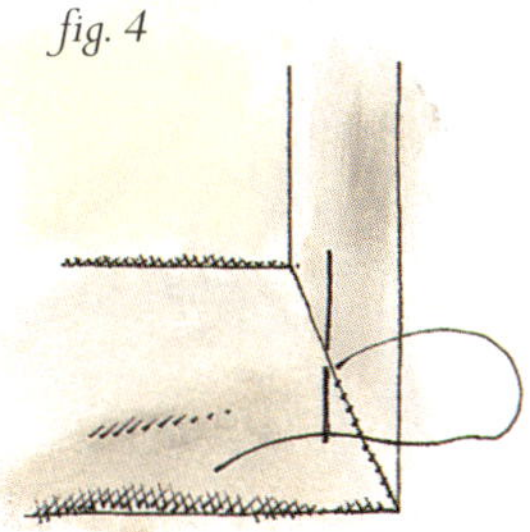

les rideaux doublés

Une doublure est nécessaire pour les rideaux confectionnés dans du tissu épais. Elle donne plus de tenue, améliore l'isolation, et évite que l'étoffe ne se fane. Lorsqu'un rideau est destiné à être vu des deux côtés, sur un baldaquin par exemple, assemblez-le en suivant les explications pour la réalisation de panneaux réversibles (voir page 143).

la doublure flottante

Il s'agit d'une doublure assemblée au tissu principal sur les deux côtés et le bord supérieur, dont l'ourlet de la base reste libre.

mesures et coupe (fig. 1)

Ajoutez 3 cm en largeur pour les réserves de couture, et majorez la hauteur de 10 cm pour l'ourlet de la base, plus la réserve nécessaire à la tête. La doublure doit être moins haute de 10 cm et moins large de 6 cm que le tissu principal.

réalisation

1 Assemblez les différentes laizes en faisant des coutures simples à 1,5 cm des bords, puis ouvrez celles-ci au fer. Pliez en deux le bord supérieur de la doublure et celui du tissu principal afin de repérer leur milieu.

2 En superposant les bords supérieurs, placez la doublure sur le tissu, endroit contre endroit, puis piquez les deux côtés en vous arrêtant à 15 cm du bas de la doublure. Retournez sur l'endroit, et faites coïncider les deux repères du haut : les coutures des côtés se trouvent maintenant à 2 cm des bords. Repassez ce pliage.

fig. 5

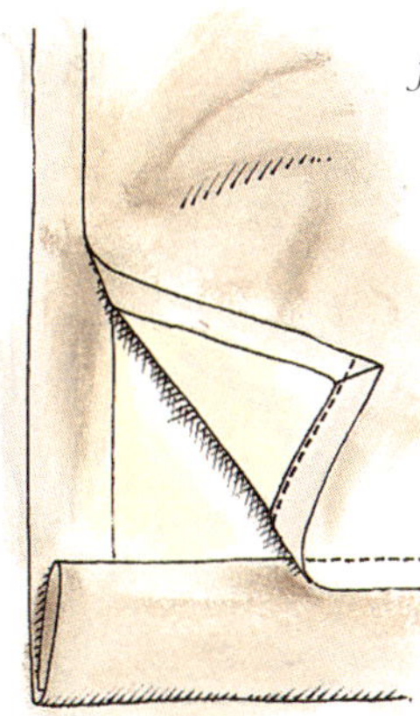

fig. 6

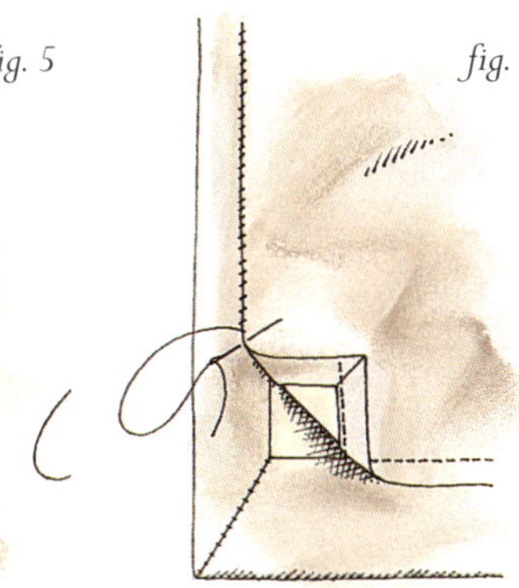

3 Pliez et repassez un double ourlet de 3 cm à la base de la doublure *(fig. 5)*. Piquez des épingles au coin et à l'intersection des deux ourlets, puis façonnez un onglet comme cela est expliqué à l'étape 2 des rideaux non doublés. Fermez les coins à points coulés, et cousez l'ourlet à la machine ou à la main.

4 Pliez et repassez un double ourlet de 6 cm sur le bord inférieur du tissu principal *(fig. 5)*, et façonnez des onglets aux coins comme précédemment. Fixez un lest sous chacun d'eux si vous souhaitez obtenir un meilleur tombant. En travaillant à points coulés, cousez l'ourlet, et fixez les extrémités libres de la doublure au tissu principal *(fig. 6)*. Repliez sur l'envers la réserve du bord supérieur, repassez-la, puis confectionnez la tête choisie.

les têtes décoratives

On accroche traditionnellement les rideaux à des rails, mais il existe de nombreuses manières moins conventionnelles de les suspendre à des barres, à l'aide d'anneaux, de liens, de pinces et de rubans, d'une couleur identique ou contrastée.

la tête à fourreau volanté

Cette tête, destinée à gainer un câble ou une tringle à vitrage style bistrot, est bien adaptée aux tissus transparents ainsi qu'aux cotons légers.

mesures et coupe

Selon l'épaisseur du tissu, multipliez jusqu'à trois la largeur du rideau fini ; ajoutez 12 cm à la hauteur (ou plus, pour une grosse barre).

réalisation

Sur le bord supérieur du rideau, épinglez un ourlet double de 6 cm. Faites une ligne de piqûre à la machine à 3 cm du haut, puis une deuxième 2,5 cm en dessous *(fig. 7)*. Insérez la tringle dans le fourreau, et fixez-la à l'endroit prévu. Pour habiller un paravent, confectionnez un second fourreau à la base, avec ou sans volant.

fig. 7

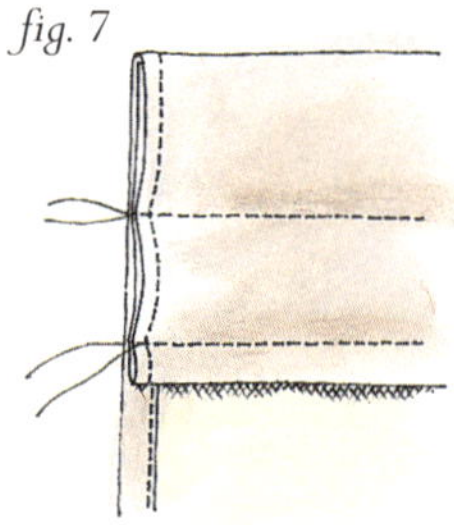

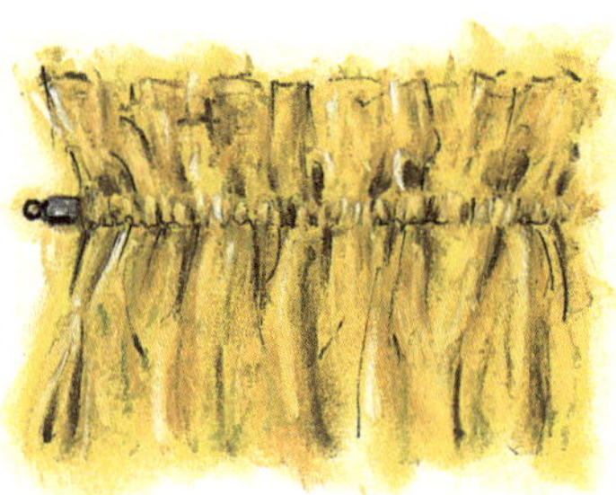

la tête droite nouée

On peut nouer les liens à des anneaux, ou directement à la barre. Une fois le rideau accroché, l'ourlet du haut sera rabattu sur le devant.

mesures et coupe

Pour chaque lien, il vous faut 40 cm de ruban en coton en 1 cm de largeur. Divisez la largeur du rideau par le nombre de liens afin de calculer un espacement régulier qui doit être compris entre 12 et 15 cm. Ajoutez 6 cm à la hauteur du rideau fini, pour la tête.

réalisation

Sur le bord supérieur du rideau, rabattez un ourlet double de 3 cm. Pliez les liens en deux, glissez leur extrémité pliée sous l'ourlet, et épinglez-la. Disposez tous les liens à intervalles réguliers. Piquez le haut de l'ourlet en prenant bien les liens entre les épaisseurs de tissu *(fig. 8)*.

fig. 8

la tête plissée et nouée

Cette tête aux plis souples convient bien aux étoffes transparentes.

mesures et coupe

Les plis sont espacés de 12 à 15 cm (intervalle *a* sur la *fig. 9*). Calculez le nombre de plis que vous souhaitez répartir, et ajoutez 10 cm pour chacun à la largeur du rideau fini. Ajoutez 16 cm à la hauteur du rideau fini, pour la tête.

réalisation

Sur le bord supérieur du rideau, cousez un ourlet double de 8 cm. Marquez avec des épingles un point situé à 0,5 cm *(a)* du coin gauche, puis un autre 10 cm *(z)* plus loin. Superposez deux repères, et épinglez-les afin de former un pli. Procédez de la même manière tout au long du bord supérieur, à intervalles réguliers (intervalle *a*) *(fig. 9)*. Fixez chaque pli par quelques points. Confectionnez pour chacun d'eux un lien étroit de 2 x 25 cm (voir page 144). Pliez-les en deux, et cousez-les.

fig. 9

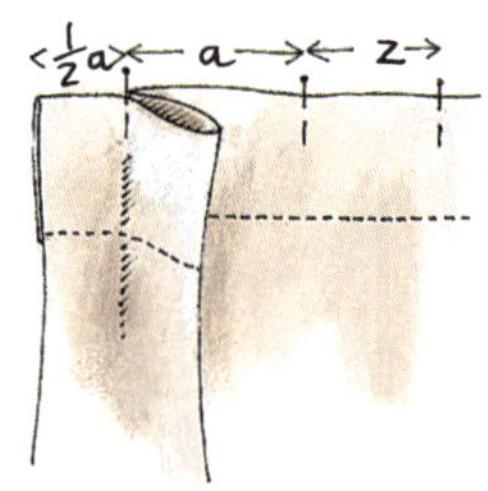

la tête à pattes boutonnées

On peut utiliser ces pattes boutonnées pour attacher des rideaux à une barre, mais aussi à d'autres installations comme, par exemple, un baldaquin.

mesures et coupe

Calculez l'espacement des pattes comme expliqué précédemment pour les liens. Selon l'épaisseur du tissu et la longueur de la barre, les pattes mesureront à peu près 3 cm de largeur et 12 cm de longueur. Ajoutez 4 cm à la hauteur du rideau fini, pour la tête. Coupez chaque patte en doublant les dimensions finies, et en ajoutant 5 cm en longueur et 3 cm en largeur.

fig. 10

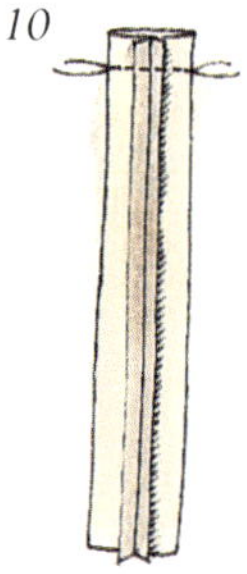

confection des pattes

Pliez chaque patte en deux, endroit contre endroit, et piquez le grand côté à 1,5 cm du bord. Placez la couture au centre, puis ouvrez-la au fer. Piquez l'un des petits côtés à 1 cm du bord *(fig. 10)*. Biaisez les coins, retournez sur l'endroit, et repassez. Réalisez une boutonnière parallèle au bord fermé.

réalisation de la tête

Sur le bord supérieur du rideau, pliez un ourlet double de 2 cm. Épinglez la première patte sous l'ourlet, en plaçant la couture vers l'extérieur. Épinglez les autres pattes à intervalles

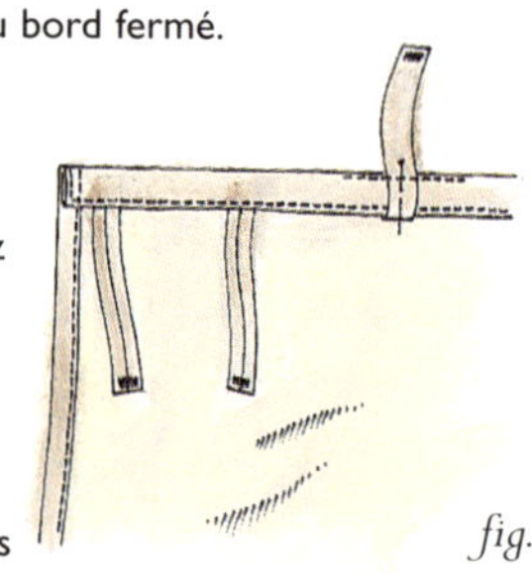

fig. 11

réguliers, puis cousez l'ourlet. Rabattez les pattes vers le haut, épinglez-les *(fig. 11)*, puis faites une piqûre le long du bord supérieur pour les maintenir droites. Cousez un bouton sur l'endroit du rideau, à la base de chaque patte.

les rubans plisseurs

Les rubans plisseurs servent à froncer les rideaux et à recevoir les crochets qui fixent ceux-ci au rail de la tringle ou aux anneaux de la barre. Il sont munis de cordons que l'on peut tirer pour ajuster l'ampleur du rideau, ou bien laisser à plat. On emploie du ruban d'environ 3 cm de largeur sur les étoffes légères pour lesquelles il faut prévoir du tissu une fois et demie à deux fois plus large que le rideau fini ; pour les rubans de 6 à 7,5 cm, qui conviennent aux rideaux lourds et doublés, comptez deux fois et demie la largeur finie. Choisissez toujours des crochets en métal, car ils sont plus solides. Glissez un crochet dans la boucle la plus proche de chaque extrémité, puis espacez les autres de 8 cm.

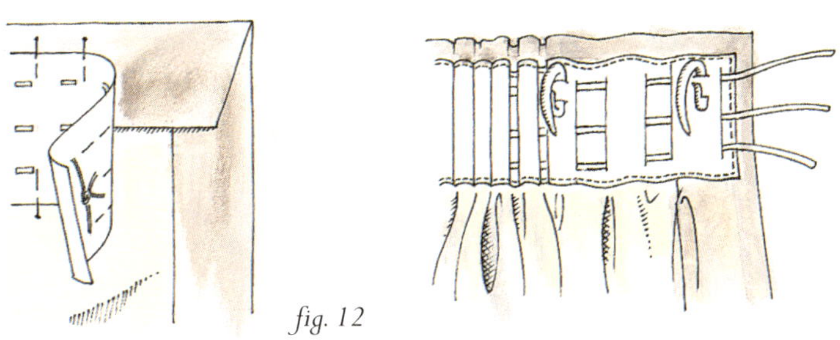

fig. 12

pose du ruban plisseur

Sur le bord supérieur du rideau, rabattez 3 cm de tissu sur l'envers, repliez légèrement les extrémités, puis repassez. Coupez une longueur de ruban plisseur égale à la largeur du tissu. À l'une des extrémités, nouez solidement les cordons ensemble, et égalisez les bouts. Retournez chaque extrémité de 1 cm sur l'envers, épinglez le ruban sur l'envers du rideau, à 1 cm du bord supérieur *(fig. 12)*, et piquez-le. Tirez les cordons, puis nouez-les afin de fixer les fronces. Ne coupez pas les bouts, mais enroulez-les autour d'un petit morceau de carton que vous dissimulerez derrière la tête, une fois le rideau accroché.

la tête à volant froncé

On peut créer un volant froncé tout simplement en cousant le ruban plisseur à une certaine distance du haut du rideau.

mesures et coupe

Prévoyez deux fois et demie la largeur du rideau fini ; en hauteur, ajoutez pour la tête une réserve égale au double de la hauteur du volant souhaité plus 2 cm.

réalisation

Pliez en deux la réserve prévue pour la tête, en rabattant légèrement les extrémités, et cousez le ruban plisseur de manière qu'il recouvre le bord du tissu *(fig 13)*.

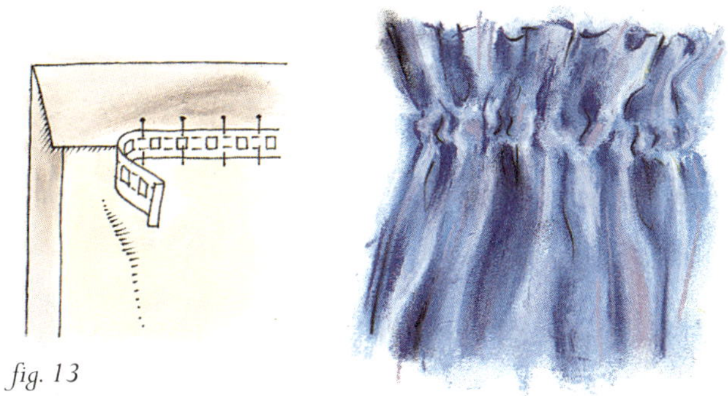

fig. 13

la tête à plis boutonnés

Ces plis creux, cousus à la main, sont maintenus sur l'envers par un ruban posé à plat.

mesures et coupe

Les plis sont espacés d'environ 15 cm (longueur *a* sur le croquis ci-dessous). Calculez le nombre de plis, et ajoutez 12 cm pour chacun d'eux à la largeur de tissu nécessaire.

réalisation

Pliez et épinglez des plis creux de 12 cm (voir page 143), espacés d'une distance égale à *a*, et bâtissez-les à 12 cm du bord supérieur. Piquez un ruban plisseur de 3 cm de largeur sur la ligne de bâti, en veillant à ce qu'il soit bien parallèle au bord du tissu *(fig. 14)*. Sur l'endroit, cousez un bouton sur chaque pli. Cette tête convient bien à des tissus épais non doublés, comme les tweeds. Sur chaque côté, effilochez le tissu sur 2 cm afin de créer des petites franges.

fig. 14

la tête à volant rabattu

Une pièce de tissu contrastant cousue au sommet du rideau crée une séduisante tête volantée.

mesures et coupe

Sur la pièce principale, prévoyez pour la tête 2 cm de plus que la hauteur du rideau fini. Déterminez la hauteur du volant, et coupez une bande de tissu : elle doit être deux fois plus haute que la valeur déterminée plus 3 cm, et d'une largeur égale à celle de la pièce principale.

réalisation

Pliez le volant en deux, endroit contre endroit, et piquez les deux petits côtés à 1,5 cm du bord. Biaisez les coins, retournez sur l'endroit, puis repassez. Cousez le ruban plisseur à 2 cm du haut du rideau. Épinglez le volant sur l'envers du rideau, bord à bord *(fig. 15)*, piquez à 1,5 cm du bord, puis rabattez-le sur l'endroit. Repassez le bord supérieur avant de tirer les cordons du ruban plisseur.

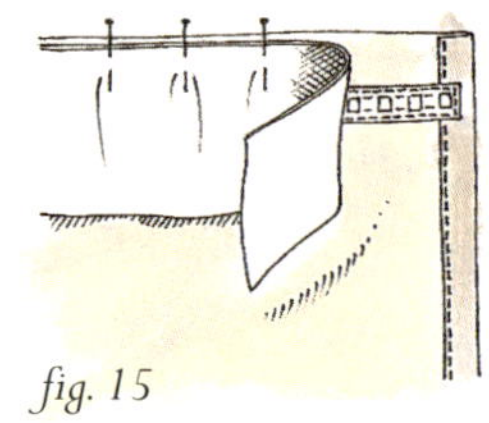

fig. 15

les lambrequins

Les lambrequins décorent le haut des rideaux tout en dissimulant leur système de montage. Selon la manière dont on les place, ils peuvent aussi faire croire qu'une fenêtre est plus grande ou plus large que la réalité. Pour leur donner du volume, on peut les fixer avec du ruban autoagrippant sur une tablette en bois placée au-dessus de la fenêtre.

fig. 1

le lambrequin monté sur galerie

Ce lambrequin est confectionné comme un petit rideau. On peut fixer des lests dans les coins de son ourlet de manière à le plaquer contre le mur. Si vous utilisez un tissu léger qui ne nécessite pas de doublure, prévoyez-en une fois et demie plus que la longueur finie. Faites un ourlet double sur les deux côtés et sur le bord inférieur, puis suivez les explications à partir de l'étape 2.

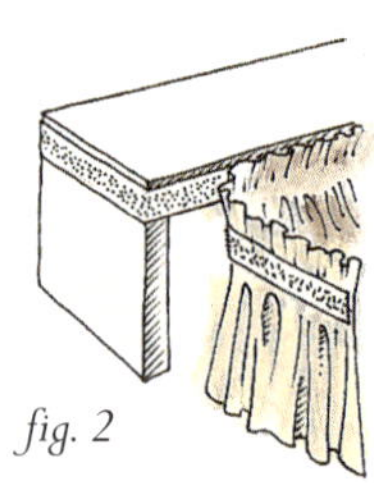

fig. 2

réalisation de la galerie de cantonnière (fig. 1)

Découpez une tablette dans du contreplaqué de 18 mm d'épaisseur, puis fixez-la au mur à l'aide de trois ou quatre équerres. Elle doit dépasser de la tringle sur 8 cm à chaque extrémité *(b)*, et avoir 12 à 20 cm de profondeur *(a)*, selon la taille de la fenêtre. Les montants vissés à chaque bout la solidifient et maintiennent les rideaux en place. Coupez une bande de ruban autoagrippant d'une longueur égale à 2 *a* + *c*, et agrafez sa partie lisse tout autour de la tablette *(fig. 2)*.

fournitures

Du tissu, de la doublure, du ruban plisseur (longueur = longueur du tissu principal moins les réserves de couture ou d'ourlet), du ruban autoagrippant en 3 cm de largeur (longueur = 2 *a* + *b*), une galerie de cantonnière en bois.

mesures et coupe

Coupez le tissu principal et la doublure comme suit : longueur = 2 x longueur finie ; hauteur = hauteur souhaitée. Ajoutez 1,5 cm tout autour.

réalisation du lambrequin

1 Épinglez le tissu principal et la doublure endroit contre endroit, puis piquez les deux côtés et le bord inférieur. Biaisez les coins, retournez sur l'endroit, et repassez.

2 Rabattez la réserve du haut sur l'envers, et cousez le ruban plisseur à 1 cm du bord. Froncez-le de manière à ajuster exactement le tissu à la tablette, puis nouez les cordons.

3 À la main, cousez la deuxième partie du ruban autoagrippant sur le ruban plisseur, puis fixez le lambrequin à la galerie de cantonnière.

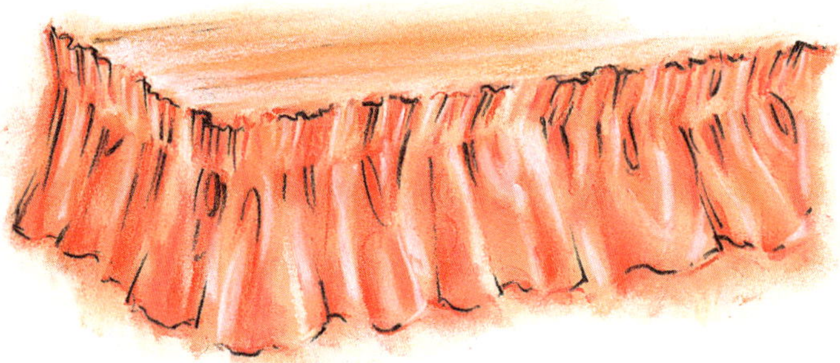

le lambrequin froncé

Il s'agit du modèle le plus simple, prévu pour être fixé directement au mur. Le volant souple créé par la tête à fourreau contraste particulièrement bien avec les lignes droites d'un store rouleau.

fournitures

Du tissu, une baguette cylindrique en bois de 3 cm de diamètre, deux grandes vis avec des chevilles, une perceuse et un tournevis.

mesures et coupe

Coupez un rectangle comme suit : longueur = 3 x longueur de la baguette ; hauteur = distance du bas du lambrequin au sommet de la tringle + 12 cm.

réalisation

1 Faites un ourlet double de 1 cm sur les deux côtés et sur le bord inférieur. Rabattez le bord supérieur de 1 cm sur l'envers, repassez-le, pliez-le encore 10 cm au-dessous, et repassez de nouveau. Épinglez, faites une piqûre à 4 cm du bord supérieur, puis une deuxième en dessous, de manière à former le fourreau.

fig. 3

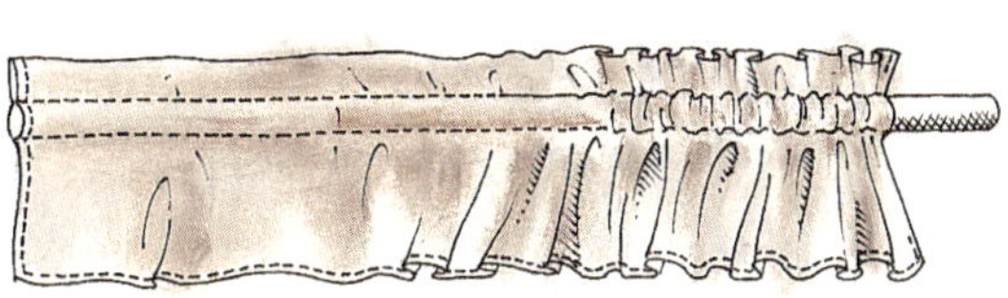

fig. 4

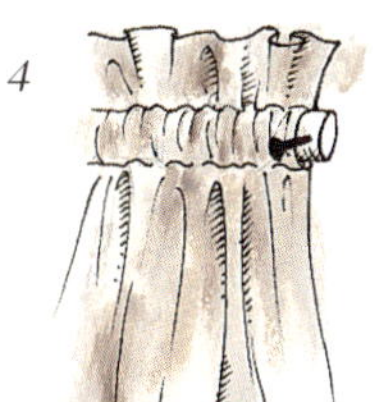

2 Percez un trou à 1 cm de chaque extrémité de la baguette, et glissez celle-ci dans le fourreau *(fig. 3)*. Repérez sur le mur l'emplacement de la tringle, percez deux trous, et placez-y les chevilles. Vissez la baguette au mur *(fig. 4)*. Répartissez les fronces sur la tringle, et fermez les extrémités du fourreau par quelques points.

le lambrequin drapé

Cette méthode ingénieuse requiert peu de travail de couture, mais produit en peu de temps un effet spectaculaire. On peut réaliser ce modèle avec ou sans pans.

fournitures

Du tissu, deux petits élastiques, deux grands gonds à embrasses.

mesures et coupe *(fig. 5 et 6)*

- Pour un lambrequin avec des pans :
longueur = 2 *a* + *b* + 2 *c* ; hauteur = c.
Ajoutez 2 cm tout autour pour les ourlets.

- Pour un lambrequin sans pans :
longueur = 2 *c* + *b* ; hauteur = c.
Ajoutez 2 cm tout autour pour les ourlets.

fig. 5

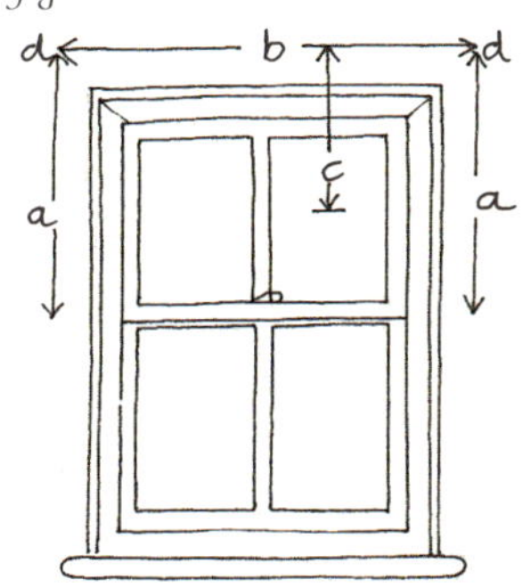

fig. 6

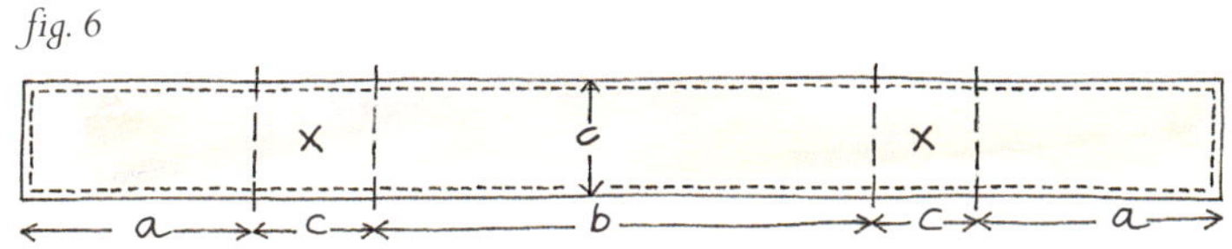

réalisation

1 Fixez les deux gonds au mur, au-dessus de la fenêtre, aux points *d* *(fig. 5)*.

2 Faites un ourlet double de 1 cm sur les quatre côtés du tissu. Marquez les points *x* comme indiqué sur la figure 6. D'une main, réunissez le tissu au niveau de deux repères *x* et maintenez-le fermement pendant que, de l'autre main, vous passez un élastique autour *(fig. 7)*. Procédez de la même manière à l'autre extrémité du tissu.

fig. 7

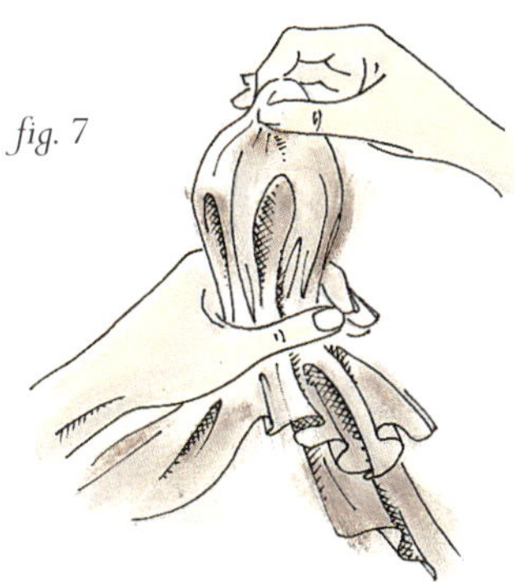

3 Glissez les gonds dans les choux ainsi obtenus de manière que les pans retombent de part et d'autre de la fenêtre, puis arrangez le lambrequin en plis réguliers.

les abat-jour

Si la confection d'abat-jour traditionnels constitue tout un art, on peut obtenir des résultats aussi efficaces, simplement et rapidement, en habillant des carcasses toutes prêtes. Veillez à utiliser des ampoules du voltage indiqué sur l'abat-jour.

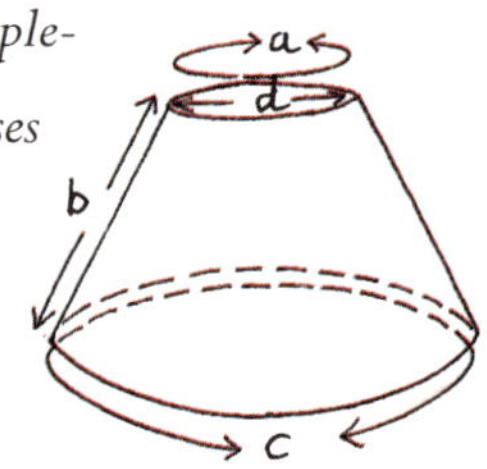

fig. 1

l'abat-jour mouchoir

fournitures

Un abat-jour, du tissu, de la colle en aérosol.

mesures et coupe (fig. 1)

Gainage (coupez dans le biais) : longueur = *c* + 2 cm ; hauteur = 0,5 *b* + 5 cm.

Mouchoir : coupez un carré (côtés = 2 *b* + *d* + 7 cm), découpez au centre un cercle (diamètre = *d* – 2 cm).

Bordure (coupez dans le biais) : largeur = 7 cm ; longueur = *a* + 2 *c*.

réalisation

1 Pliez en deux la bande du gainage, endroit contre endroit. Piquez les petits côtés à 1 cm du bord, puis ouvrez la couture au fer. Vaporisez de la colle sur la moitié inférieure de la carcasse, glissez la bande autour *(fig. 2)*, et lissez le tissu. Encollez l'intérieur de la base de la carcasse, et rabattez-y le surplus de tissu.

2 Faites un ourlet double de 1 cm sur les quatre côtés du mouchoir. Assemblez les petits côtés de la bordure, endroit contre endroit, et ouvrez la couture au fer.

3 Épinglez la bordure autour de l'ouverture pratiquée dans le mouchoir, endroit contre endroit. Crantez la réserve de couture afin que la bordure épouse bien le cercle, puis piquez à 1 cm du bord *(fig. 3)*. Rabattez et repassez la réserve de couture vers le centre. Vaporisez de la colle à l'intérieur du sommet de la carcasse, et fixez-y le bord inférieur de la bordure de façon que le mouchoir retombe sur l'abat-jour.

fig. 2

fig. 3
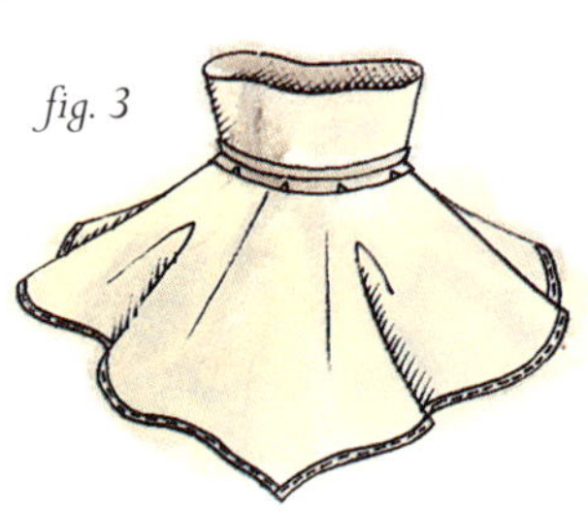

l'abat-jour volanté

fournitures

Un abat-jour, du tissu, de la colle pour tissu.

mesures et coupe (fig. 1)

Gainage : longueur = *c* + 5 cm ; hauteur = *b* + 3 cm.

Volant : longueur = 2 *c* ; hauteur = 6 cm.

Bordure : largeur = 5 cm ; longueur = *a* + 2 cm.

fig. 4
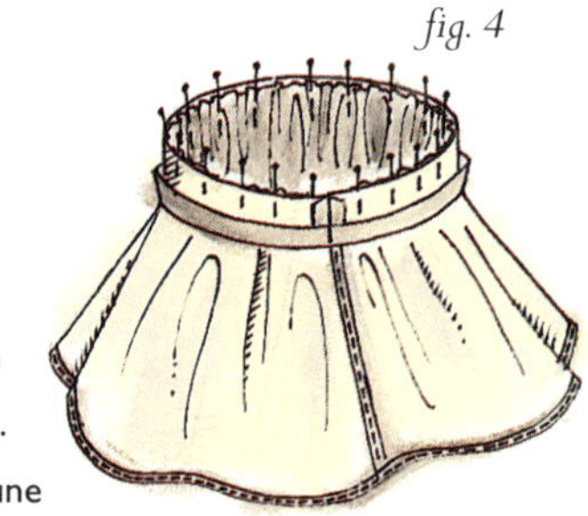

réalisation

1 Piquez les petits côtés de la bordure à 1 cm du bord. Ouvrez la couture au fer. Pliez la bordure en deux. Rabattez l'un des côtés de 1 cm sur l'envers.

2 Assemblez les petits côtés du gainage avec une couture anglaise, et faites un ourlet double à la base. Passez un fil de fronces à 1 cm du bord supérieur, puis ajustez celui-ci à la longueur de la bordure.

3 Endroit contre endroit, assemblez les fronces sur le côté non plié de la bordure *(fig. 4)*. Fixez le côté plié sur l'envers, à points coulés.

4 Fermez le volant en boucle, puis faites un petit ourlet double sur les deux côtés. Passez un fil de fronces au centre, et ajustez-le au périmètre de la base du gainage. Épinglez-le, puis cousez-le en place en piquant sur la ligne de fronces. Ôtez le fil de fronces. Collez les bords supérieur et inférieur du gainage sur le carton de la carcasse.

l'abat-jour bouillonné

fournitures

Un abat-jour, du tissu, du ruban plisseur étroit (longueur = 1,5 *c* + 4 cm), de la colle en aérosol, de la colle pour tissu.

mesures et coupe (fig. 1)

Gainage (coupez dans le biais) : longueur = *c* + 2 cm ; hauteur = 0,5 *b* + 6 cm.

Garniture : longueur = 1,5 *c* + 2 cm ; hauteur = *b* + 5 cm.

fig. 5

réalisation

1 Gainez l'abat-jour comme cela est expliqué à l'étape 1 de l'abat-jour mouchoir.

2 Assemblez les deux petits côtés de la garniture, endroit contre endroit. Faites un petit ourlet double sur le bord inférieur. Rabattez le bord supérieur de 2 cm sur l'envers, et repassez. Cousez le ruban plisseur sur l'envers, à 1 cm du haut *(fig. 5)*. Ajustez-le au gainage, et nouez les cordons.

3 Collez la garniture en haut de l'abat-jour. Froncez le bord inférieur par endroit, et cousez-le à l'abat-jour en divers points, de manière à créer un bouillonné.

les taies d'oreillers

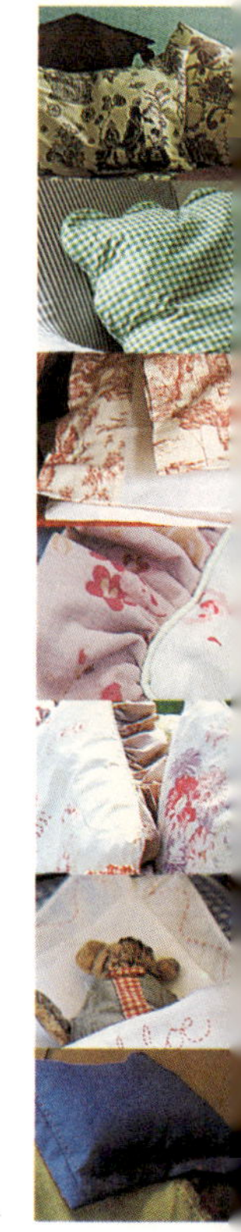

Les taies d'oreillers doivent être faciles à mettre et à enlever, et être coupées dans des tissus qui résistent bien aux lavages fréquents, comme la toile à drap en coton ou en lin. N'importe quel genre d'étoffe plus légère conviendra pour des taies destinées à jouer un rôle essentiellement décoratif. Les taies dites « portefeuille » sont munies d'un rabat intérieur qui maintient bien l'oreiller. Il est possible de les agrémenter de festons, de volants ou de bordures contrastées. *Voyez page 161 la manière d'habiller les traversins.*

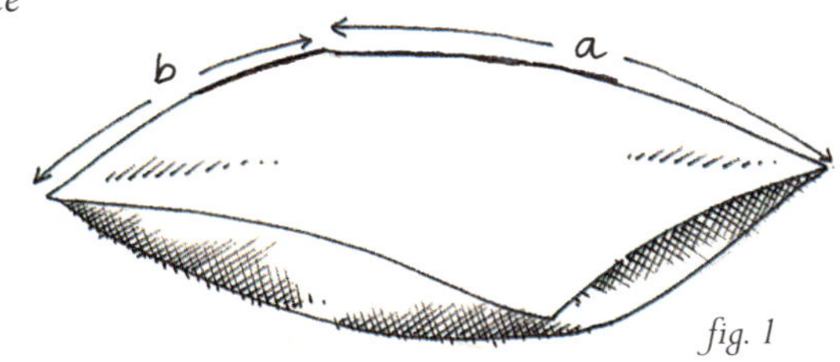

fig. 1

la taie portefeuille simple

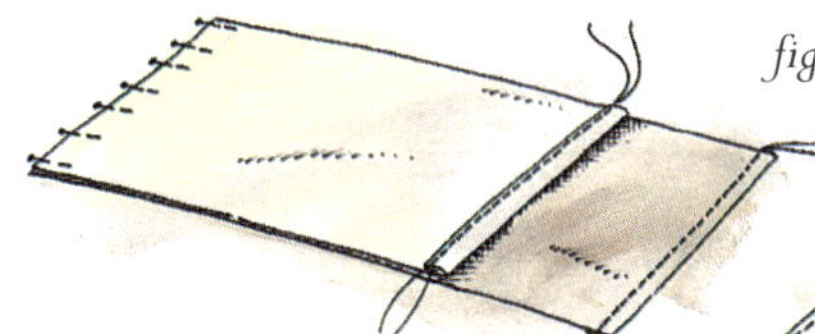
fig. 2

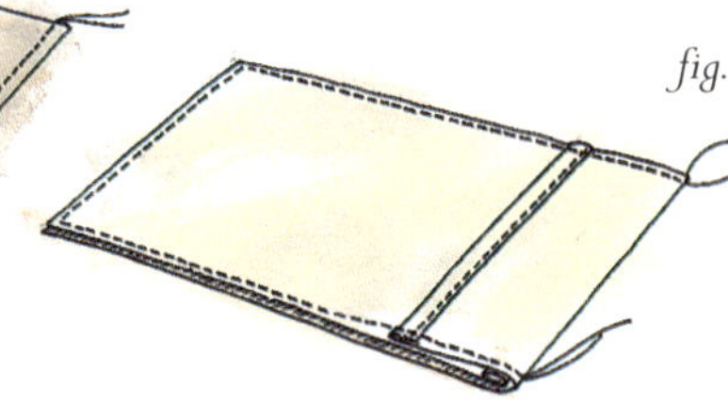
fig. 3

fournitures

Du tissu de votre choix.

mesures et coupe *(fig. 1)*

Dessus : largeur = *b* ; longueur = *a* + 20 cm. Ajoutez 1,5 cm tout autour.

Dessous : largeur = *b* ; longueur = *a*. Ajoutez 1,5 cm tout autour.

réalisation

1 Faites un petit ourlet double sur le bord inférieur des deux pièces. Épinglez celles-ci, endroit contre endroit, sur les trois côtés non ourlés *(fig. 2)*.

2 Pliez le rabat sur le bord ourlé de la pièce du dessous, et épinglez les côtés ensemble. Piquez les trois côtés non ourlés à 1,5 cm des bords *(fig. 3)*.

3 Rognez les réserves, puis surfilez les bords au point zigzag afin de renforcer les coutures. Retournez la taie sur l'endroit, façonnez les angles, et repassez.

la taie d'oreiller avec garniture rapportée

La garniture contrastée située sur le dessus de l'oreiller peut être ornée de boutons ou d'une bordure en dentelle.

fig. 4

mesures et coupe *(fig. 1)*

Dessus et dessous (deux pièces) : largeur = *b* ; longueur = *a*.

Garniture : largeur = *b* ; hauteur = 23 cm.

Ajoutez 1,5 cm autour de chaque pièce.

réalisation

1 Faites un ourlet double de 1,5 cm sur le bord inférieur de la pièce du dessus, et un autre plus petit en haut de la garniture.

2 Placez la garniture sur le dessous, endroit contre endroit. Piquez leurs bords inférieurs à 1,5 cm du bord. Endroit contre endroit, épinglez puis cousez les côtés et le bord supérieur des deux pièces principales, en coinçant la garniture entre elles *(fig. 4)*. Terminez en suivant l'étape 3 de la taie portefeuille simple.

la taie portefeuille à volant plat

Munie d'un rabat comme la taie simple, ce modèle est doté d'un volant formé par une surpiqûre effectuée sur tout le périmètre de la taie.

fournitures

Du tissu, une règle, une craie de tailleur.

mesures et coupe *(fig. 1)*

Dessus : largeur = *b* ; longueur = *a* + 30 cm ; ajoutez 6,5 cm tout autour.

Dessous : largeur = *b* + 13 cm ; longueur = a + 6,5 cm.

réalisation

1 Faites un petit ourlet double sur le bord inférieur des deux pièces. Épinglez celles-ci, endroit contre endroit, sur les trois côtés non ourlés *(fig. 2)*.

2 Confectionnez le rabat en pliant le tissu excédentaire de la pièce du dessus à 6 cm du bord ourlé du dessous. Épinglez les côtés ensemble *(fig. 5)*. Piquez les trois côtés non ourlés à 1,5 cm des bords.

3 Retournez sur l'endroit, façonnez les coins, puis repassez. Avec une craie de tailleur, tracez la ligne de surpiqûre à 5 cm des bords. Piquez pour former le volant plat *(fig. 6)*, en veillant à ne pas prendre l'ouverture de la taie dans cette couture.

fig. 5

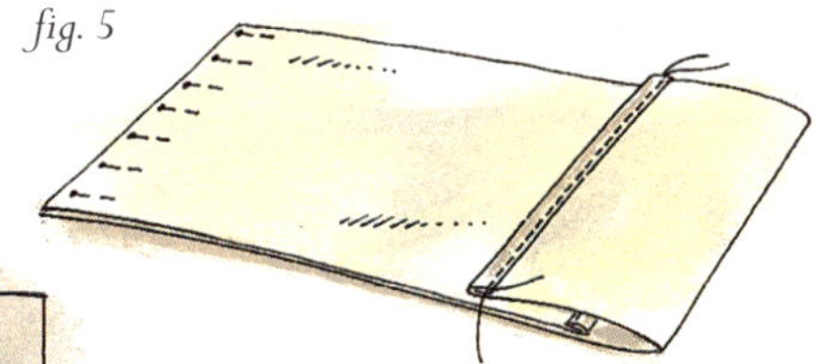

fig. 6

la taie portefeuille à festons

Cette jolie taie d'oreiller semble compliquée à réaliser alors qu'il s'agit simplement d'une variante de la taie portefeuille à volant plat. Si vous souhaitez un feston plus grand, prévoyez plus de tissu que les 5 cm indiqués pour le volant. Vous pouvez réaliser une housse de coussin de la même manière. Pour cela, découpez un papier aux dimensions voulues, dessinez-y les festons, puis servez-vous de ce patron pour couper le tissu. Placez une ouverture à soufflet sur le dessous (voir page 159). Ne faites pas de surpiqûre. Confectionnez un coussin intérieur de mêmes dimensions.

fournitures

Comme pour la taie portefeuille à volant plat, plus un grand morceau de papier et un compas.

réalisation

1 Confectionnez la taie comme cela est expliqué aux étapes 1 et 2 ci-dessus.

2 Découpez le papier aux dimensions de la taie. Tracez une ligne à 5 cm des bords, puis dessinez des demi-cercles au compas dans la marge ainsi déterminée *(fig. 7)*.

3 Épinglez le patron sur la taie, et reportez-en les contours. Ôtez-le, épinglez les deux épaisseurs de tissu à l'intérieur de chaque feston, puis piquez sur le tracé *(fig. 8)*. Crantez et rognez les réserves de couture, retournez la taie sur l'endroit, et repassez-la. Tracez la ligne de surpiqûre à 5 cm des bords. Piquez pour fomer le volant *(fig. 9)*.

fig. 7

fig. 8

fig. 9

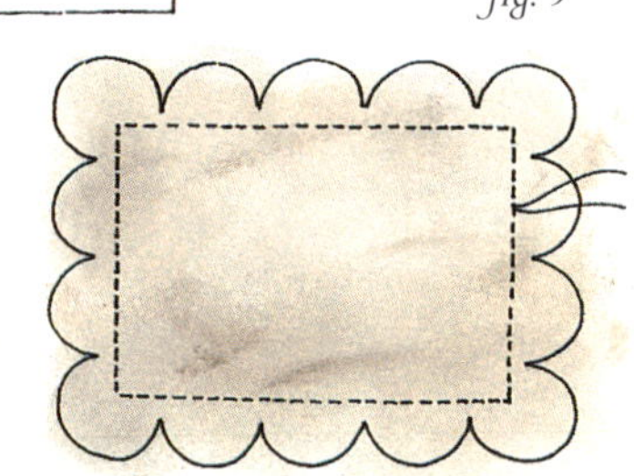

la taie portefeuille à volant froncé

Un volant froncé ajoute une touche d'extravagance à une taie ordinaire. Vous pouvez procéder de la même manière avec de la broderie anglaise.

fournitures

Du tissu pour les pièces principales, du tissu pour le volant.

mesures et coupe (fig. 1)

Dessus et dessous (deux pièces) : largeur = *b* ; longueur = *a* ; ajoutez 1,5 cm tout autour.

Rabat : largeur = *b* ; hauteur = 20 cm ; ajoutez 1,5 cm tout autour.

Volant : longueur = 4 *a* + 4 *b* + 5 cm ; hauteur = 20 cm.

réalisation

1 Froncez le volant et fixez-le autour du dessus, endroit contre endroit *(fig. 10)*.

2 Faites un ourlet double de 2,5 cm sur le bord inférieur de la pièce du dessous, puis épinglez les trois autres côtés sur le dessus, endroit contre endroit *(fig. 11)*.

3 Faites un petit ourlet sur le bord supérieur du rabat. Épinglez celui-ci sur le dessous, endroit contre endroit, en superposant les deux bords inférieurs *(fig. 12)*. Piquez les quatre côtés à 1,5 cm des bords. Rognez les réserves de coutures, puis surfilez les bords au point zigzag. Retournez la taie sur l'endroit, et repassez-la.

fig. 10

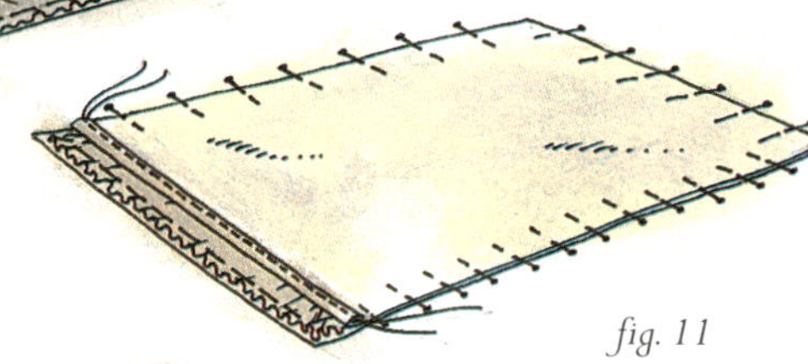

fig. 11

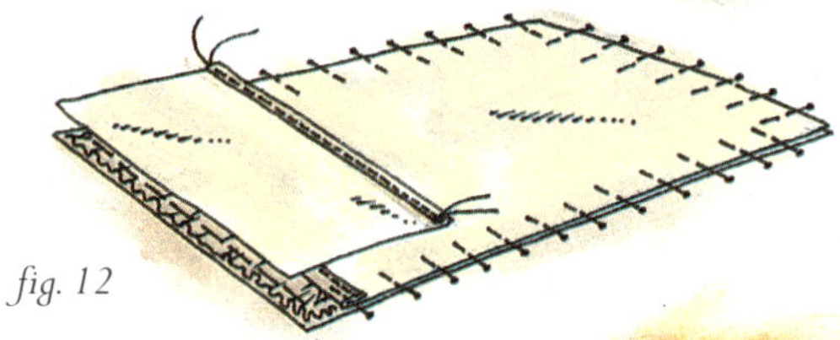

fig. 12

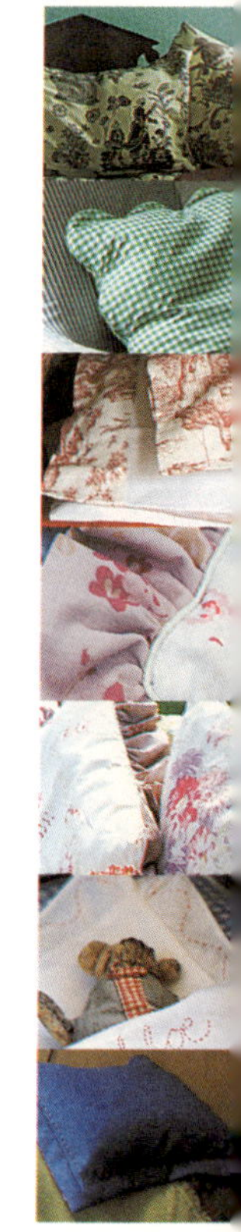

la taie d'oreiller boutonnée

Cette taie sans rabat ressemble à une grande housse de coussin. Elle se ferme à l'aide de boutons cousus sur une bande rapportée qui dépasse de l'oreiller.

fournitures

Du tissu pour la pièce principale, du tissu pour la garniture, des boutons.

mesures et coupe (fig. 1)

Pièce principale : largeur = 2 *b* + 3 cm ; longueur = *a*. Ajoutez 3 cm tout autour.

Garniture : largeur = 2 *b* ; hauteur = 30 cm. Ajoutez 3 cm tout autour.

réalisation

1 Pliez la garniture en deux dans le sens de la hauteur, envers contre envers, et marquez le pli au fer. Dépliez-la, puis faites un ourlet simple de 1 cm sur son bord inférieur. Épinglez-la sur la pièce principale, endroit contre endroit et bord à bord *(fig. 13)*. Piquez à 1,5 cm du bord.

2 Couchez la réserve de couture sur la garniture, repassez-la, et pliez l'ensemble en deux dans le sens de la largeur. Piquez les deux côtés non ourlés à 1,5 cm des bords *(fig. 14)*. Ouvrez la couture au fer, et surfilez les bords au point zigzag.

3 Rabattez la garniture sur l'envers, le long du pli marqué précédemment, puis épinglez-la *(fig. 15)*. Retournez la taie sur l'endroit, et cousez la garniture sur la ligne de couture. Vous pouvez également surpiquer les bords de l'ouverture.

4 Réalisez des boutonnières au centre de la garniture, sur le dessus de celle-ci. Cousez les boutons sur le dessous, à l'intérieur de la taie *(fig. 16)*.

fig. 13

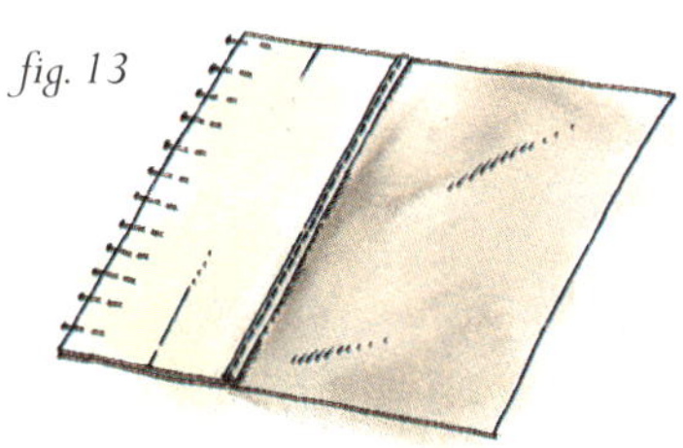

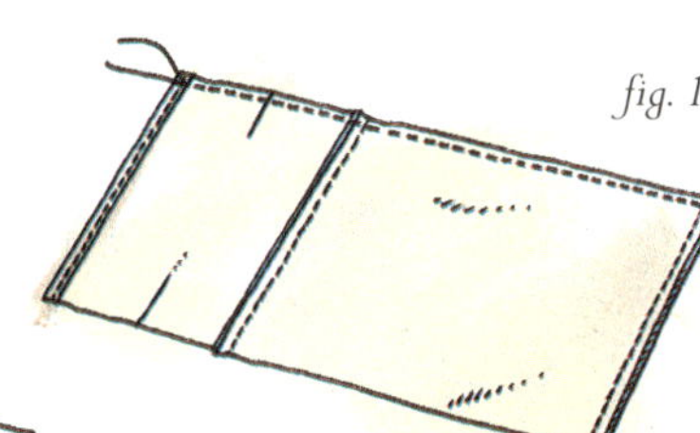

fig. 14

fig. 15

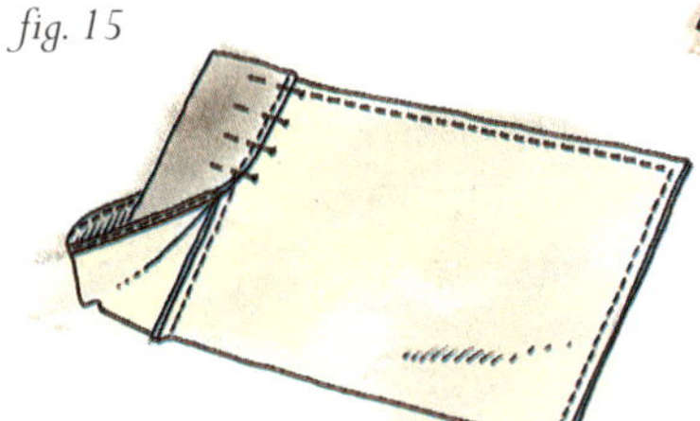

fig. 16

les coussins

Un coussin peut être somptueux, sophistiqué ou très simple : les possibilités de variation sur la forme, la taille ou les finitions sont infinies. Ce chapitre présente les techniques de base que vous pouvez associer à votre gré afin de créer une housse de coussin vraiment personnalisée.

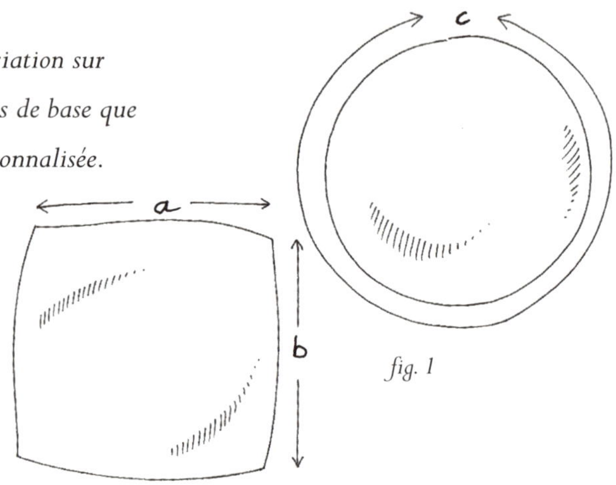

fig. 1

la housse fixe

La manière la plus rapide de fermer une housse consiste à réaliser quelques points coulés à la main. Cette finition est la mieux adaptée aux housses passepoilées. Il est cependant nécessaire de découdre la housse pour la laver.

fournitures

Du tissu, un coussin intérieur

mesures et coupe (fig. 1)

Dessus et dessous (deux pièces) : largeur = b ;
longueur = a / ou diamètre = c ; ajoutez 1,5 cm tout autour

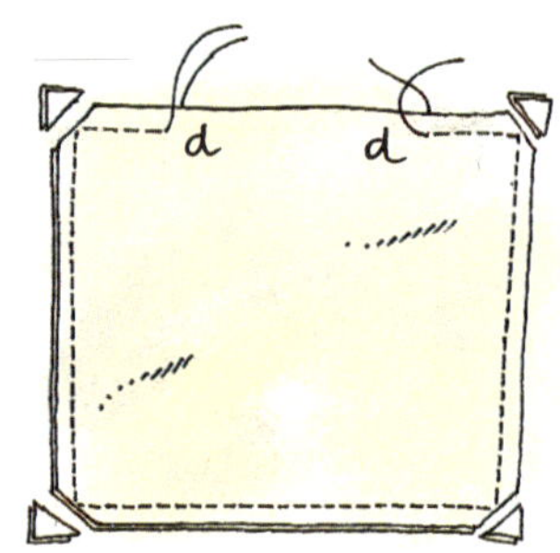

fig. 2

réalisation

1 Épinglez les deux pièces l'une sur l'autre, et piquez-les de *d* à *d* *(fig. 2)*.
2 Rabattez la réserve de couture sur l'envers, le long de l'ouverture, et repassez-la légèrement. Biaisez les angles, puis retournez la housse sur l'endroit.
3 Glissez le coussin dans la housse en façonnant bien les coins, puis fermez l'ouverture à points coulés, avec un fil de la même couleur que le tissu *(fig. 3)*.

fig. 3

les housses amovibles

Pour être amovible, une housse doit comporter une ouverture. Celle-ci peut jouer un rôle décoratif, ou bien se faire discrète.

la housse ouverte

Fixez-y des liens ou des rosettes pour la fermer.

fournitures

Du tissu, une règle

mesures et coupe (fig. 1)

Dessus et dessous (deux pièces) : largeur = b + 1,5 cm ; longueur = a + 11,5 cm.

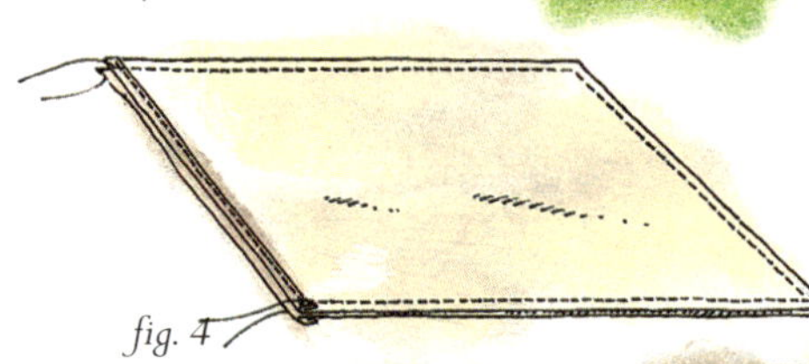
fig. 4

réalisation

1 Faites un petit ourlet double sur le bord inférieur de chaque pièce. Superposez celles-ci endroit contre endroit, épinglez-les, puis piquez-les sur les trois autres côtés, à 1,5 cm des bords *(fig. 4)*.
2 Autour de l'ouverture, rabattez le tissu de 10 cm sur l'envers. Vérifiez la régularité de ce rabat. Épinglez *(fig. 5)*, puis faites une piqûre au ras de l'ourlet.

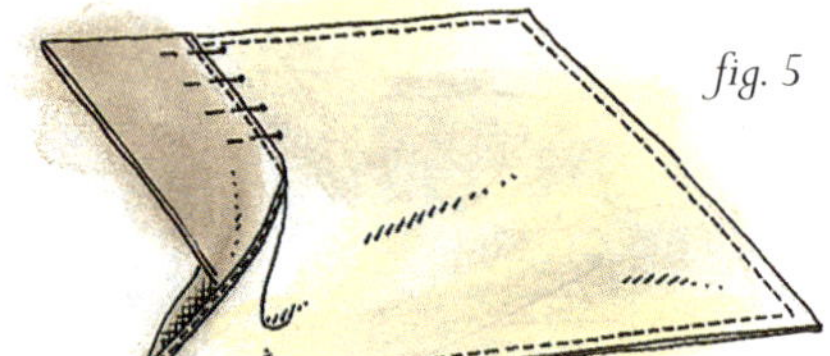
fig. 5

la housse à soufflet

Le dos de cette housse est composé de deux pièces qui se chevauchent, masquant une fente par laquelle on peut glisser le coussin. Cette finition convient à toutes les formes. On peut l'orner de liens ou de boutons cousus avant l'assemblage de la housse.

mesures et coupe (fig. 1)

Pour une housse carrée ou rectangulaire :

Dessus : largeur = *b* ; longueur = *a*.

Dessous (deux pièces) : largeur = 0,5 *b* + 10 cm ; longueur = *a*.

Ajoutez 1,5 cm autour de chaque pièce.

Pour une housse ronde :

Dessus : diamètre = *c* + 3 cm.

Dessous : coupez deux segments de cercles. Pour cela, reportez la pièce de dessus sur du papier, et pliez le cercle obtenu en deux. Dépliez le patron, puis tracez une ligne à 11,5 cm du pli. Coupez en suivant cette ligne.

réalisation

1 Faites un petit ourlet double sur l'un des grands côtés de chacune des pièces du dessous, ou sur le bord droit de chacun des segments de cercle dans le cas d'un coussin rond.

2 Placez l'une des pièces du dessous sur la partie droite du devant, endroit contre endroit et bord à bord. Disposez la deuxième pièce du dos sur la partie gauche du devant, de façon que les bords ourlés se chevauchent *(fig. 6)*. Épinglez

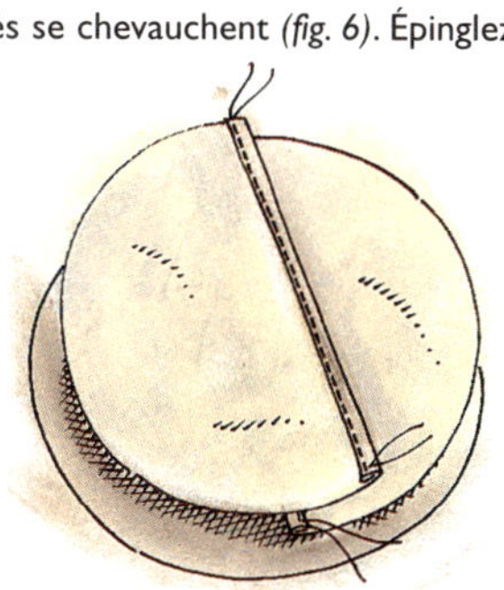

fig. 6

puis piquez tout le périmètre à 1,5 cm des bords. Biaisez les angles, retournez la housse sur l'endroit, et repassez-la.

la housse avec fermeture à glissière

C'est souvent avec une fermeture à glissière que l'on clôt les housses destinées à un usage fréquent. La fermeture doit être plus courte de 6 cm environ que le côté de la housse sur lequel elle est fixée. Les motifs du tissu doivent coïncider de part et d'autre de la fermeture. Dans le cas d'un dessin de grande taille, il est préférable de placer la fermeture près d'un bord.

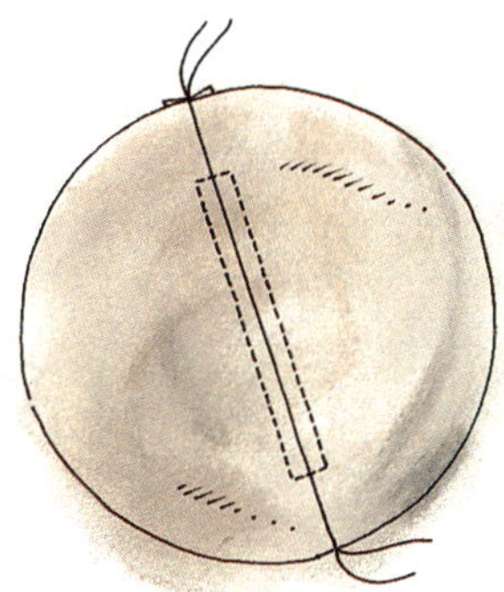

fig. 7

On peut monter la fermeture à glissière dans l'une des piqûres latérales ; il existe une technique spéciale pour les coutures passepoilées (voir page 144). On la placera cependant au milieu du dos sur la plupart des housses carrées ou rectangulaires, et sur toutes les housses rondes qu'une fermeture montée sur le périmètre pourrait déformer.

mesures et coupe (fig. 1)

Pour une housse carrée ou rectangulaire :

Dessus : largeur = *b* + 3 cm ; longueur = *a* + 3 cm.

Dessous (deux pièces) : largeur = 0,5 *b* + 7 cm ; longueur = *a* + 1,5 cm.

Pour une housse ronde :

Dessus : diamètre = *c* + 3 cm.

Dessous, coupez deux demi-cercles : rayon = 0,5 *c* + 1,5 cm tout autour.

réalisation

1 Épinglez et bâtissez les deux pièces du dessous endroit contre endroit. Piquez à 1,5 cm du bord en laissant une ouverture au centre pour la fermeture à glissière. Faites quelques points arrière à chaque extrémité des piqûres pour les renforcer. Ouvrez les coutures au fer, puis montez la fermeture à glissière en suivant les explications et la figure 1, page 144.

2 Ouvrez la fermeture à moitié. Épinglez le dessus et le dessous endroit contre endroit, puis piquez tout le périmètre à 1,5 cm des bords. Biaisez les angles. Retournez la housse sur l'endroit, repassez-la, et glissez-y le coussin.

le garnissage

On trouve des coussins intérieurs tout faits – carrés, ronds ou en forme de polochons – dans de nombreuses tailles. Ils sont garnis de plumes, douces et résistantes, ou bien de fibres synthétiques hypo-allergéniques qui présentent l'avantage d'être lavables. Vous pouvez éventuellement confectionner un coussin en toile d'une forme spéciale, et le remplir de bourrage synthétique.

les bordures

Il existe de nombreuses bordures susceptibles d'embellir un coussin simple, carré ou circulaire. Certaines, comme les volants froncés ou plissés, les passepoils et quelques galons frangés, sont prises entre les pièces du dessus et du dessous pendant l'assemblage de la housse, mais d'autres – les cordelières et les ganses – sont cousues à la main une fois la housse terminée (voir pages 141 à 143).

le passepoil

On peut recouvrir de la mèche à passepoil avec du tissu identique à celui de la housse, ou contrasté. Confectionnez une longueur de passepoil égale au périmètre du coussin plus 5 cm, et bâtissez-la sur l'endroit de la pièce du dessus en plaçant ses extrémités au centre de l'un des côtés. Si la housse est carrée, biaisez les angles ; si elle est ronde, crantez la réserve de couture *(fig. 8)*. Épinglez la pièce du dessous sur celle du dessus, endroit contre endroit, et assemblez-les en utilisant un pied-de-biche pour fermeture à glissière afin de pouvoir piquer au ras du pasepoil.

fig. 8

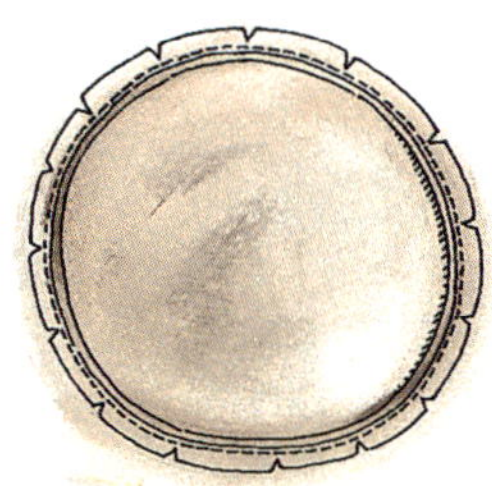

les volants

S'il est possible de réaliser un volant avec une simple bande d'étoffe ourlée (voir page 142), un volant doublé présente l'avantage d'être réversible. Un volant très large (de 5 à 10 cm) est spectaculaire. Pour un effet maximum, préparez une bande deux fois plus longue que le périmètre du coussin, en assemblant plusieurs morceaux de tissu à l'aide de coutures ouvertes au fer. La méthode ci-dessous s'applique aussi bien à des coussins carrés, rectangulaires que circulaires.

réalisation

1 Épinglez le volant bord à bord sur le dessus de la housse *(fig. 9)*, en répartissant les fronces comme cela est expliqué page 142. Dans le cas d'un coussin volanté et passepoilé, disposez le volant au-dessus du passepoil, et utilisez un pied-de-biche pour fermeture à glissière afin de pouvoir piquer au ras du passepoil. Bâtissez le volant à petits points pour bien le maintenir en place, puis épinglez sa base sur le dessus de la housse pour éviter qu'elle ne soit prise dans les coutures.

2 Épinglez et bâtissez le dessous sur le dessus, endroit contre endroit. Piquez le long de la ligne de couture, en faisant un léger arrondi aux quatre coins. Biaisez les angles, retournez sur l'endroit, et repassez.

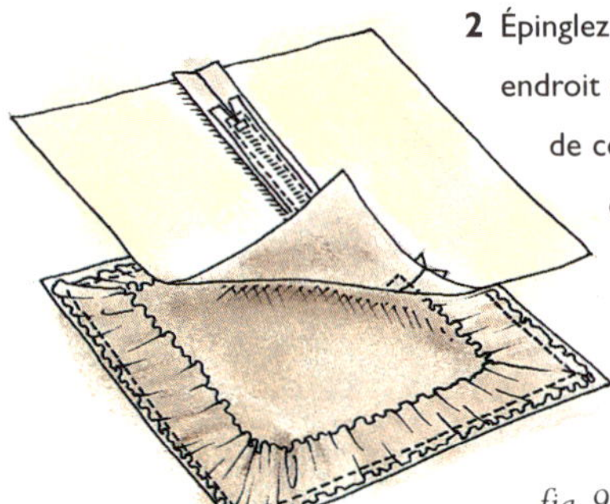

fig. 9

les fermetures décoratives

Une housse ouverte doit être close par des liens ou des boutons. On peut aussi se servir de ces fermetures décoratives pour orner une ouverture à soufflet.

les liens

Les liens peuvent être d'une couleur identique à la housse, ou contrastée, avec des bords droits ou biaisés. On peut les glisser dans des boutonnières prévues à cet effet de chaque côté de l'ouverture *(fig. 10)*, ou bien les coudre directement sur la housse *(fig. 11)*. Pour leur confection, reportez-vous aux explications de la page 144. Vous pouvez aussi employer du galon ou du ruban noué en rosette. Sur une ouverture à soufflet, il faut coudre les liens avant d'assembler la housse *(fig. 12)*.

fig. 11

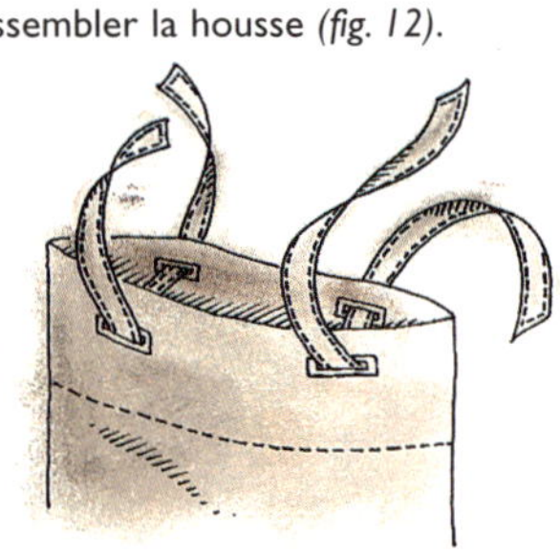

fig. 10

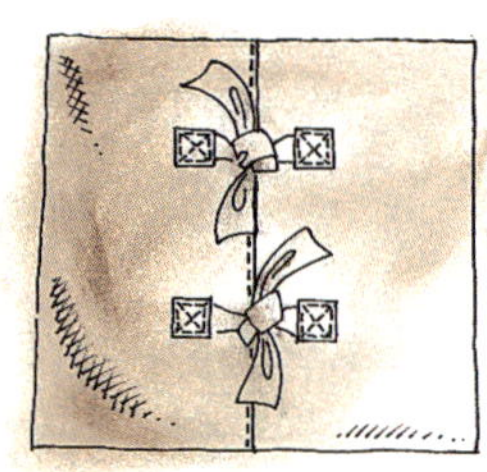

fig. 12

les boutons

On peut aussi avoir recours à des boutons pour fermer une housse ouverte *(fig. 13)*, ou pour joindre les deux bords d'une ouverture à soufflet. Dans ce dernier cas, il convient de monter une patte de boutonnage sur le dos de la housse, comme sur une chemise *(fig. 14)*. Il est aussi possible de capitonner un coussin en y cousant des boutons de part en part *(fig. 15)*.

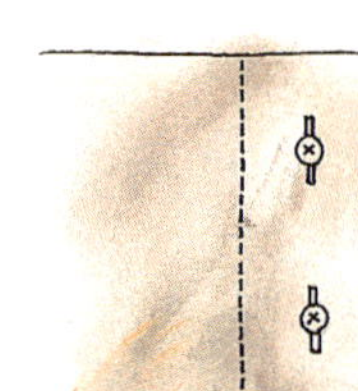

fig. 13

fig. 14

fig. 15

les traversins

On utilise depuis longtemps des traversins pour garnir banquettes ou divans. La housse traditionnelle consiste en un cylindre de tissu clos par une fermeture à glissière, pourvu de tranches lisses et cerclées de passepoil. Mais il existe des variantes avec des tranches froncées et ornées d'un bouton ou d'un gland. Des extrémités nouées par des rosettes donnent un aspect encore moins structuré. Sur les modèles qui ne comportent pas de fermeture à glissière, il est possible de découdre un fil de fronces pour ôter la housse. Si vous souhaitez une forme très ajustée, ne prévoyez pas de réserves de couture. Vous pouvez réaliser de la même manière un grand traversin destiné à un lit.

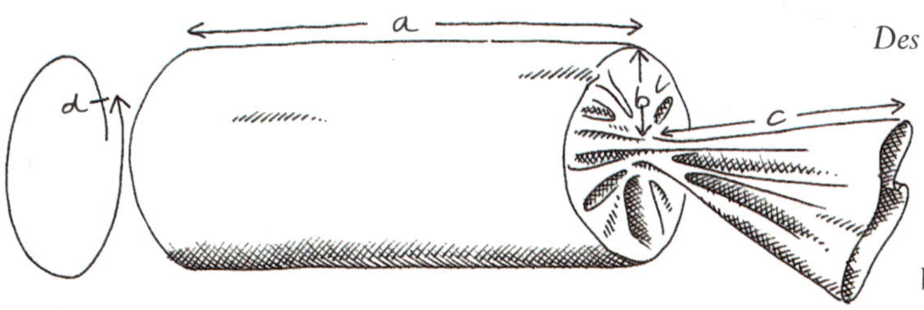

fig. 1

le traversin noué

Cette housse décontractée est facile et rapide à coudre car elle est confectionnée avec une seule pièce de tissu.

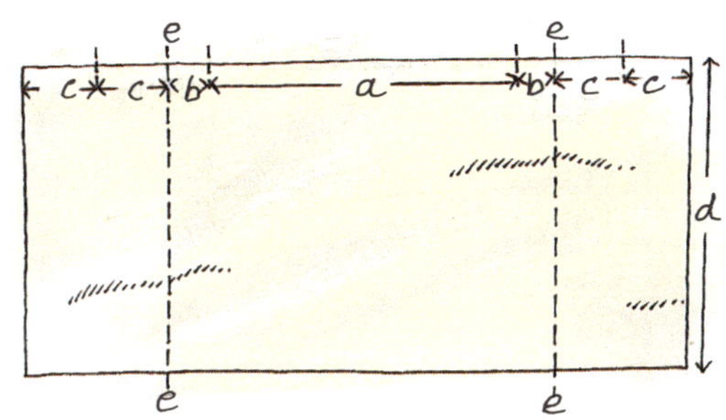

fig. 2

fournitures

Du tissu, du fil cordonnet, un traversin.

mesures et coupe *(fig. 1 et 2)*

Pièce principale : largeur = *a* + 2 *b* + 4 *c* ; longueur = *d* + 3 cm.

Liens : coupez deux bandes de 6 x 60 cm.

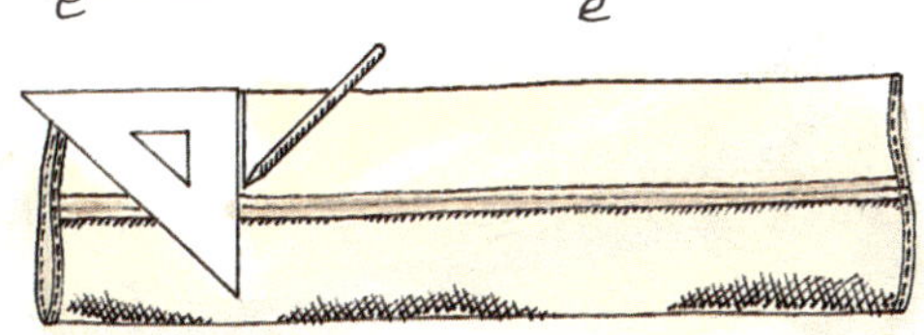

fig. 3

réalisation

1 Assemblez les deux grands côtés du tissu principal, endroit contre endroit, en piquant à 1,5 cm du bord. Ouvrez la couture au fer. Faites un petit ourlet simple à chaque extrémité.

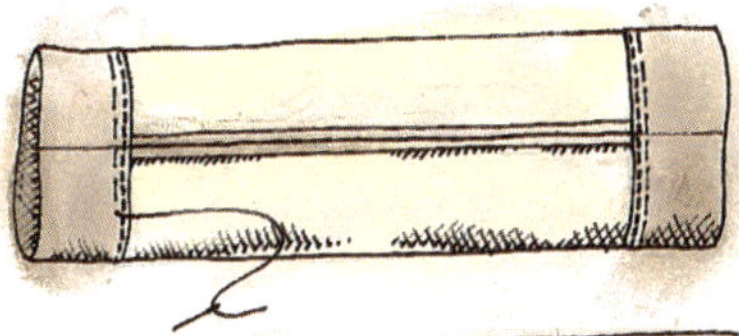

fig. 4

2 Avec une craie de tailleur, marquez sur l'envers les deux lignes de fronces *(ee)* sur lesquelles les liens seront placés *(fig. 3)*. Rabattez l'une des extrémités de la housse sur l'envers de façon à faire coïncider l'ourlet et le repère, puis bâtissez. Procédez de la même manière à l'autre extrémité *(fig. 4)*.

fig. 5

3 Retournez la housse sur l'endroit, et passez des fils de fronces au point zigzag (voir page 142) sur les deux lignes précédemment tracées, en utilisant du fil cordonnet. Glissez le traversin dans la housse en le centrant bien.

4 Tirez les fils de fronces de manière à coincer le traversin, nouez-les solidement, puis cousez-les dans la housse pour les dissimuler *(fig. 5)*. Il suffira de défaire ces nœuds pour ôter la housse.

5 Répartissez régulièrement les fronces, comme sur une cocarde. Confectionnez deux liens (voir page 144), et nouez-en un à chaque extrémité.

le traversin passepoilé à tranches froncées

La pièce principale et les tranches peuvent être coupées dans le même tissu, mais on obtient des effets spectaculaires en utilisant des étoffes et des motifs différents.

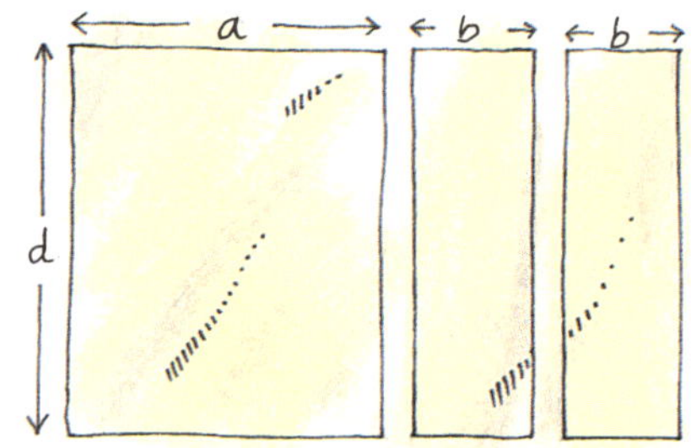

fig. 6

fournitures

Du tissu pour la pièce principale, du tissu pour les tranches, le passepoil et les boutons, un traversin, deux boutons à recouvrir, de la mèche à passepoil, du fil cordonnet.

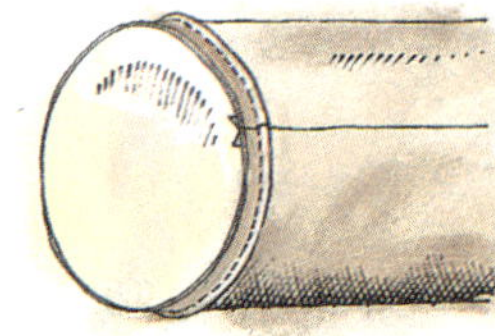
fig. 7

mesures et coupes *(fig. 1 et fig. 6)*

Pièce principale : largeur = *a* ; longueur ou circonférence = *d* ;
ajoutez 1,5 cm tout autour.
Tranches (deux pièces) : largeur = *b* + 1,5 cm ;
longueur ou circonférence = *d* + 3 cm.
Mèche à passepoil et bande de biais pour la recouvrir : longueur = 2 *d* + 10 cm.
Boutons : coupez deux cercles en suivant les patrons fournis avec les boutons.

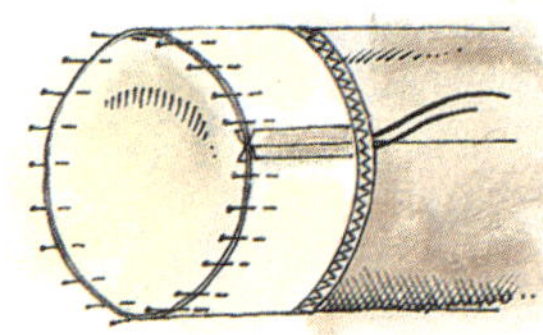
fig. 8

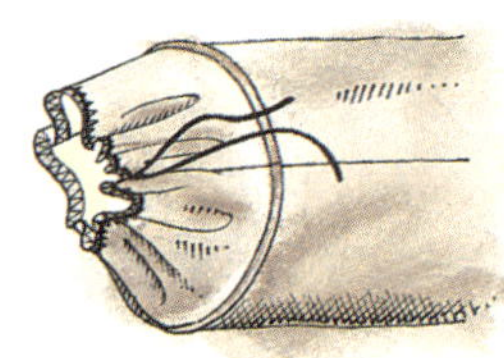
fig. 9

réalisation

1 Pliez la pièce principale le long de *a*, endroit contre endroit, et piquez à 1,5 cm du bord. Ouvrez la couture au fer, puis retournez la housse sur l'endroit.
2 Coupez la mèche à passepoil en deux parties égales, recouvrez-les de tissu, puis fermez-les en boucle de façon qu'elles s'ajustent à la pièce principale (voir page 141). Épinglez-les à chaque bout de celle-ci, bord à bord, en faisant coïncider les coutures. Piquez avec un pied-de-biche pour fermeture à glissière *(fig. 7)*.
3 Fermez l'une des tranches en boucle en épinglant ses deux côtés, endroit contre endroit. Piquez à 1,5 cm du bord, puis ouvrez la couture au fer. Rabattez l'un des bords de 1 cm sur l'envers, repassez-le, et passez un fil de fronces au point zigzag au ras du pli, sur l'endroit (voir page 142).
4 Épinglez, bâtissez, puis piquez le bord non ourlé de la tranche sur la pièce principale, endroit contre endroit *(fig. 8)*, en faisant coïncider les coutures. Procédez de la même manière à l'autre extrémité de la housse.
5 Glissez le traversin dans la housse. Tirez fermement les fils de fronces *(fig. 9)*, nouez-les, et cousez-les à l'intérieur de la housse. Recouvrez les boutons, puis cousez-les solidement de manière qu'ils dissimulent le centre des fronces *(fig. 10)*.

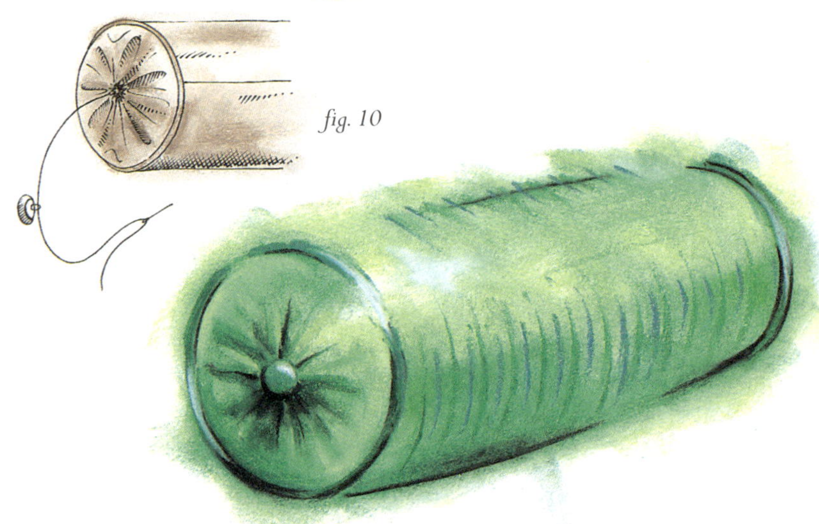
fig. 10

variantes

On peut froncer les tranches plus généreusement ou bien les plisser. Les pièces doivent alors mesurer le double de la circonférence du traversin. Suivez les étapes 1 et 2, puis passez à l'étape 3 comme indiqué ci-après pour chaque variante.

tranches avec fronces accentuées

3 Endroit contre endroit, assemblez les deux petits côtés de l'une des tranches, afin de la fermer en boucle. Ouvrez la couture au fer. Pliez le tissu en quatre, et marquez les plis en faisant des encoches dans la réserve de couture. Sur l'endroit, passez quatre fils de fronces, en travaillant au point zigzag d'une encoche à l'autre (voir page 142). Passez un seul fil de fronces en zigzag sur l'autre bord *(fig. 11)*.

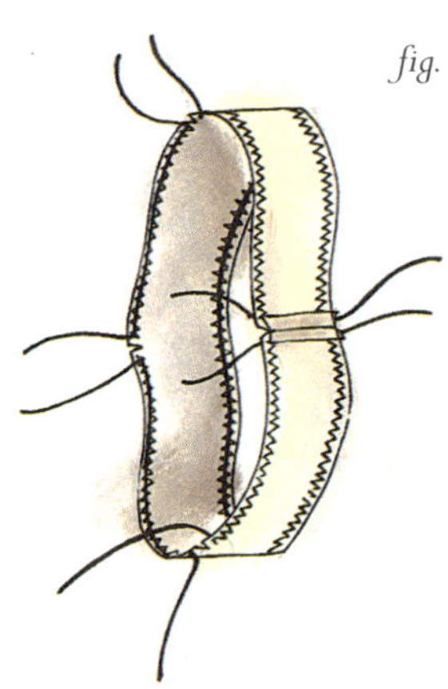
fig. 11

fig. 12

4 Marquez quatre repères de la même manière sur la pièce principale, puis épinglez la tranche dessus, endroit contre endroit, en faisant coïncider les encoches *(fig. 12)*. Tirez les quatre fils de fronces, et nouez leurs extrémités. Répartissez et épinglez les fronces *(fig. 13)*, puis piquez au ras du passepoil. Procédez de la même manière à l'autre extrémité, puis finissez comme à l'étape 5, ci-contre.

tranches plissées

3 Endroit contre endroit, assemblez les deux petits côtés de l'une des tranches afin de la fermer en boucle. Ouvrez la couture au fer. Sur l'endroit, passez un fil de fronces au point zigzag à 5 mm de l'un des bords (voir page 142). Partagez l'autre bord en quatre, ainsi que l'une des extrémités de la pièce principale, comme à l'étape 4, ci-dessus. Endroit contre endroit, épinglez la tranche sur la housse, en façonnant des plis réguliers *(fig. 14)*. Bâtissez puis piquez au ras du passepoil. Procédez de la même manière à l'autre extrémité, puis finissez comme cela est expliqué à l'étape 5, ci-contre.

fig. 13

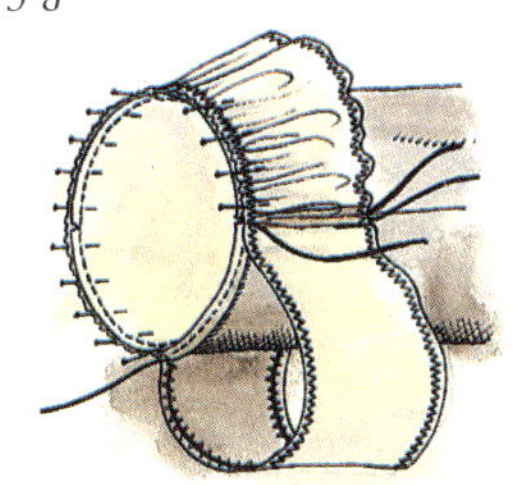

fig. 14

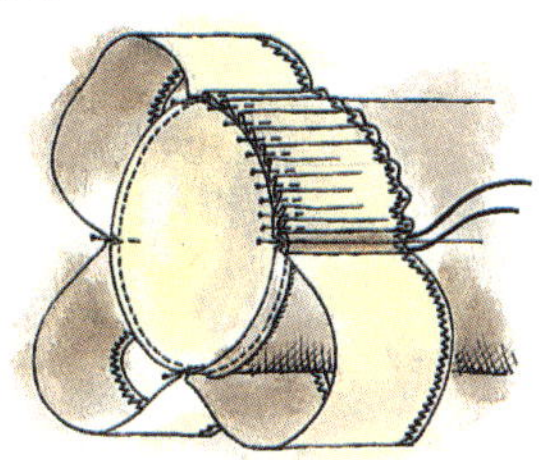

le traversin à tranches lisses

Cette housse ajustée est close par une fermeture à glissière. On peut l'orner d'une ganse, d'une cordelière, d'un galon frangé, ou bien coudre du passepoil à chaque extrémité.

fournitures

Du tissu, un traversin, une fermeture à glissière (plus courte que le traversin d'environ 6 cm), de la ganse.

mesures et coupe *(fig. 1 et fig. 15)*

Pièce pincipale : largeur = a + 3 cm ; longueur ou circonférence = d + 4 cm.

Tranches, coupez deux cercles : diamètre = 2 b + 3 cm.

Ganse : longueur = 2 d + 4 cm.

réalisation

1 Montez la fermeture à glissière (voir page 144) au centre de la couture a de la pièce principale *(fig. 16)*. Laissez-la à moitié ouverte pendant l'assemblage de la housse. À chaque extrémité de cette dernière, crantez la réserve de couture tous les 3 cm.

2 Si vous voulez passepoiler la housse, confectionnez deux cercles de passepoil, et piquez-les à chaque extrémité de la pièce principale, sur l'endroit *(fig. 17)*.

3 Tout autour des tranches et des extrémités passepoilées, faites des encoches de 1 cm tous les 3 cm. Endroit contre endroit, épinglez puis bâtissez les tranches sur la pièce principale. Piquez à 1,5 cm des bords *(fig. 18)*. Repassez légèrement, et retournez sur l'endroit.

4 Si vous souhaitez poser une ganse, une cordelière ou un galon frangé, coupez la passementerie choisie en deux, et cousez chaque morceau à une extrémité de la housse, en travaillant à points coulés avec un fil d'une couleur identique au tissu. Fermez les boucles de passementerie à points coulés *(fig. 19)*. Finissez l'autre extrémité de la housse de la même manière.

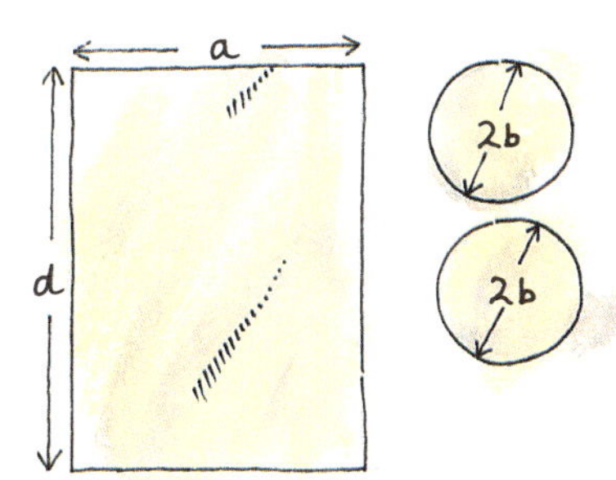

fig. 15

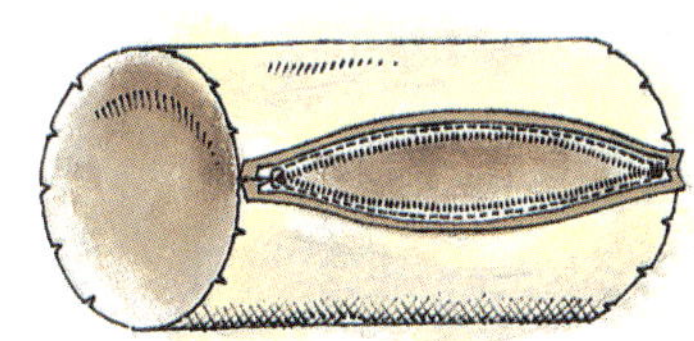

fig. 16

fig. 17

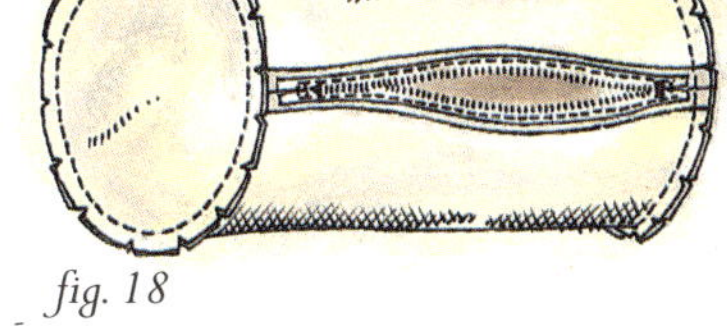

fig. 18

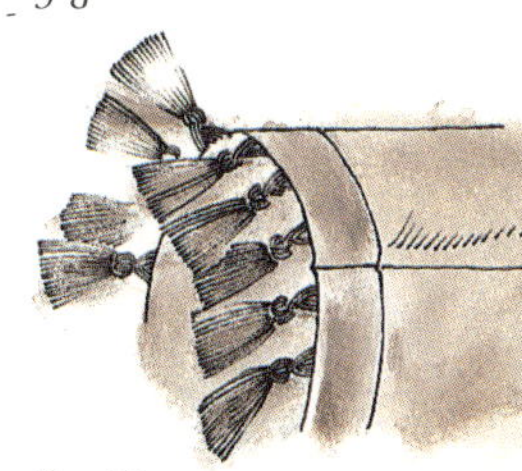

fig. 19

les dessus de siège

Réalisables sur mesure, les dessus de siège apportent style, fantaisie, couleur et confort aux meubles de toutes sortes : fauteuils, repose-pieds, chaises et banquettes. Destinée à un usage intensif, une housse doit être amovible, coupée dans un tissu résistant, sans passementerie compliquée, alors que, pour un fauteuil ancien, elle peut se permettre plus de sophistication, voire de fragilité. Il est possible d'utiliser des coussins intérieurs tout faits. Pour les garnitures structurées, on emploie des blocs de mousse. Lorsque celle-ci est mince, elle se découpe avec une paire de ciseaux ; plus épaisse, il faut la faire tailler par un professionnel. Choisissez des matériaux conformes aux normes de sécurité. Afin de le protéger et de lui donner plus de moelleux, il convient de recouvrir le coussin intérieur d'une housse étroite. Confectionnez-la simplement aux dimensions du coussin, introduisez celui-ci, puis fermez-la à points coulés.

Le dessus de siège à coins froncés

Il s'agit de la méthode la plus simple pour recouvrir un coussin carré ou rectangulaire peu épais. Ajoutez des liens pour pouvoir attacher la garniture à une chaise.

fournitures

Du tissu, une craie ou un crayon de tailleur, une fermeture à glissière (plus courte que la longueur du coussin d'environ 10 cm), un coussin intérieur.

mesures et coupe

Dessus : coupez une pièce aux mêmes dimensions que le coussin, plus 1,5 cm tout autour.
Dessous : largeur = largeur du dessus ; longueur = longueur du dessus + 4 cm pour la fermeture à glissière.

réalisation

1 Coupez la pièce du dessous en deux dans le sens de la longueur, et montez la fermeture à glissière entre les deux morceaux (voir page 144). Assemblez le dessous et le dessus, endroit contre endroit, en piquant à 1,5 cm des bords.

2 Tracez les lignes de fronces à chaque coin. Marquez trois points : un à 5 cm de chaque couture (*a* et *b*), le troisième situé dans la diagonale du coin, à 2,5 cm des bords (*c*). Joignez ces repères par une courbe douce (*fig. 1*). Adaptez ces mesures si la housse est très grande.

3 Passez à la main un fil de fronces sur cette ligne, et tirez-le (*fig. 2*). Enroulez-le autour du tissu, puis arrêtez-le solidement. Procédez de la même manière aux trois autres coins. Retournez sur l'endroit, et glissez le coussin dans la housse (*fig. 3*). Pour pouvoir attacher le coussin à une chaise, intercalez un lien entre le dessous et le dessus, aux deux extrémités de l'un des côtés, et prenez-le dans la couture.

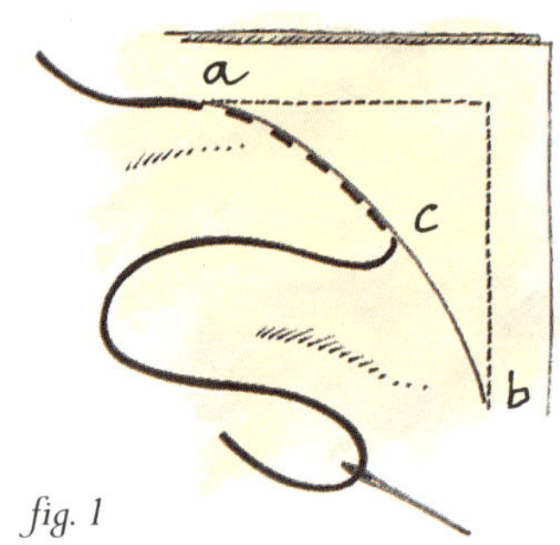

fig. 1

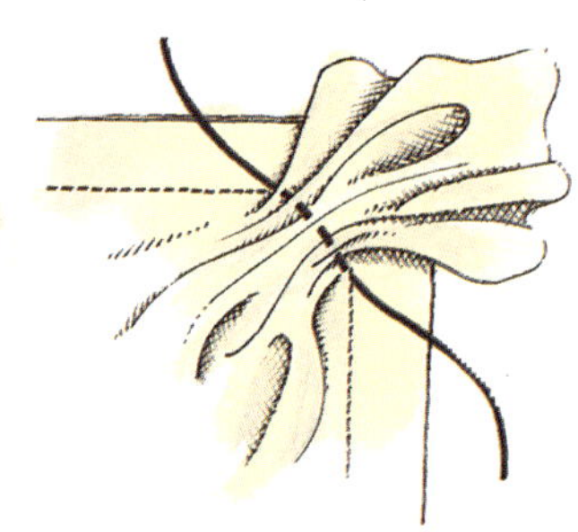

fig. 2

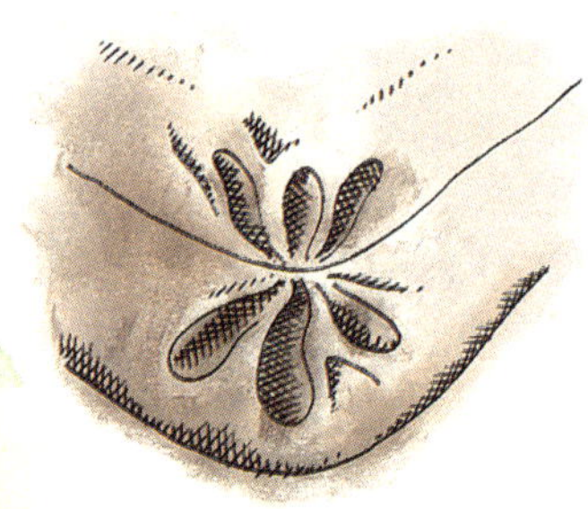

fig. 3

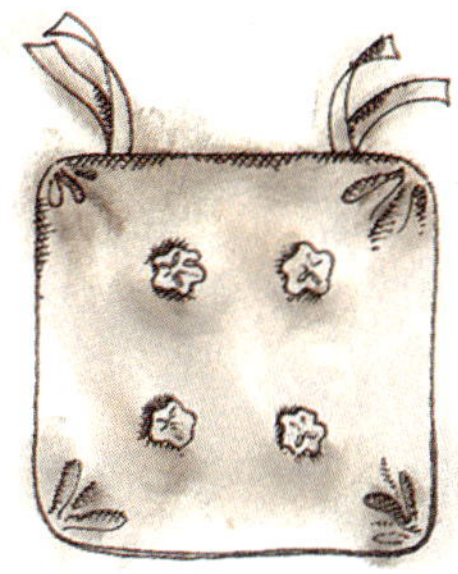

variantes

Vous pouvez capitonner le coussin en y fixant des cercles de 10 cm de diamètre découpés dans du tissu assorti à la housse, ou en y cousant de part en part des boutons que vous aurez recouverts vous-même (*fig.* 2, page 129).

le dessus de siège structuré

Les coussins épais sont idéaux pour les banquettes fixes ou les divans. On peut employer la même technique pour confectionner des versions plus petites, adaptées à des chaises ou à des tabourets. Cette housse est passepoilée sur tout son périmètre, en haut et en bas, afin de renforcer les coutures. Elle est close par une grande fermeture à glissière qui court sur toute la largeur du dessous.

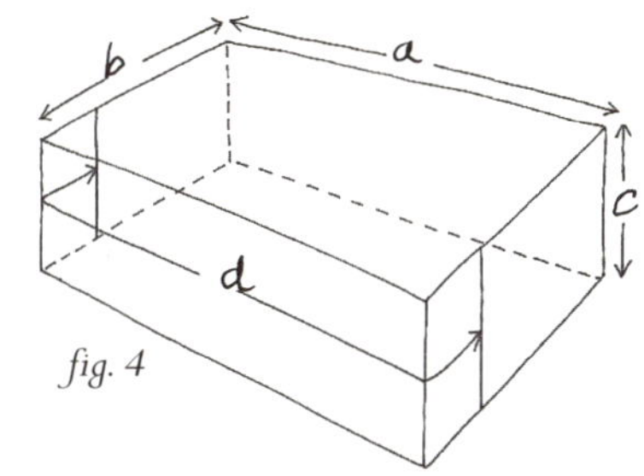

fig. 4

fournitures

Un bloc de mousse recouvert d'une housse en coton, du tissu pour la housse principale et le passepoil, une fermeture à glissière solide (de la longueur du bloc de mousse + 16 cm), de la mèche à passepoil (longueur = 2 x périmètre du bloc de mousse + 10 cm).

mesures et coupe (*fig. 4*)

Dessus et dessous (deux pièces) : largeur = *a* ; longueur = *b*.
Tranche frontale : largeur = *a* ; hauteur = *c*.
Tranches latérales (deux pièces) : largeur = *a* – 10 cm ; hauteur = *c*.
Tranche arrière : largeur = *a* + 20 cm (= *d*) ; hauteur = *c* + 4 cm.
Ajoutez 1,5 cm autour de chaque pièce.

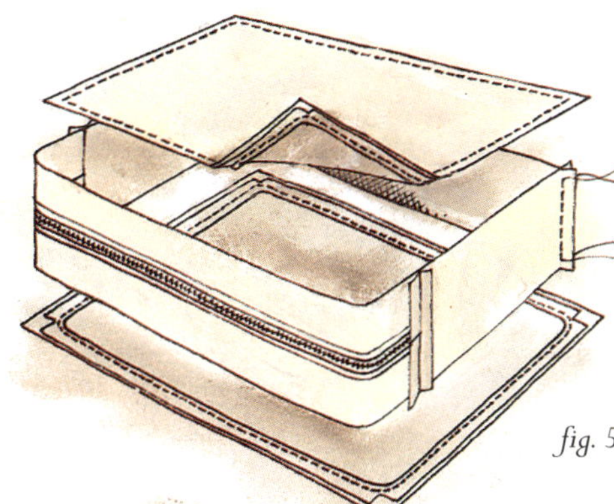

fig. 5

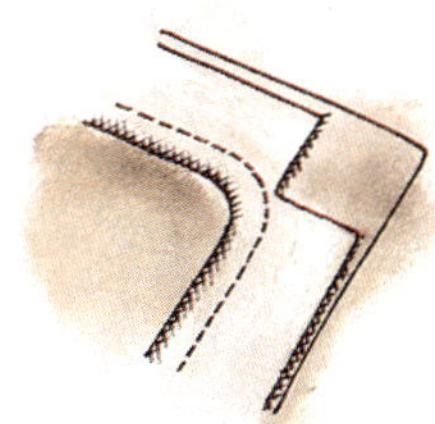

fig. 6

fig. 7

fig. 8

réalisation

1 Coupez la tranche arrière en deux dans le sens de la hauteur. En suivant la méthode de la page 144, montez la fermeture à glissière entre les deux pièces, en *dd*.

2 Endroit contre endroit, épinglez les tranches ensemble de façon à former une boucle. Essayez-la sur le bloc de mousse, et ajustez-la si nécessaire. Bâtissez puis piquez à la machine, en commençant et en arrêtant les deux coutures du devant à 1,5 cm des extrémités (*fig. 5*). Ouvrez les coutures au fer.

3 Fixez du passepoil tout autour des pièces du dessus et du dessous (voir page 141). Crantez la réserve de couture du passepoil à chaque angle (*fig. 6*).

4 Épinglez les tranches sur la pièce du dessus, endroit contre endroit, en faisant coïncider les coutures du devant avec les coins. Crantez la tranche arrière au niveau des coins (*fig. 7*). Bâtissez puis assemblez avec un pied-de-biche pour fermeture à glissière afin de pouvoir piquer au ras du passepoil. Faites une piqûre supplémentaire de soutien à chaque coin. Ouvrez la fermeture à glissière, puis assemblez le dessous passepoilé de la même manière, en crantant au préalable les coins de la tranche arrière (*fig. 8*).

5 Ramenez les réserves de couture à 1 cm, puis surfilez-les au point zigzag pour les renforcer et les empêcher de s'effilocher. Retournez sur l'endroit, et façonnez bien les angles. Introduisez le bloc de mousse dans la housse, en veillant à ce que les réserves de couture soient à plat contre la mousse, puis remontez la fermeture à glissière.

les galettes de sièges

Une galette est coupée de manière à épouser la forme d'un siège précis. Elle peut être placée sur un tabouret, dans un fauteuil, ou bien être nouée sur une chaise. La première étape consiste à dessiner le patron du siège que l'on souhaite garnir.

la galette pour repose-pieds

fournitures

Un crayon et du papier, du ruban crépon adhésif, de la mousse de 4 cm d'épaisseur, un stylo-feutre, de la doublure en coton, du tissu, de la cordelière (longueur = périmètre du siège + 5 cm).

tracé du patron (fig. 9)

Fixez un morceau de papier sur le repose-pieds avec du ruban crépon adhésif, et lissez-le pour lui en faire épouser la forme. Tracez celle-ci au crayon, ôtez le papier, puis découpez-le. Vérifiez le patron en l'essayant sur le repose-pieds.

mesures et coupe

Doublure : coupez deux pièces identiques au patron plus 2,5 cm autour.
Dessus et dessous : coupez deux pièces identiques au patron plus 3,5 cm autour.
Coussin intérieur : coupez un bloc de mousse identique au patron.

réalisation

1 Épinglez les deux pièces de doublure ensemble, puis piquez-les en laissant une ouverture *(aa) (fig. 10)*. Crantez les courbes. Retournez la housse sur l'endroit, glissez-y le bloc de mousse, puis fermez l'ouverture à points coulés *(fig. 11)*.
2 Assemblez les pièces principales *(fig. 10)*. Crantez les courbes, retournez sur l'endroit, et placez la mousse à l'intérieur. Fermez l'ouverture à points coulés, sauf sur 2 cm. Fixez la cordelière en suivant la méthode expliquée page 141.

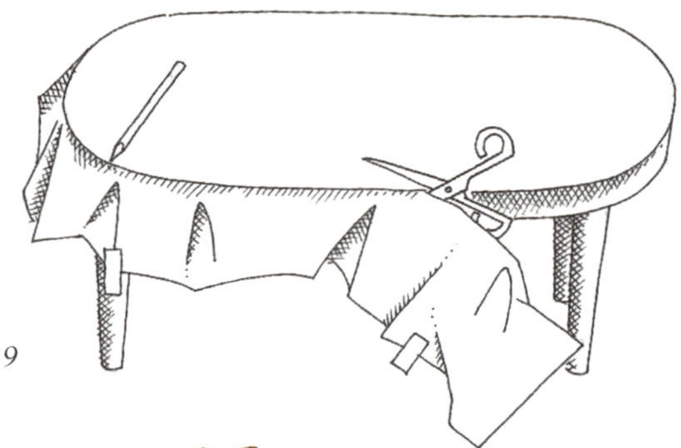

fig. 9

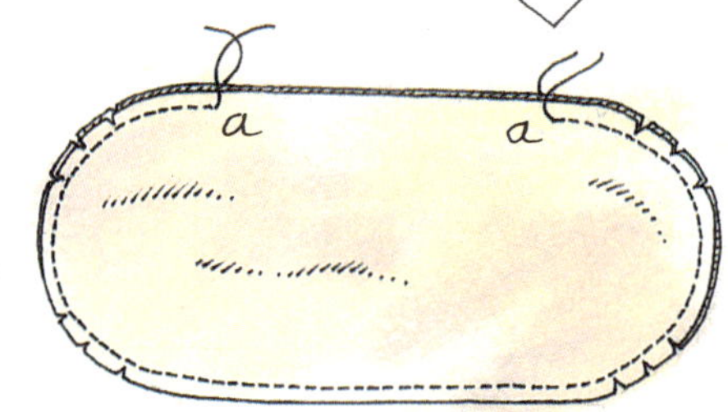

fig. 10

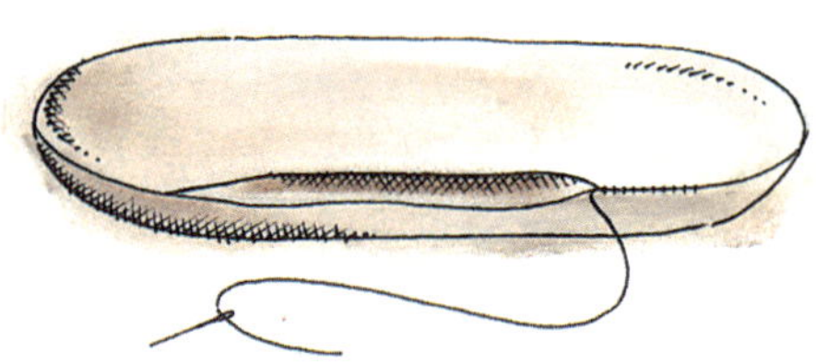

fig. 11

la galette volantée pour chaise cannée

Les chaises cannées requièrent des coussins intérieurs particulièrement rembourrés. On les réalise avec de la doublure en coton ou de la toile coupée aux dimensions du siège (préparez un patron en papier comme cela est expliqué ci-dessus).

fournitures

Du bourrage polyester, de la doublure en coton, du tissu.

mesures et coupe

Doublure : coupez deux pièces identiques au patron plus 1,5 cm autour.
Dessus et dessous : coupez deux pièces identiques au patron plus 2,5 cm autour.
Volant : longueur = 2 x longueur du bord du coussin ; hauteur = 25 cm.

réalisation du coussin intérieur

1 Épinglez les deux pièces de doublure ensemble, puis piquez-les à 1 cm des bords, en laissant une ouverture de 10 cm sur le côté droit. Crantez les courbes. Retournez la housse sur l'endroit, bourrez-la soigneusement, puis fermez solidement l'ouverture à points coulés.

réalisation de la housse

2 Pliez le volant en deux dans le sens de la hauteur, endroit contre endroit. Piquez les deux petits côtés. Biaisez les angles, retournez sur l'endroit, et repassez. Faites une piqûre le long du bord supérieur.
3 Placez le volant sur le dessus, endroit contre endroit et bord à bord, épinglez ses extrémités à 1,5 cm des bords, et disposez-le vers l'intérieur. Façonnez des plis creux (voir page 143), puis épinglez-les *(fig. 12)*. Piquez à 1,5 cm du bord.

4 Sur le dessous, rabattez le bord rectiligne de 2,5 cm sur l'envers, et repassez. Épinglez le dessus sur le dessous, endroit contre endroit. Piquez le périmètre à l'exception du bord rectiligne. Crantez les courbes, retournez sur l'endroit, et repassez. Glissez le coussin dans la housse, puis fixez le bord plié du dessous sur le volant, en cousant à points coulés le long de la ligne de couture *(fig. 13)*.

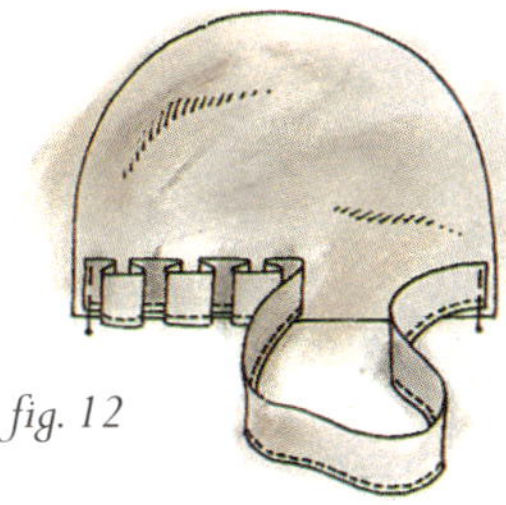

fig. 12

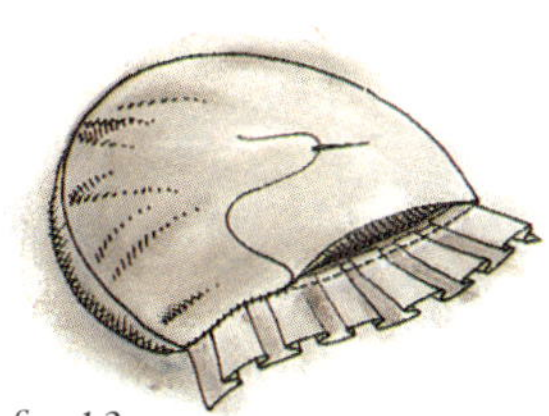

fig. 13

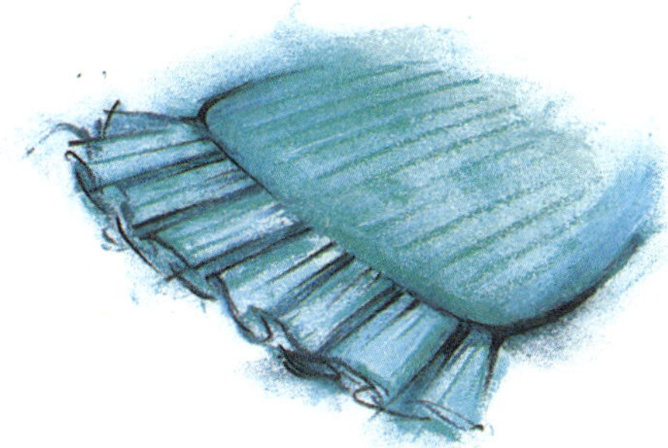

la galette de chaise nouée

Une galette de chaise se confectionne comme un dessus de repose-pieds, mais sa réalisation est un peu plus compliquée car elle doit s'ajuster aux montants du dossier. Ce modèle est passepoilé, mais on pourrait aussi l'orner d'un volant, d'une ganse ou d'un galon frangé. Si cela est nécessaire, il est possible de monter une fermeture à glissière dans la couture du dos. Cependant, une ouverture fermée à points coulés se découd facilement quand on souhaite nettoyer la housse.

fournitures

Un crayon et du papier, du ruban crépon adhésif, de la mousse de 4 cm d'épaisseur, de la doublure en coton, du tissu, du passepoil (longueur = périmètre du coussin + 5 cm).

tracé du patron (fig. 14)

Étalez le papier sur le siège, faites-lui en épouser la forme, découpez-le autour des montants, puis fixez-le avec du ruban adhésif. Tracez la forme du siège au crayon, et pliez le papier en deux. Découpez suivant le tracé, puis essayez le patron sur le siège. Repérez l'emplacement des liens de part et d'autre des deux montants.

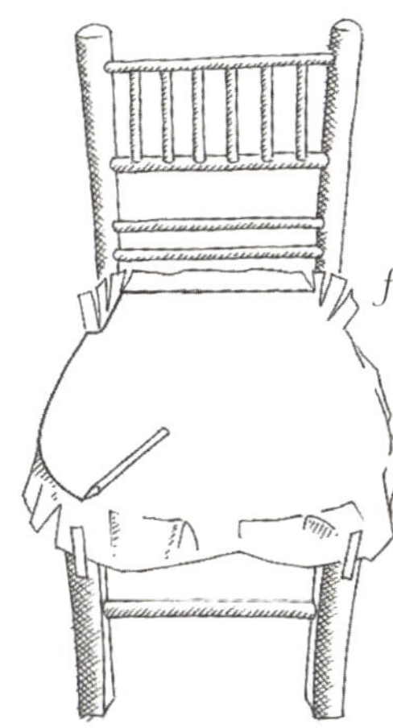

fig. 14

mesures et coupe

Coussin intérieur : coupez un bloc de mousse aux dimensions exactes du patron.
Doublure : coupez deux pièces identiques au patron plus 2,5 cm autour.
Dessus et dessous : coupez deux pièces identiques au patron plus 3,5 cm autour.
Liens : coupez quatre bandes de 6 x 40 cm.

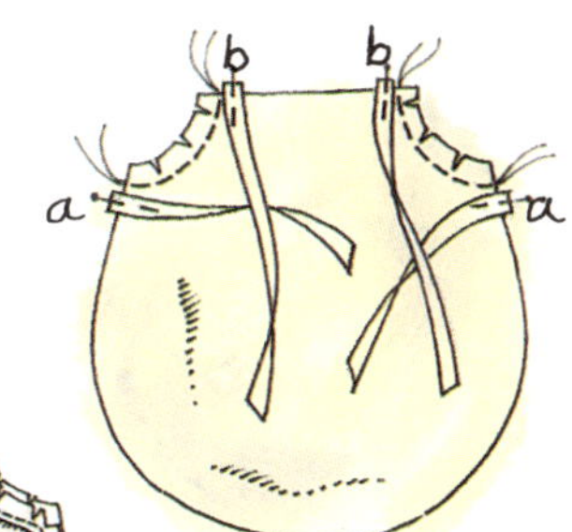

fig. 15

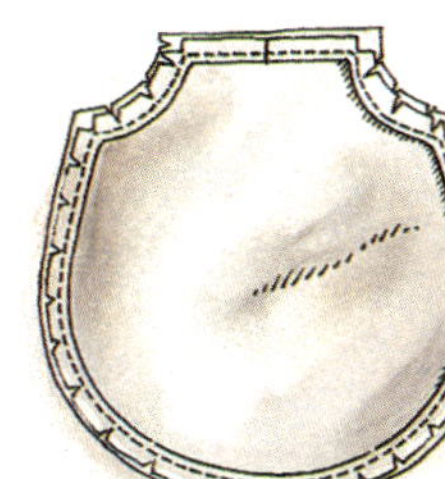

fig. 16

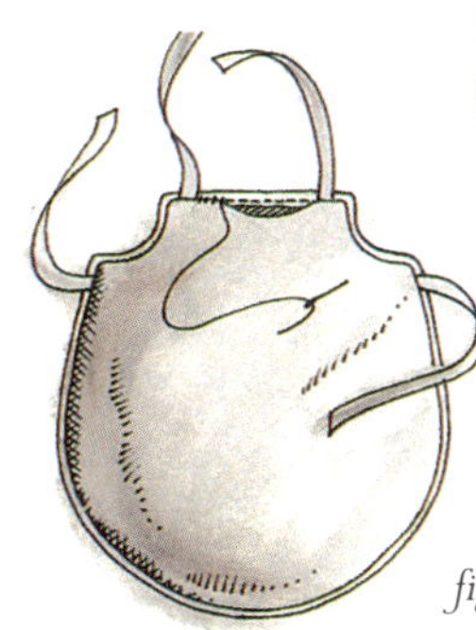

fig. 17

réalisation

1 Confectionnez la housse intérieure en piquant ensemble les deux pièces de doublure sur les côtés et le devant, de *b* à *b* *(fig. 15)*, à 1,5 cm des bords. Crantez les courbes, et retournez sur l'endroit. Glissez la mousse dans la housse, puis fermez celle-ci à points coulés.

2 Reportez les repères pour les liens *(a* et *b)* sur le dessous. Sur les deux pièces, dans les courbes destinées à s'ajuster aux montants, faites une piqûre de renfort de *a* à *b*. Crantez les réserves de couture. Confectionnez les liens (voir page 144), épinglez-les, puis cousez-les sur le dessous *(fig. 15)*.

3 Fixez le passepoil sur le dessus *(fig. 16)* en joignant les extrémités au milieu du dos (voir page 141). Endroit contre endroit, assemblez les côtés et le devant du dessus et du dessous, en utilisant un pied-de-biche pour fermeture à glissière. Retournez sur l'endroit. Rabattez sur l'envers la réserve de couture du bord ouvert du dessous, et repassez-la. Glissez le coussin dans la housse, puis fermez l'ouverture à points coulés, de *b* à *b*, au ras du passepoil *(fig. 17)*.

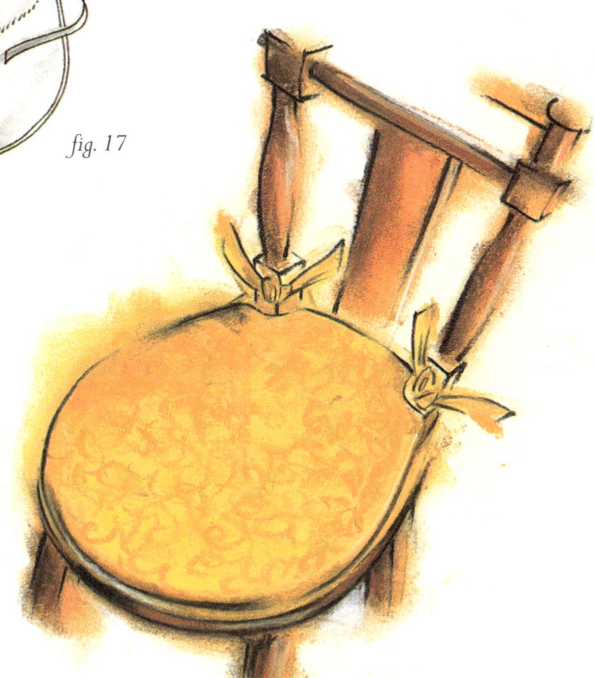

les housses

Les housses remplissent plusieurs fonctions : elles peuvent servir à protéger un siège de l'usure et des accrocs, à habiller un fauteuil confortable mais usé, ou à rajeunir une vieille chaise en bois. Formes et dimensions variant d'un modèle à un autre, il est essentiel de prendre soigneusement les mesures du siège à habiller pour obtenir un fini professionnel. Vous devez commencer par réaliser un prototype en toile. Avant de couper le tissu définitif, essayez ce patron sur la chaise jusqu'à ce qu'il soit parfaitement ajusté, comme le ferait une couturière pour un modèle sur mesure.

la housse de chaise en deux parties

Ce modèle est prévu pour une chaise droite. Siège et dossier sont distincts, et on peut les confectionner en associant différemment tissus et longueur de jupon. Le coussin du siège est attaché à l'aide de liens noués en une ou deux rosettes.

fournitures

Du papier, un crayon, du ruban crépon adhésif, du tissu, de la doublure en coton.

mesures et coupe (*fig. 1, 2 et 3*)

Déterminez les dimensions de la housse : hauteur du dossier (*b*) et de son volant (= *c* = de 8 à 10 cm), hauteur du jupon (de 10 à 30 cm), nombre de liens et largeur de ceux-ci. Ajoutez une réserve de 1,5 cm autour de chaque pièce.

Siège : tracez un patron (*fig. 2*). Ajoutez 5 cm à *f* et e, indiqués par la zone plus foncée. Coupez une pièce dans le tissu, et une autre dans la doublure.

Devant du jupon : largeur = 4 e + 2 *f* + 15 cm ; hauteur = *g*.

Dos du jupon : largeur = 2 *a* ; hauteur = *a*.

Liens, coupez deux ou quatre bandes : largeur = de 10 à 18 cm ; longueur = 75 cm.

Dossier (deux pièces) : largeur = *a* + *z* (*z* = de 5 à 7 cm selon l'épaisseur du dossier) ; longueur = *b* (une demi-hauteur de dossier).

Volant du dossier : largeur = 4 *a* ; hauteur = 2 *a*. Faites une encoche au centre de l'un des grands côtés.

réalisation du siège

1 Faites un ourlet double de 1 cm sur les côtés et la base des deux pièces du jupon. Endroit contre endroit, épinglez le bord supérieur du jupon dos sur l'arrière du siège (le long de *d*), à 1,5 cm de chaque côté. Façonnez-le en plis couchés (voir page 143) espacés de 4 cm, épinglez-les, puis piquez-les à 1,5 cm du bord.

2 Endroit contre endroit, épinglez le bord supérieur du jupon devant à 1,5 cm des coins du siège. Façonnez des plis couchés, et épinglez-les régulièrement afin que le dernier de chaque extrémité se trouve à 1,5 cm du bord (*fig. 4*). Piquez, puis crantez la réserve de couture du jupon aux deux coins (*fig. 5*).

3 Confectionnez les liens comme cela est expliqué page 144. Épinglez-les en plaçant leur face endroit sur l'envers de la housse, aux points *a* si vous souhaitez une seule rosette, ou en *a* et *b* si vous en voulez deux (*fig. 6*). Épinglez la doublure sur la pièce principale, endroit contre endroit.

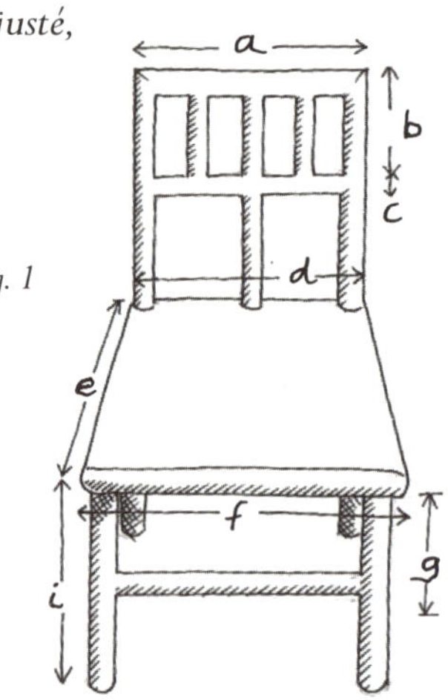

fig. 1

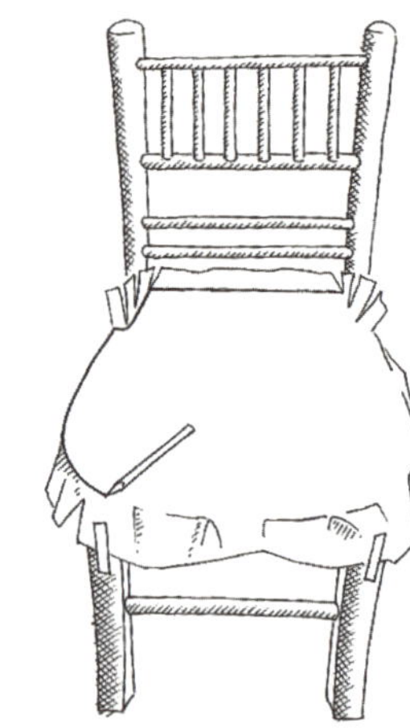

fig. 2

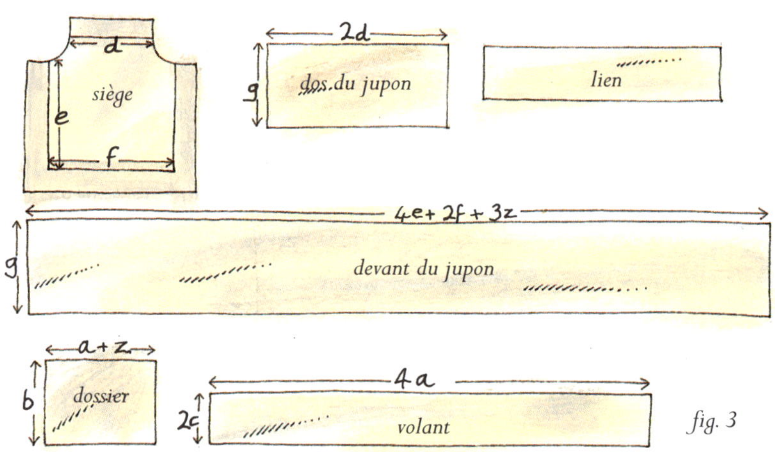

fig. 3

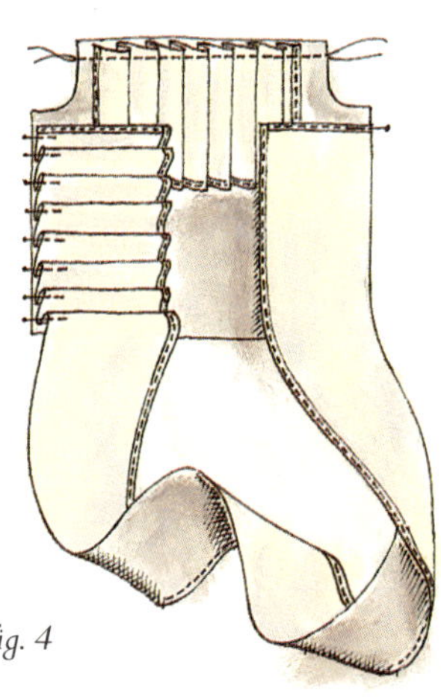

fig. 4

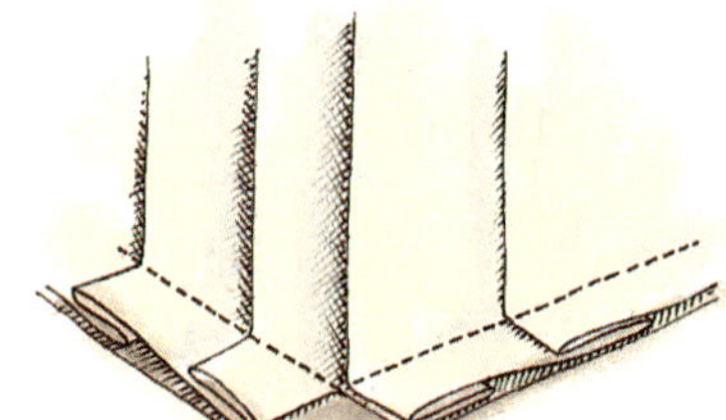

fig. 5

4 Assemblez les deux pièces de *b* (bord intérieur du lien) à *b*, en travaillant sur le tissu principal de manière à piquer sur la ligne de couture précédente. Doublez la piqûre dans les coins et sur les liens. Biaisez les angles, puis retournez sur l'endroit. Rabattez la doublure à l'intérieur de la housse le long de l'ouverture, repassez, et fermez à points coulés.

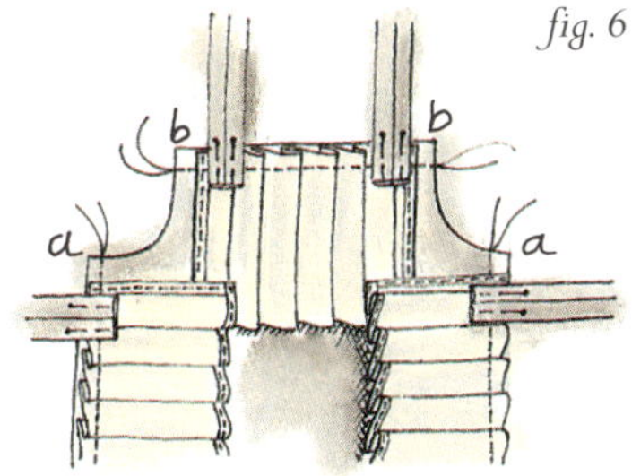

fig. 6

réalisation du dossier

5 Épinglez les deux pièces endroit contre endroit, puis piquez les deux côtés et le haut à 1,5 cm des bords. Retournez sur l'endroit, et repassez. Fermez le volant en piquant les deux petits côtés endroit contre endroit, puis ouvrez la couture au fer. Pliez-le en deux dans le sens de la hauteur, envers contre envers, et repassez-le.

6 Faites coïncider la couture et l'encoche du volant avec les coutures du dossier, et épinglez. Façonnez des plis sur toute la longueur du volant, et épinglez-les (*fig. 7*). Repassez les réserves de couture vers l'intérieur, puis terminez en faisant une surpiqûre à 3 mm de la ligne de couture.

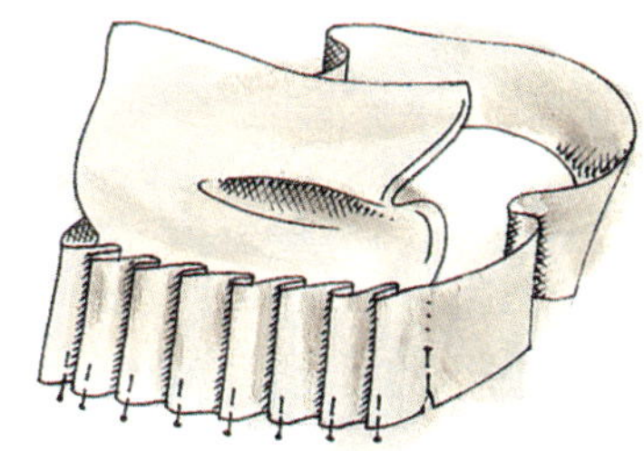

fig. 7

la housse à plis creux

Cette variante pourvue d'un long jupon est idéale pour les tissus épais, comme les lainages, qui ne sont pas assez souples pour être façonnés en plis couchés. Un dossier plein ne nécessite pas de housse.

fournitures

Du tissu, de la doublure.

mesures et coupe

Siège : coupez une pièce dans le tissu principal, et une autre dans la doublure. Faites une encoche au centre du devant et de chacun des côtés.

Devant du jupon : largeur = 2 *e* + *f* + 50 cm ; hauteur = environ 20 cm.

Faites une encoche au centre du bord supérieur.

Liens, coupez quatre bandes : largeur = 5 cm ; longueur = 30 cm.

réalisation

Faites un ourlet double de 1 cm sur les deux côtés et le bord supérieur du volant. Façonnez un pli de 2 cm de largeur de part et d'autre de l'encoche puis, endroit contre endroit, épinglez le volant sur le siège, en faisant coïncider les repères. Procédez de la même manière aux deux coins et à chaque extrémité. Sur celles-ci, repliez l'excédent de tissu sur l'envers, de manière que le volant s'arrête à 1,5 cm des bords (*fig. 8*). Piquez sur la ligne de couture, puis crantez les deux coins (*fig. 5*, ci-contre). Finissez en suivant les étapes 3 et 4 du modèle précédent.

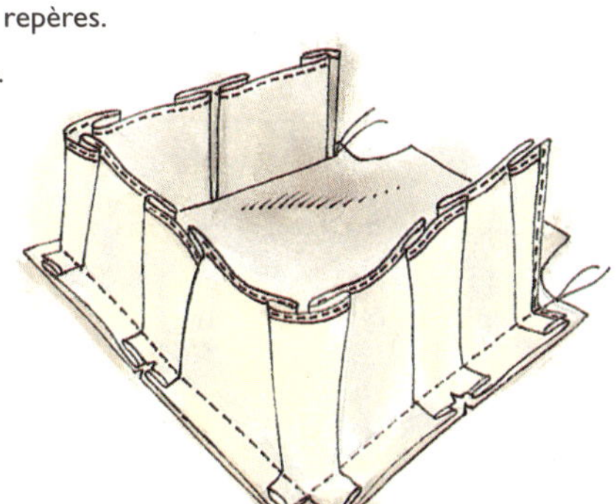

fig. 8

la housse de chaise juponnée

Elle est prévue pour une chaise à siège circulaire. Son jupon très froncé est bordé d'une ganse, et son dossier s'orne d'une large ceinture nouée en rosette.

fournitures

Du papier, un crayon, du ruban crépon adhésif, du tissu pour la housse, du tissu pour la ceinture et la rosette, du passepoil (longueur = $a + 2\,b + d$), une fermeture à glissière de 50 cm de longueur, un gros bouton-pression (facultatif), de la ganse (longueur = $2\,c + 2\,d$), du fil cordonnet pour les fronces.

mesures et coupe (fig. 9 et 10)

Mesurez la chaise : si le haut n'est pas plus large que le bas, la housse pourra être ôtée facilement, sans fermeture à glissière. Confectionnez un patron en toile ; afin d'obtenir le meilleur ajustement, il peut s'avérer nécessaire de couper le devant du dossier légèrement plus petit que le dos. Ajoutez 1,5 cm autour de chaque pièce pour les réserves de couture. Tracez le patron du siège (*fig. 2*, page 168).

Devant et dos du dossier (deux pièces) : largeur du haut = $a + 5$ cm environ (selon l'épaisseur du dossier) ; largeur du bas = c ; hauteur = b.

Siège : coupez une pièce aux dimensions du patron.

Jupon : largeur = $2\,c + 2\,d$; hauteur = e (du haut du siège jusqu'au sol).

Ceinture, coupez deux bandes : largeur = 25 cm ; longueur = $0{,}5\,c + 5$ cm.

Rosette : partie principale : largeur = 40 cm ; hauteur = 80 cm

partie centrale : largeur = 10 cm ; hauteur = 20 cm.

pans (deux pièces) : largeur = 20 cm ; hauteur = 90 cm.

réalisation

1 Épinglez l'arrière du siège au bas de la pièce devant du dossier, endroit contre endroit, puis piquez à 1,5 cm des bords. Cousez du passepoil sur tout le périmètre (voir page 141). Crantez la réserve de couture du passepoil à intervalles réguliers.

2 Pliez l'une des pièces de la ceinture en deux dans le sens de la longueur, endroit contre endroit, et piquez le long du grand côté. Retournez sur l'endroit, puis repassez la couture de manière qu'elle se retrouve au centre. À l'une des extrémités, rabattez la réserve de couture à l'intérieur, et passez un fil de fronces à travers toutes les épaisseurs. Tirez-le, puis arrêtez-le (*fig. 11*). Procédez de la même manière avec l'autre pièce de ceinture, en fronçant le côté opposé.

3 Endroit contre endroit, épinglez et piquez les bords non froncés des pièces de ceinture de chaque côté du devant du dossier, en plaçant leur base sur la couture assemblant siège et dossier (*fig. 12*).

4 Épinglez le dos du dossier sur le devant, endroit contre endroit. Assemblez les côtés et le haut en utilisant un pied-de-biche pour fermeture à glissière, afin de pouvoir piquer au ras du passepoil. De chaque côté, arrêtez la piqûre à 1,5 cm du bas. Si vous devez monter une fermeture à glissière, laissez une ouverture de 30 cm sur le côté droit (*fig. 13*).

5 Pliez le jupon en deux, endroit contre endroit, et piquez le petit côté. Arrêtez la piqûre à 23 cm du haut. Passez un fil de fronces au point zigzag (voir page 142) à 1,5 cm du bord supérieur, en commençant et en terminant à 1,5 cm des côtés. Tirez-le pour réduire la largeur du jupon de moitié.

fig. 9

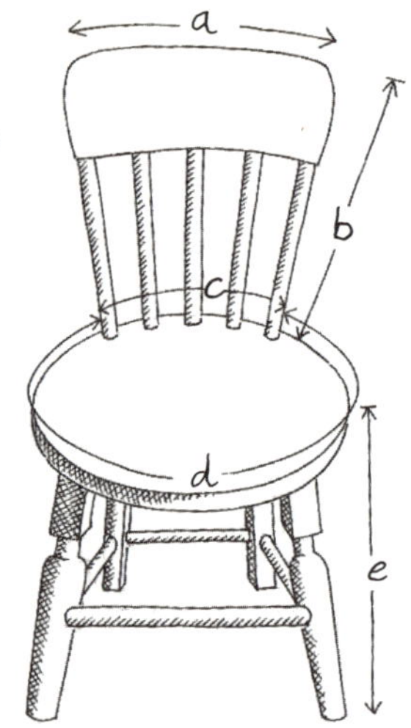

fig. 10

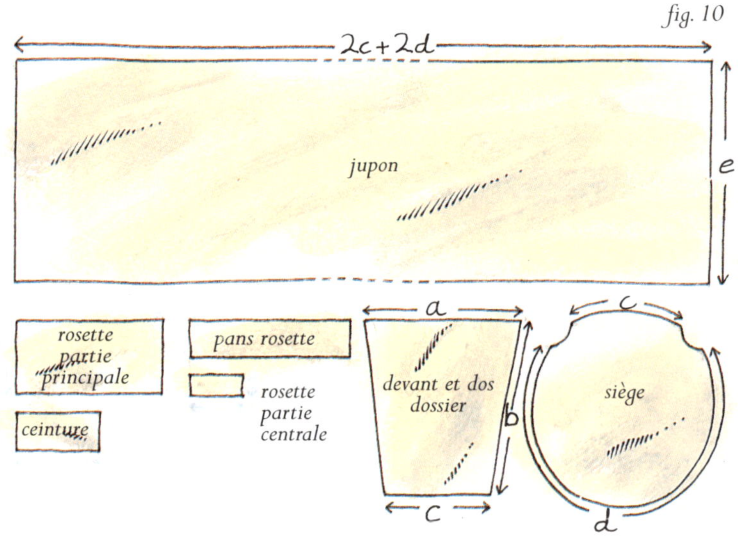

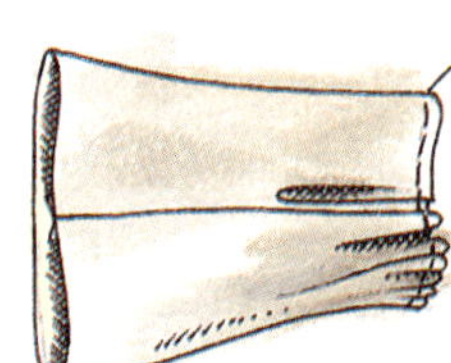

fig. 11

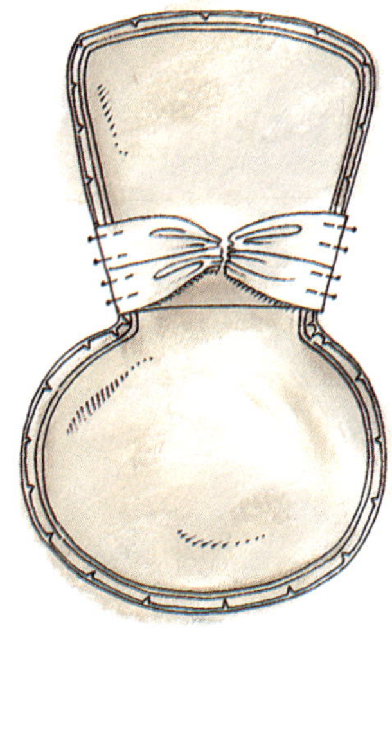

fig. 12

fig. 13

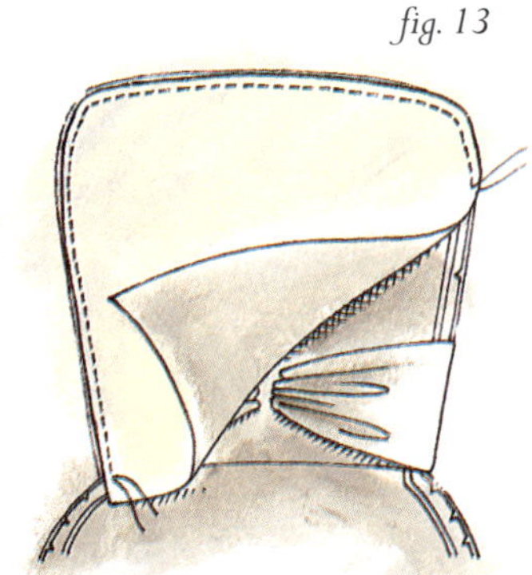

6 Laissez la housse sur l'envers, et enfilez-la sur la chaise. Épinglez le jupon sur le périmètre du siège, en alignant la couture ou l'ouverture sur celle du dossier. Répartissez les fronces régulièrement *(fig. 14)*. Ôtez la housse, puis piquez au ras du passepoil avec un pied-de-biche pour fermeture à glissière. Montez la fermeture à glissière en suivant les explications de la page 144. Crantez les courbes, retournez sur l'endroit, et donnez un léger coup de fer.

7 Confectionnez la rosette comme cela est expliqué page 144. Placez l'extrémité de la ceinture droite sur la couture de la partie centrale de la rosette, et fixez-la. Cousez l'une des parties du bouton-pression sur la ceinture gauche, et l'autre partie sous la rosette, au centre *(fig. 15)*. Si la housse n'est pas munie d'une fermeture à glissière, vous pouvez coudre ensemble les deux parties de la ceinture.

8 Enfilez la housse sur la chaise, vérifiez et rectifiez la hauteur du jupon, repliez l'ourlet, puis cousez-le. Fixez la ganse tout autour.

fig. 14

fig. 15

la housse à jupon plissé

Cette élégante version est confectionnée exactement de la même manière, mais sans ceinture. Au lieu de fronces, son jupon est façonné en plis creux ; les coutures ne sont pas passepoilées, mais dissimulées par de la ganse dorée cousue à la main une fois la housse terminée. Mesurez le périmètre du siège et celui du dossier pour calculer le métrage de ganse nécessaire.

la housse de chaise ajustée

Cette housse aux lignes géometriques est prévue pour une chaise droite. Elle convient particulièrement bien aux tissus à carreaux ou à rayures. Les poches latérales optionnelles sont pratiques pour ranger livres ou magazines.

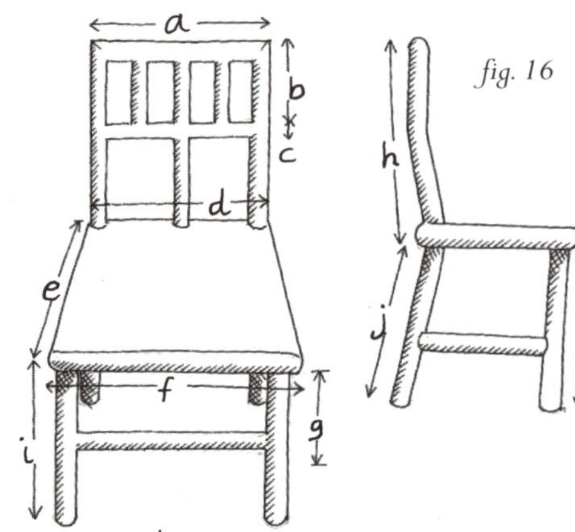

fig. 16

fournitures

Du tissu de votre choix.

mesures et coupe *(fig. 16 et 17)*

Les zones plus foncées représentent un siège ou un dossier plus large en haut qu'en bas ; les pointillés indiquent les lignes de pliure. Les plis ont une largeur de 10 cm, ce qui doit convenir à la plupart des chaises. Mais si les pieds sont très inclinés, calculez le supplément de tissu nécessaire, et majorez la largeur des plis d'un huitième de cette valeur. Ajoutez 1,5 cm autour de chaque pièce.

N.B. : Dans les instructions ci-dessous, z = 5 cm.

Devant du dossier : largeur du haut = *a* + z (selon l'épaisseur du dossier) ; largeur du bas = *d* ; hauteur = *h*. Faites une encoche au milieu du bord supérieur.

Siège : largeur du haut = *d* ; largeur du bas = *f* ; longueur = e.

Devant du jupon : largeur = *f* + 4 z ; hauteur = *i*. Faites une encoche en haut et en bas des lignes de pliure.

Côtés du jupon : les pieds peuvent être d'une hauteur différente à l'avant et à l'arrière de la chaise : mesurez *i* et *j* soigneusement. Coupez deux pièces : largeur = e + 4 z ; hauteur à une extrémité = *i* ; hauteur à l'autre extrémité = *j*. Faites une encoche en haut et en bas des lignes de pliure.

Poches : tracez un patron rectangulaire qui s'adapte aux côtés du jupon, et coupez deux pièces de tissu.

Dos : ajoutez 5 cm ou plus (selon l'épaisseur du dossier) à *a*. Si vous avez choisi un tissu à rayures ou à carreaux, prévoyez-en une largeur plus importante pour faire coïncider les motifs de part et d'autre du pli, et modifiez l'emplacement des lignes de pliure en conséquence. Coupez une pièce selon le patron. Faites une encoche au milieu du bord inférieur, ainsi qu'en haut et en bas des lignes de pliure.

Liens, coupez six bandes : largeur = 5 cm ; longueur = 35 cm (y compris la réserve de couture).

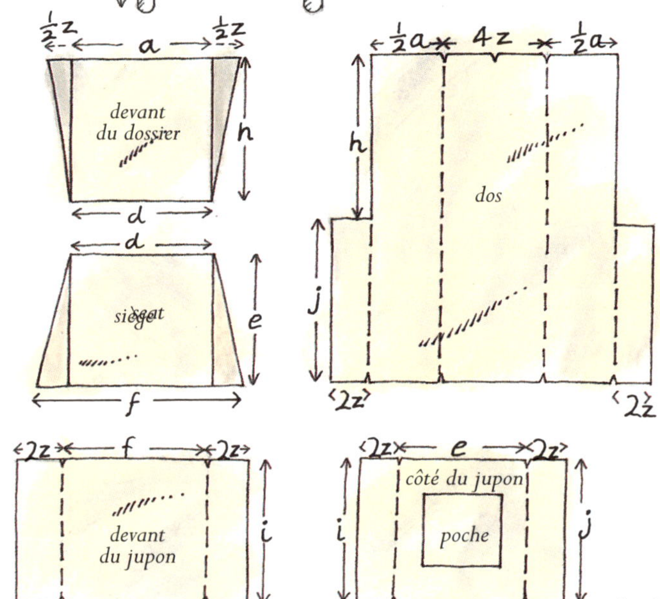

fig. 17

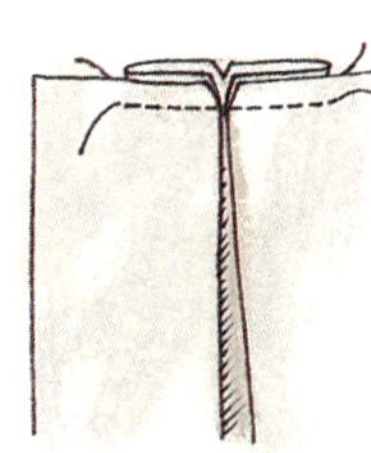

fig. 18

réalisation

1 Façonnez le pli creux sur l'endroit du dos, en alignant les lignes de pliure en haut et en bas, puis en les rabattant vers le centre. Marquez bien le pli au fer, épinglez le bord supérieur, et piquez à 1 cm de celui-ci *(fig. 18)*.

2 Faites un ourlet double de 1 cm en haut de chaque poche. Rabattez les réserves de couture des trois autres côtés sur l'envers, et repassez-les. Épinglez une poche sur chaque pièce de côté du jupon, puis piquez-les.

3 Endroit contre endroit, épinglez puis piquez les côtés et le devant du jupon, en faisant coïncider les lignes de pliure *i*. Cousez l'ensemble au dos, en superposant les lignes de pliure *j* *(fig. 19)*. Façonnez les plis des coins *i* en superposant les encoches. Épinglez les bords supérieur et inférieur, puis rabattez vers le centre. Repassez soigneusement. Piquez le long du bord supérieur pour fixer le pli. Procédez de la même manière avec les plis *j* de l'arrière *(fig. 20)*.

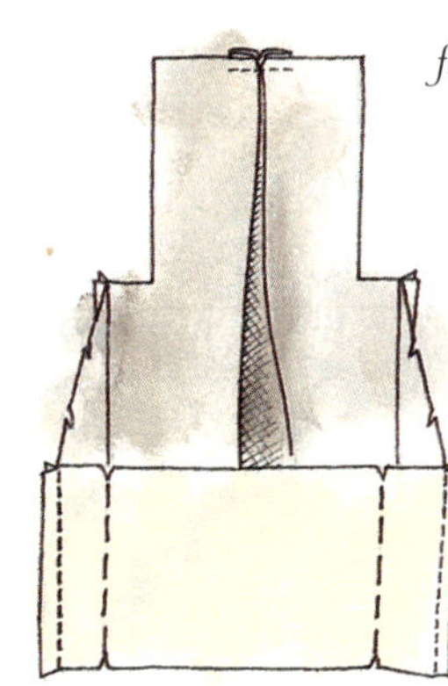

fig. 19

fig. 20

4 Épinglez le devant du dossier sur le dos, endroit contre endroit. Piquez les deux côtés et le haut à 1,5 cm des bords, en arrêtant la couture à 1,5 cm du bas, de chaque côté. Endroit contre endroit, épinglez puis piquez le bord supérieur du siège au bas du devant du dossier.

5 Épinglez le haut du jupon sur les trois autres côtés du siège, en veillant à la position correcte des plis. Piquez à 1,5 cm du bord, en renforçant les coins.

6 Retournez sur l'endroit. Vérifiez et rectifiez la hauteur du jupon, repliez l'ourlet, puis cousez-le. Confectionnez des liens comme cela est expliqué page 144, et cousez-les deux par deux de part et d'autre du pli, en les espaçant de 15 cm.

la housse pour fauteuil en rotin

Cette housse prévue pour un siège traditionnel en rotin pourra facilement être ajustée sur n'importe quel fauteuil à armature, ou sur une chaise de jardin cannée. Elle est coupée en seulement cinq pièces, avec des plis creux dans le dos.

fournitures

Du papier, un stylo-feutre, du ruban crépon adhésif, du tissu.

mesures et tracé du patron (*fig. 1 et 2*)

Le devant du dossier est un peu compliqué, sa forme devant être bien ajustée. Avant de couper le tissu définitif, confectionnez d'abord un patron en papier puis, si vous voulez être vraiment sûr de vous, assemblez un prototype en toile. Coupez quatre rectangles de papier, comme indiqué sur la figure 2. Fixez-les sur le fauteuil avec du ruban crépon adhésif, et découpez-les à la forme exacte. Les surfaces plus foncées représentent les zones de papier à découper, et les pointillés indiquent les lignes de pliure.

N.B. : Dans les instructions ci-dessous, z = 5 cm.

Côté : largeur = *h* + z ; hauteur = *m* + *n*. En haut du côté droit, découpez un rectangle (*m* x z) pour laisser le tissu nécessaire au pli creux (*n* x z). Arrondissez le bord supérieur en suivant la courbe de l'accoudoir *(d)*.

Dos : largeur = *h* + 6 z ; hauteur = *m* + *n*. Découpez un rectangle (*m* x 3 z) en haut de chaque côté. Arrondissez le bord supérieur en suivant la courbe du dossier *(c)*.

Siège : largeur = *k* ; hauteur = *i* + *f*. Découpez la partie supérieure pour l'ajuster à la forme du siège *(a)*.

Intérieur du dossier : largeur = *a* + 12 z ; hauteur = *b* + 3 z (ou plus, selon l'angle du dossier).

Pliez le papier en deux dans le sens de la largeur, et fixez-le avec du ruban adhésif sur la ligne *b*, au centre du dossier, en plaçant le haut du pli en haut de ce dernier. Arrondissez le bord supérieur en suivant la forme du dossier et de l'accoudoir. Marquez la ligne *l* (hauteur de l'accoudoir). Arrondissez le bord inférieur jusqu'à la ligne *l* afin de l'ajuster à la courbe *a*. Ôtez le patron du fauteuil, et prolongez la courbe *d* jusqu'au bord du papier. Coupez en suivant cette ligne. Fixez de nouveau le patron sur le fauteuil, et ajustez cette ligne à la forme de l'accoudoir. Repliez le surplus et épinglez-le le long de *l* *(fig. 3)*. Rectifiez le bas du patron de manière qu'il épouse la courbe *a*. Enlevez le patron, puis coupez le long des épingles.

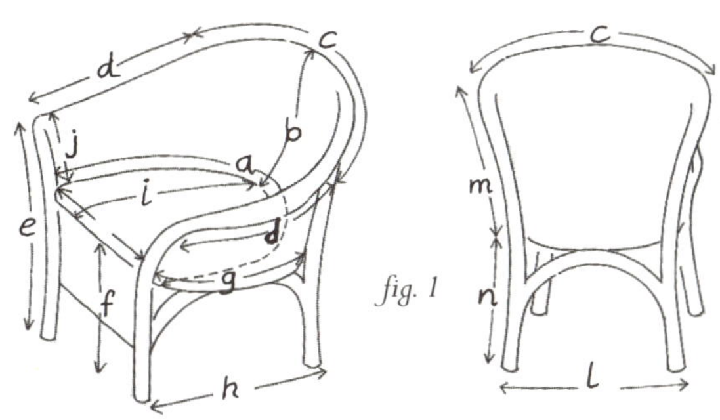

fig. 1

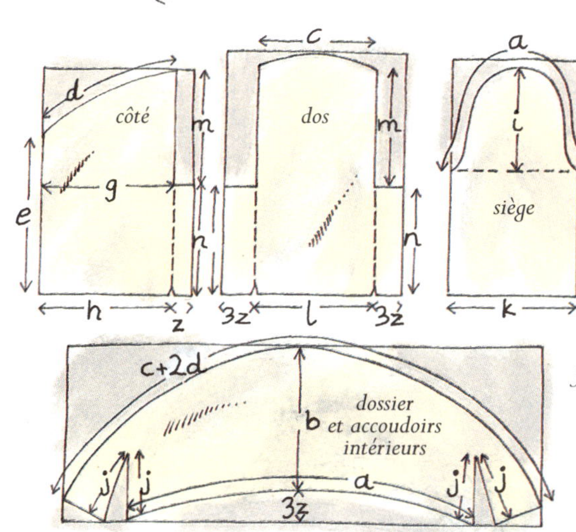

fig. 2

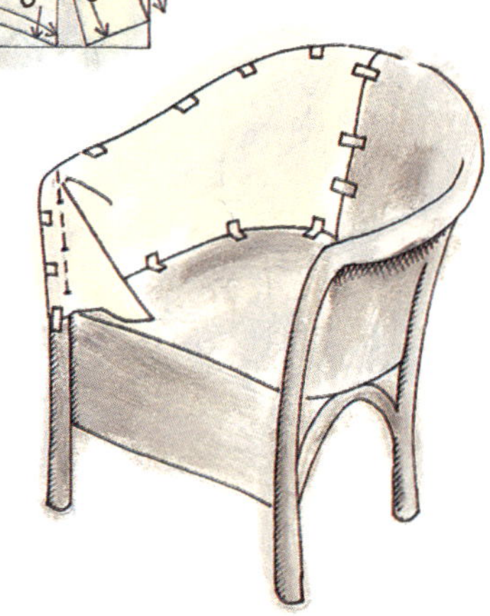

fig. 3

coupe

Ajoutez une réserve de couture de 1,5 cm autour de chacune des pièces du patron. Coupez le tissu selon les indications suivantes.

Côtés : coupez deux pièces.

Intérieur du dossier : coupez une pièce. Faites une encoche au milieu des bords supérieur et inférieur.

Siège : coupez une pièce. Faites une encoche au centre du bord supérieur.

Dos : coupez une pièce. Faites une encoche au centre du bord supérieur et en bas des lignes de pliure.

Liens : coupez quatre bandes de 6 x 40 cm.

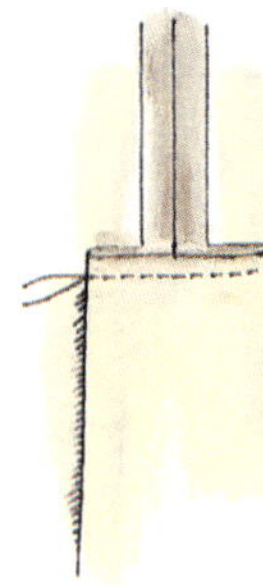

fig. 4

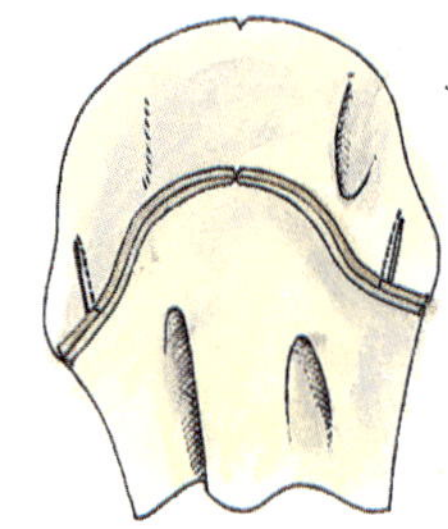

fig. 5

fig. 6

réalisation

1 Endroit contre endroit, assemblez l'un des côtés avec le dos en *k* et *j*, en piquant à 1,5 cm du bord. Ouvrez la partie supérieure de la couture au fer. Façonnez le pli creux, épinglez son bord supérieur, puis piquez à 1 cm de celui-ci *(fig. 4)*. Procédez de la même manière avec l'autre côté.

2 Sur l'envers, piquez les pinces *l*. Ramenez les réserves de couture à 1 cm, et repassez-les en les couchant vers l'extérieur. Endroit contre endroit, épinglez puis piquez le siège au dossier intérieur, en faisant coïncider les encoches *(fig. 5)*. Ramenez la réserve à 1 cm, et surfilez-la au point zigzag pour renforcer la couture et éviter que le tissu ne s'effiloche.

3 Épinglez la pièce du dos et des côtés sur celle du siège et du dossier intérieur, endroit contre endroit, en faisant coïncider les encoches situées au milieu des bords supérieurs. Crantez la réserve de couture du dossier intérieur au niveau des accoudoirs. Piquez à 1,5 cm des bords, puis surfilez au point zigzag.

4 Façonnez les plis, en superposant les encoches, et repassez soigneusement. Confectionez des liens à extrémités droites, comme cela est expliqué page 144. Cousez-les de part et d'autre de chaque pli, à 5 cm du haut, puis nouez-les en rosette *(fig. 6)*.

5 Enfilez la housse sur le fauteuil. Vérifiez et rectifiez sa longueur. Repliez l'ourlet, puis cousez-le.

la housse pour fauteuil de metteur en scène

Cette housse permet de donner une allure nouvelle à un fauteuil de metteur en scène classique. Le jupon est confectionné séparément, façonné en plis creux, puis cousu au dossier, au siège et aux accoudoirs. L'ouverture est dissimulée dans le côté droit.

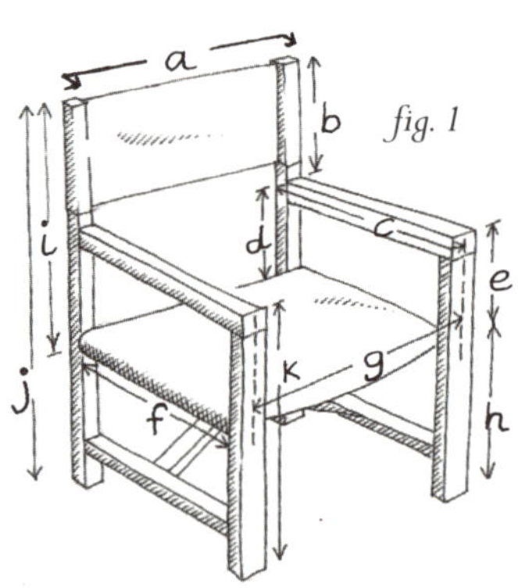

fig. 1

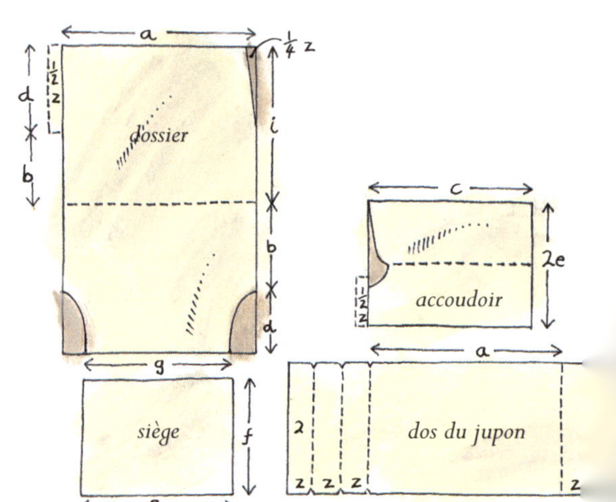

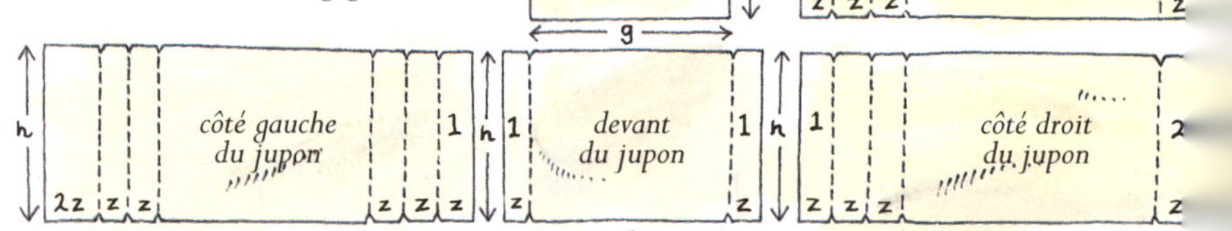

fig. 2

fournitures

Du tissu, un stylo-feutre, un gros bouton-pression.

mesures et coupe (fig. 1 et 2)

Coupez dans le tissu – ou dans la toile si vous réalisez d'abord un patron – huit pièces aux dimensions données sur la figure 2, en ajoutant 1,5 cm autour de chacun d'eux. Prévoyez 5 cm (= z) supplémentaires sur le dossier et les accoudoirs à l'emplacement prévu pour l'ouverture, comme indiqué par les pointillés. Sur toutes les pièces du jupon, ajoutez 6 cm en bas pour l'ourlet, puis faites une encoche en haut et en bas des lignes de pliure figurées en pointillés. Découpez le dossier et les accoudoirs comme indiqué ; les zones plus foncées représentent le tissu à enlever.

N.B. : Dans les instructions suivantes, z = 5 cm.

Dossier : largeur = *a* ; longueur = *i* + *b* + *d*. Pliez la pièce en deux dans le sens de la largeur, et épinglez les côtés ensemble sur la partie supérieure *(b)*.

Sur la pliure, épinglez un petit pli creux de la largeur des montants du fauteuil.

Accoudoirs, coupez deux pièces : largeur = *c* (du dossier au devant du bras) ; longueur = 2 e (du haut de l'accoudoir au haut du siège). Pliez la pièce en deux dans le sens de la largeur, placez-la à cheval sur l'accoudoir, et épinglez la base de la partie extérieure sur le siège. Épinglez la partie intérieure de l'accoudoir au dossier, de manière qu'elle retombe à l'aplomb du montant de celui-ci. Tracez une ligne en suivant les épingles, puis coupez à 1,5 cm de celle-ci.

Siège : largeur = *g* ; profondeur = *f*.

Côté gauche du jupon : largeur = *c* + 8 *z* ; hauteur = *h*.

Côté droit du jupon : largeur = *c* + 11 *z* ; hauteur = *h*.

Devant du jupon : largeur = *g* + 4 *z* ; hauteur = *h*.

Dos du jupon : largeur = *a* + 7 *z* ; hauteur = *h*.

réalisation

1 Pliez la pièce du dossier en deux dans le sens de la largeur, endroit contre endroit. Épinglez puis assemblez les côtés, en piquant à 2,5 cm des bords et en arrêtant la couture à 2 cm du pli. Façonnez un petit pli creux dans le tissu libre, et piquez-le en deux fois, en allant de chaque bord vers le centre *(fig. 3)*. Procédez de la même manière à l'une des extrémités de chaque accoudoir.

2 Endroit contre endroit, épinglez puis piquez l'arrière du siège sur la base intérieure du dossier. Assemblez les accoudoirs au dossier sur la partie intérieure du fauteuil *(d)* en piquant à 1,5 cm des bords. Crantez les réserves de coutures dans les courbes. Piquez la partie extérieure de l'accoudoir gauche sur le dossier. Ourlez les bords de la partie extérieure de l'accoudoir droit. Assemblez les côtés du siège aux accoudoirs *(fig. 4)*.

3 Endroit contre endroit, assemblez les deux pièces latérales du jupon à celle du devant *(l)*, puis le côté gauche du jupon dos au jupon droit (2). Ourlez les deux côtés libres. Sur les trois coins assemblés, superposez les encoches et les coutures afin de former des plis creux de 10 cm de largeur. À l'extrémité du jupon droit, faites un seul pli couché *(fig. 5)*. Épinglez les plis, puis piquez-les à 1,5 cm du haut.

4 Épinglez le bord supérieur du jupon autour de la housse, endroit contre endroit, en plaçant un pli à chaque angle du siège. Piquez à 1,5 cm du bord en renforçant les angles. Retournez sur l'endroit, puis marquez les plis au fer en vous servant des encoches du bas comme repères.

5 Enfilez la housse sur le fauteuil, vérifiez et rectifiez la hauteur du jupon, puis faites un ourlet de 6 cm à la base. Rabattez sur l'envers le surplus de tissu à l'extrémité du jupon, et repassez. Cousez les deux parties du bouton-pression de part et d'autre de l'ouverture, comme indiqué sur la figure 6.

fig. 3

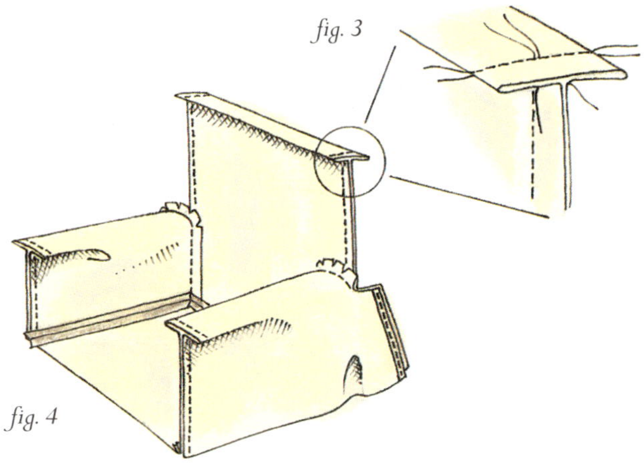

fig. 4

fig. 5

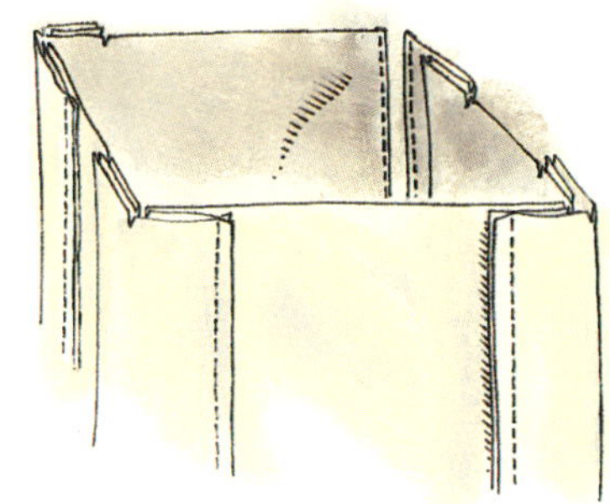

fig. 6

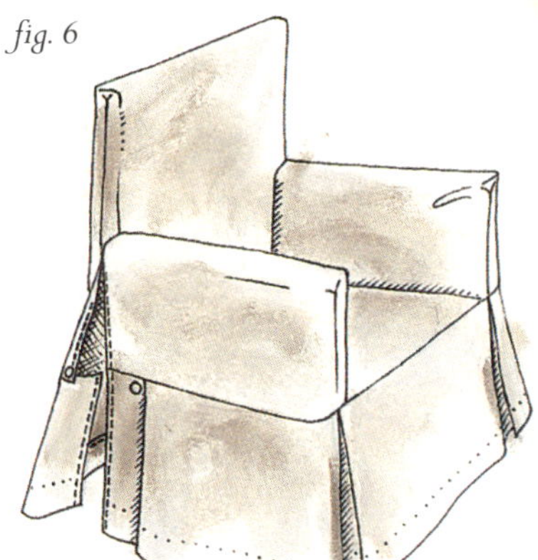

la housse à capuchon pour fauteuil de metteur en scène

La structure de cette version est plus simple (le jupon n'est pas réalisé séparément) mais le dos se termine par un grand capuchon orné d'un gland.

fournitures

Du tissu, du passepoil (longueur = 2 *k* + 2 *c* + longueur des bords du capuchon), un grand gland.

mesures et coupe *(fig. 1 page 174, et fig. 6)*

Coupez les pièces en suivant les indications du croquis. Les légers arrondis sur les côtés des pièces extérieure et intérieure du dossier permettent à la housse de s'ajuster à l'épaisseur des accoudoirs. Pour tracer les pièces intérieures du dossier et des accoudoirs, prenez les mesures sur les bords externes des accoudoirs du fauteuil. Ajoutez 1,5 cm autour de chaque pièce.

réalisation

1 Endroit contre endroit, assemblez le haut du siège à la base du dossier intérieur, puis les côtés *d* et *f* des accoudoirs intérieurs au dossier intérieur et au siège *(fig. 7)*.

2 Assemblez les accoudoirs extérieurs sur chaque côté du dossier extérieur, en superposant les arrondis. Pour former le capuchon, pliez le haut du dossier en deux, endroit contre endroit, épinglez puis piquez *(fig. 8)*. Procédez de la même manière en haut du dossier intérieur.

3 Piquez du passepoil (voir page 141) sur le périmètre de la housse intérieure, sauf à la base. Épinglez la housse intérieure sur la housse extérieure, endroit contre endroit, et piquez avec un pied-de-biche pour fermeture à glissière. Retournez sur l'endroit, puis repassez. Ourlez la base, et cousez le gland à la pointe du capuchon.

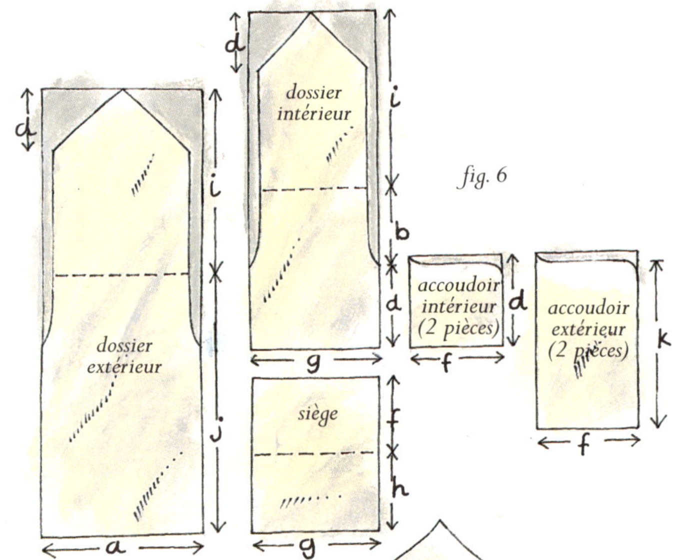

fig. 6

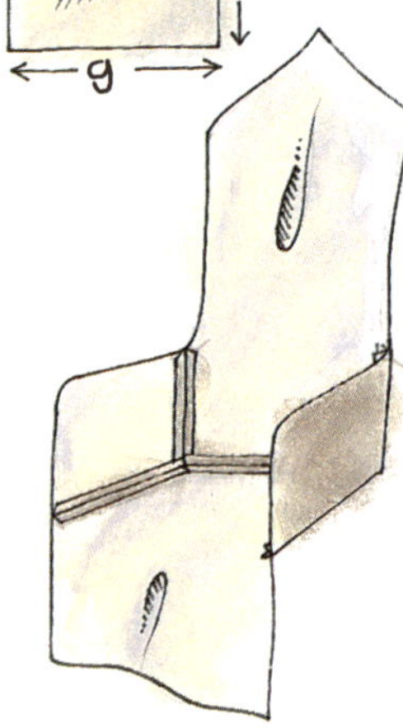

fig. 7

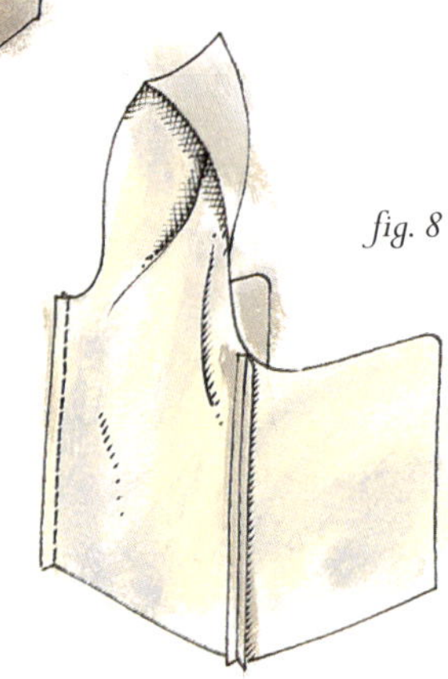

fig. 8

la housse de chauffeuse

Ce siège bas et sans accoudoirs donne une bonne occasion de s'initier à la confection de housses ajustées, destinées à des fauteuils rembourrés. Pour éviter que la housse ne se déforme à l'usage, il est nécessaire de prévoir du tissu supplémentaire (sous la forme d'un rempli) entre l'assise et le dossier .

fournitures

De la toile, une craie de tailleur, un stylo-feutre à l'eau, du tissu, du passepoil (longueur = *a* + 2 *h* + *f* + 15 cm), une fermeture à glissière de 30 cm de longueur.

mesures et coupe *(fig. 1 et 2)*

Coupez trois rectangles de toile pour les pièces principales en ajoutant 5 cm autour de chacune, et un rempli de 15 cm en haut du dossier intérieur et du haut du siège. Repérez chaque pièce.

Dossier intérieur : largeur = *a* ; hauteur = *b* + rempli.

Siège : largeur = *c* ; profondeur = *d* + rempli.

Volant : longueur = 2 e ; hauteur = *f*.

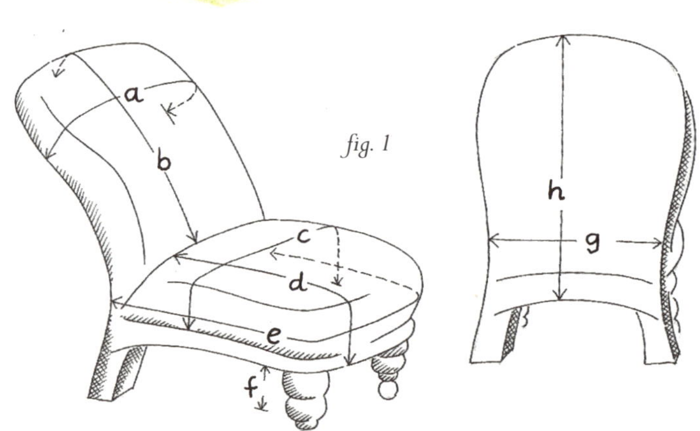

fig. 1

découpe de la toile

Moulez les rectangles de toile sur le fauteuil, en vous guidant sur les coutures du revêtement existant pour les épingler ensemble. Ces pièces vous serviront ensuite de patrons pour couper le tissu. Sur la figure 2, les zones plus foncées indiquent les surfaces à découper afin d'obtenir les formes définitives.

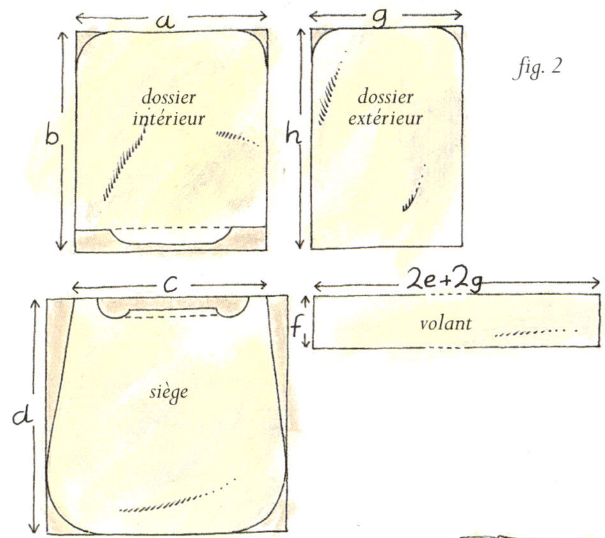

fig. 2

1 Tracez une ligne verticale sur le fauteuil pour marquer le milieu du siège et du dossier. Pour assurer la symétrie de la housse, pliez chaque pièce en deux dans le sens de la longueur, puis épinglez la pliure en haut et en bas. Veillez à toujours étaler le tissu bien à plat, et à travailler dans le droit-fil. Placez une épingle tous les 10 cm, perpendiculairement aux lignes de couture. Fixez la toile en l'épinglant à travers le rembourrage, puis assemblez-la à la pièce voisine, dans l'ordre suivant :

a Dossier intérieur : épinglez-le autour du dossier du fauteuil en faisant deux plis à chacun des coins supérieurs.

b Dossier extérieur : épinglez-le sur le dossier du fauteuil. En piquant perpendiculairement aux lignes de couture, épinglez ensemble les deux pièces du dossier en haut du fauteuil, puis sur chaque côté. Ramenez la réserve de couture à 2 cm *(fig. 3)*. Faites une encoche au milieu des côtés et de la base, puis repérez l'emplacement des plis.

c Siège : épinglez-le sur les côtés et le devant en faisant un pli creux inversé aux deux coins du devant de façon à résorber l'excédent de tissu. Épinglez-le aux deux pièces du dossier, aux endroits où ils doivent se rejoindre, en vous guidant sur les coutures du revêtement existant.

d Repliez le rempli situé à la base du dossier intérieur, puis épinglez-le au rempli du siège. Enfoncez les remplis entre le dossier et le siège, puis rectifiez si nécessaire afin d'obtenir un ajustement impeccable. Ramenez les réserves de couture à 2 cm *(fig. 4)*. Faites une encoche au milieu du devant et des côtés, et marquez l'emplacement des plis. Avant de séparer les pièces, tracez des lignes au stylo-feutre en suivant les épingles. Égalisez les réserves de couture, repassez, puis coupez le tissu à l'aide de ces patrons.

fig. 3

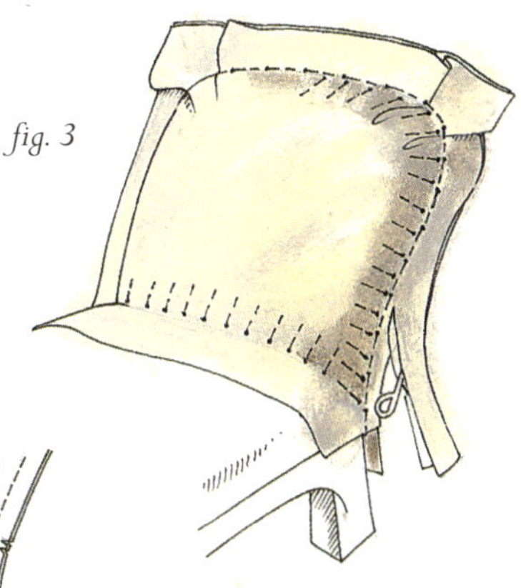

fig. 4

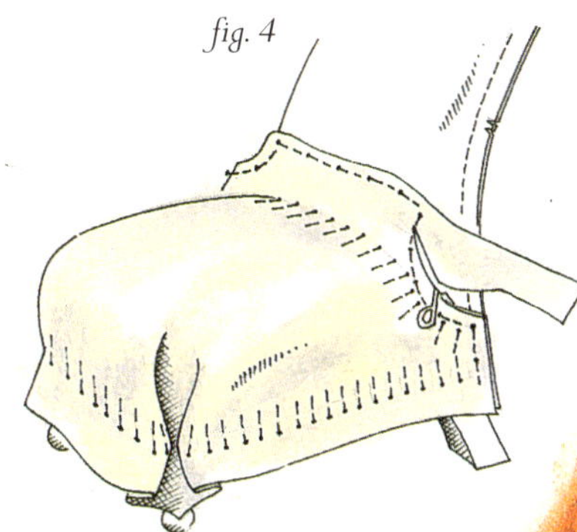

réalisation de la housse

2 Piquez les plis sur le devant du siège et en haut du dossier intérieur. Épinglez le haut du siège sur la base du dossier intérieur, endroit contre endroit, puis piquez.

3 Piquez du passepoil (voir page 141) sur les côtés et le haut du dossier extérieur. Endroit contre endroit, épinglez le dossier intérieur et les côtés du siège sur le dossier extérieur, puis piquez avec un pied-de-biche pour fermeture à glissière. Laissez une ouverture de 30 cm de longueur en bas de l'un des côtés, et montez-y la fermeture à glissière (voir page 144). Piquez le reste du passepoil sur le bord inférieur du siège.

4 Égalisez la base et les côtés du volant. Épinglez celui-ci sur le bas de la housse, en le façonnant en plis creux et réguliers, espacés de 5 cm, puis piquez avec un pied-de-biche pour fermeture à glissière. Crantez les réserves de couture le long des courbes, retournez sur l'endroit, et repassez.

la housse de fauteuil nouée dans le dos

Tous les fauteuils semblent différents, mais leur structure de base est semblable. Cette housse est composée de dix pièces. Les explications sont données pour une housse nouée dans le dos et dotée d'une base festonnée, mais on peut facilement l'adapter pour y monter une fermeture à glissière ou un volant rapporté.

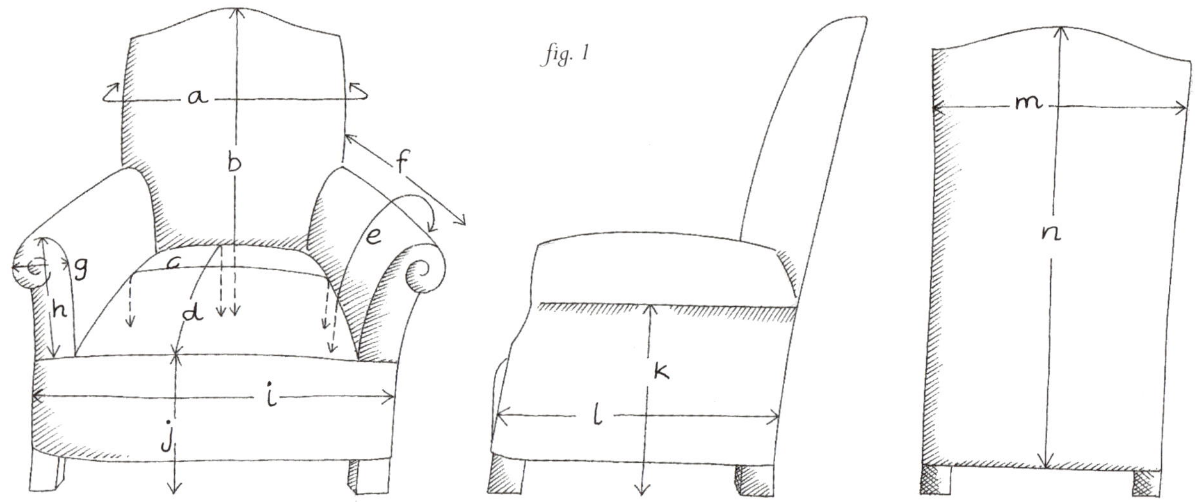

fig. 1

fournitures

De la toile, une craie de tailleur, un stylo-feutre à l'eau, du tissu, du passepoil (longueur = 2 *g* + 4 *h* + *i* + 2 *l* + 2 *n* + *m*).

mesures de la toile *(fig. 1 et 2)*

Coupez sept rectangles de toile en vous référant à la figure 2. Prenez les mesures au point le plus large de la partie concernée, et ajoutez 5 cm tout autour. Prévoyez 15 cm supplémentaires pour les remplis à la base du dossier et des accoudoirs intérieurs, ainsi que sur les deux côtés et l'arrière du siège.

découpe de la toile

En suivant les explications de la chauffeuse (page 176), épinglez les pièces de toile, puis découpez-les. Il suffit d'établir un seul patron pour les deux accoudoirs.

1 Dossier extérieur : épinglez-le à plat sur les quatre côtés du fauteuil en suivant la forme de celui-ci. Pour une housse nouée, vous le couperez verticalement en deux parties égales une fois la toile démontée, et vous ajouterez 5 cm de part et d'autre de cette découpe ; vous le laisserez d'un seul tenant pour une housse munie d'une fermeture à glissière

2 Dossier intérieur : épinglez-le en haut du dossier du fauteuil ainsi que sur les côtés, jusqu'aux accoudoirs. Façonnez des pinces aux deux coins supérieurs – s'ils sont carrés – ou des plis. Tout en préservant le rempli, découpez les extrémités du bord inférieur en arrondi, de manière que la toile suive la ligne d'intersection du dossier et des accoudoirs, puis finissez d'épingler les côtés. Égalisez et crantez le tissu. Épinglez les deux pièces du dossier ensemble sur le haut et les côtés, comme sur la chauffeuse.

fig. 2

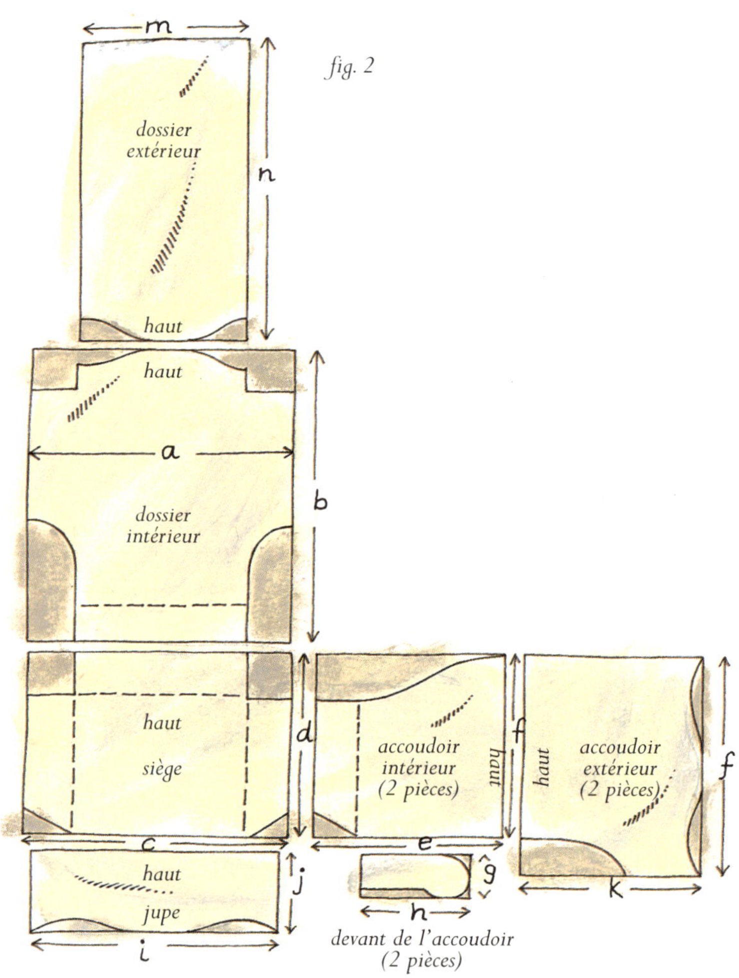

3 Siège : repliez provisoirement les remplis sur les côtés et l'arrière, et épinglez la toile aux quatre côtés du siège du fauteuil *(fig. 3)*.

4 Accoudoir intérieur : épinglez-le sur l'accoudoir droit du fauteuil, de façon que la réserve de couture du bord supérieur chevauche celui-ci en son point le plus large, et soit bord à bord avec la partie frontale. Épinglez-le, découpez-le en suivant l'arrondi du dossier intérieur, puis épinglez le rempli à celui du côté du siège. Découpez l'extrémité du rempli en triangle *(fig. 4)*.

5 Accoudoir extérieur : épinglez son bord supérieur à celui de l'accoudoir intérieur en veillant à ce que sa base reste parallèle au sol. Épinglez l'arrière au côté du fauteuil, puis à la base du dossier extérieur.

6 Siège : épinglez son bord arrière sur la base du dossier intérieur. Repliez les coins à l'intérieur, et résorbez le tissu excédentaire en façonnant deux pinces formant un pli creux inversé. Ramenez la réserve de couture à 2 cm. L'ensemble doit maintenant s'ajuster parfaitement à la forme du siège.

7 Devant de l'accoudoir : épinglez-le sur la partie frontale de l'accoudoir du fauteuil, en respectant le droit-fil, puis sur les deux autres pièces de l'accoudoir déjà en place *(fig. 5)*. Résorbez toute ampleur excédentaire ; si l'accoudoir est très arrondi, vous façonnerez quelques petites pinces dans le tissu définitif.

8 Jupe : pliez-la en deux, puis épinglez-la à la base du siège et des devants d'accoudoirs, ainsi que sur le côté de chaque accoudoir extérieur. Égalisez son bord inférieur de manière qu'il soit parallèle au sol.

fig. 3

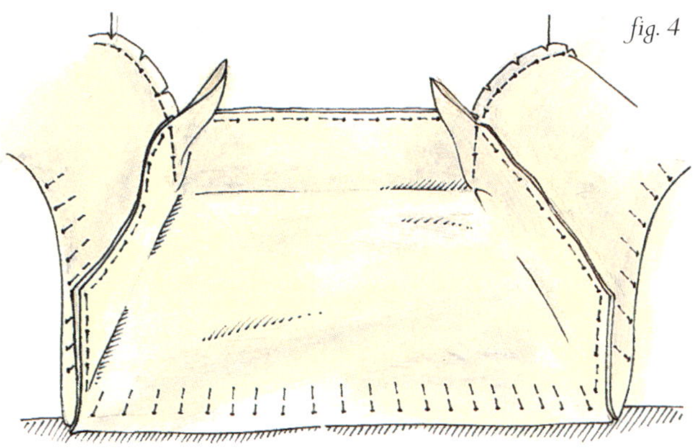
fig. 4

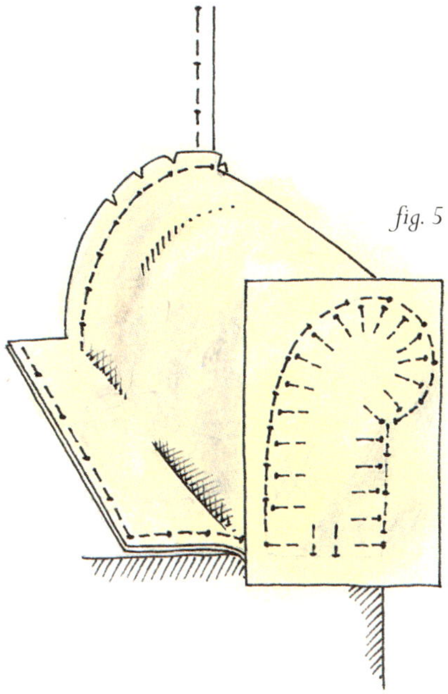
fig. 5

coupe du tissu

1 Ramenez les réserves de couture à 2 cm, puis faites deux ou trois séries d'encoches régulières sur les bords de chaque pièce, afin de pouvoir assembler celles-ci avec exactitude. Démontez la toile, et repassez-la.

2 Calculez la position des pièces sur le tissu avant de les couper. Si votre tissu comporte des motifs, placez-en un au milieu du siège et du dossier. Les dessins doivent toujours se trouver dans le même sens (c'est pour cela que les accoudoirs sont coupés en deux parties), et être raccordés de façon que chaque côté du fauteuil soit un miroir exact de l'autre.

3 Coupez les dix pièces principales en vous servant des morceaux de toile comme patrons, et en reportant les encoches. Coupez aussi huit liens de 8 x 50 cm, ainsi qu'une bande de 15 cm de hauteur et d'une longueur égale au périmètre du bord inférieur de la housse, pour confectionner la parementure festonnée. Comme vérification finale, disposez les pièces sur le fauteuil, l'endroit vers l'extérieur, puis assemblez-les en les épinglant dans le même ordre que celui que vous suivrez pour les coudre. Rectifiez-les si nécessaire.

réalisation de la housse

En ôtant les pièces du fauteuil au fur et à mesure, épinglez-les et assemblez-les, endroit contre endroit, en piquant à 2 cm des bords. Passepoilez les coutures (voir page 141) aux endroits indiqués.

1 Façonnez les coins supérieurs du dossier intérieur, puis assemblez la partie inférieure des côtés de celui-ci aux accoudoirs intérieurs en faisant une double piqûre le long des courbes afin de les renforcer.

2 Piquez du passepoil en haut des accoudoirs extérieurs, puis assemblez-les aux accoudoirs intérieurs. À chaque extrémité des coutures, coupez et enlevez la mèche sur 2 cm afin qu'elle ne gêne pas l'assemblage suivant. Piquez les coins du rempli du siège, puis piquez ce dernier sur les accoudoirs intérieurs *(fig. 6)*.

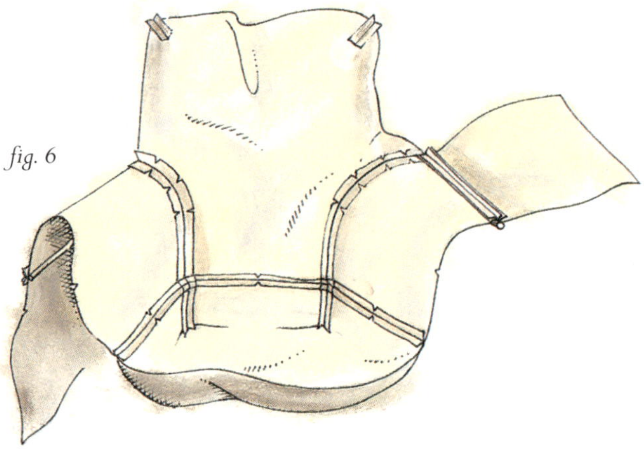

fig. 6

3 Piquez du passepoil autour des devants d'accoudoirs, sauf à la base, en coupant toujours les extrémités de la mèche, puis assemblez-les à la housse. Piquez du passepoil sur le bord supérieur de la jupe, et assemblez celle-ci au bord inférieur du siège et aux côtés des accoudoirs extérieurs.

4 Faites un ourlet double de 1 cm sur les côtés des deux pièces du dossier extérieur. Assemblez leur bord supérieur en faisant une couture à la main sur 3 cm, puis piquez du passepoil autour de l'ensemble, sauf à la base. Épinglez l'ensemble à la housse, puis piquez. Retournez sur l'endroit, et repassez. Confectionnez les liens (voir page 144), et cousez-les de part et d'autre de chaque ouverture, en les espaçant de 25 cm. Si le dossier est d'un seul tenant, laissez l'un des côtés de la housse ouvert sur les trois quarts de sa hauteur, et montez-y une fermeture à glissière.

5 Surfilez le bord supérieur de la parementure, et épinglez-la au bas de la housse, endroit contre endroit. Tracez des festons sur la garniture, sans approcher du bord inférieur à moins de 1 cm. Piquez sur ce tracé, puis ramenez la réserve de couture à 1 cm *(fig. 7)*. Crantez, retournez la parementure sur l'envers, et repassez.

fig. 7

variantes

Si l'avant du fauteuil dépasse des accoudoirs, tenez-en compte en coupant la pièce du siège plus grande. Un fauteuil pourvu d'une assise séparée nécessitera un rempli plus lâche, et la réalisation d'une housse structurée pour le coussin.
On procédera de la même manière pour confectionner une housse de canapé.
Il est également possible de monter un volant rapporté, avec une base droite ou festonnée, constitué d'une seule pièce, ou bien de quatre. Il convient alors que la base de la housse s'arrête en haut des pieds du fauteuil, et on pourra la passepoiler avant d'y fixer le volant *(fig. 8)*.

fig. 8

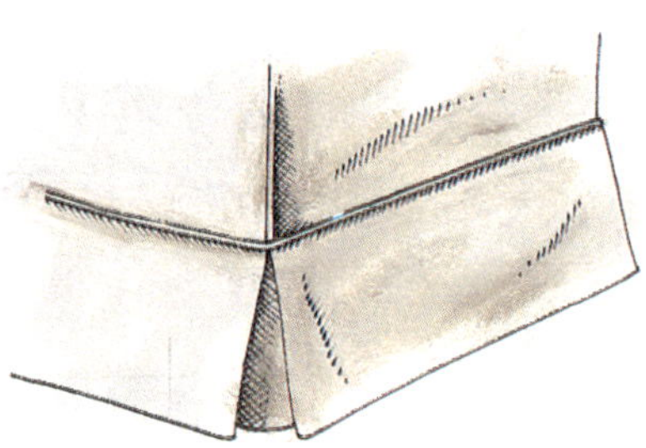

les repose-pieds

Sans être indispensable, un repose-pieds assorti à une housse de chaise est très décoratif. De plus sa réalisation permet d'employer intelligemment des chutes de tissu. En voici deux modèles, l'un confectionné dans un simple rectangle, l'autre orné d'un extravagant jupon froncé et bouillonné.

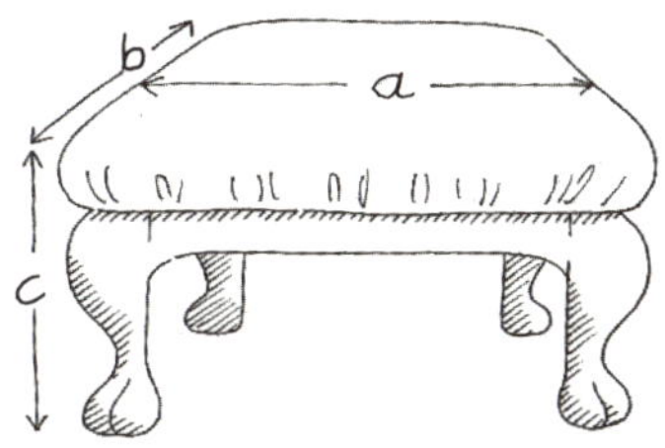

fig. 1

la housse ornée de rosettes

fournitures

Du tissu, une craie de tailleur, une soucoupe, 30 cm de ruban en 5 cm de largeur.

mesures et coupe *(fig. 1)*

Coupez un rectangle : largeur = *a* + 2 *c* ; longueur = *b* + 2 *c*.

Tracez un arrondi à chaque coin en vous servant de la soucoupe, puis découpez.

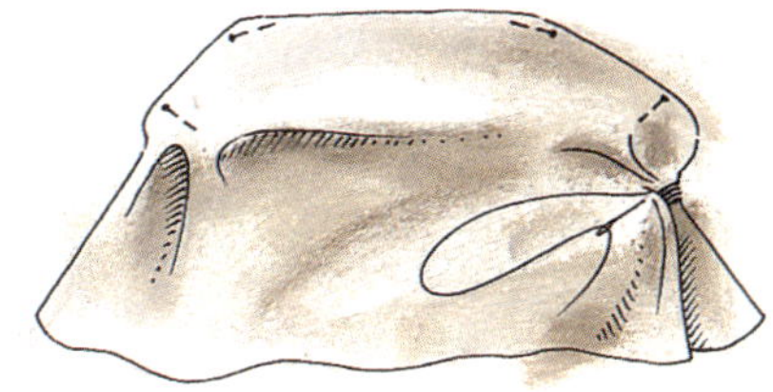
fig. 2

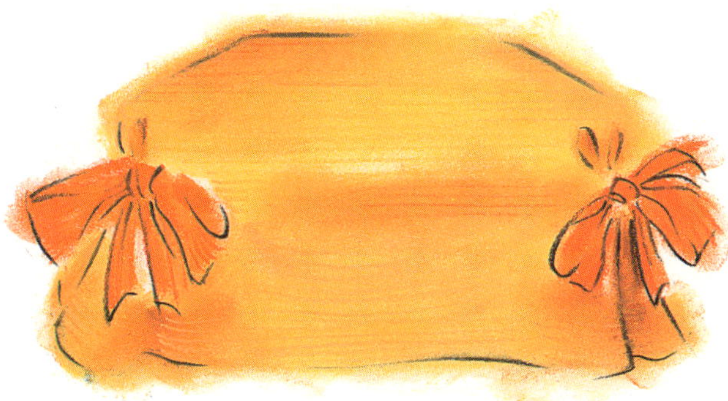

réalisation

1 Ourlez les bords sur 1 cm. Centrez le tissu sur le repose-pieds, puis épinglez-le aux quatre coins. Façonnez un pli sur chacun d'eux afin que la housse s'ajuste bien autour du dessus rembourré, et fixez-les par quelques points *(fig. 2)*.

2 Coupez le ruban en quatre parties égales. Coupez les extrémités en pointe, nouez-les en rosettes, puis cousez-les à chaque coin.

la housse bouillonnée

fournitures

Du tissu, du galon frangé en 5 cm de largeur (longueur = 3 *a* + 3 *b*), du fil cordonnet.

mesures et coupe *(fig. 1)*

Dessus : largeur = *a* ; longueur = *b*. Ajoutez 1,5 cm tout autour.

Jupon : longueur = 3 *a* + 3 *b* ; hauteur = 2 *c*. Ajoutez 1,5 cm tout autour.

fig. 3
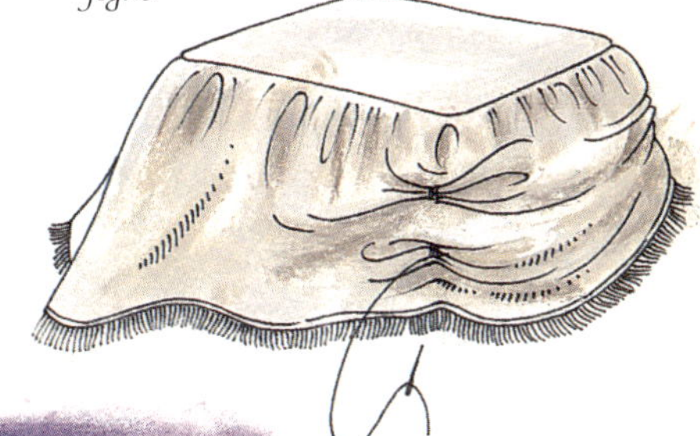

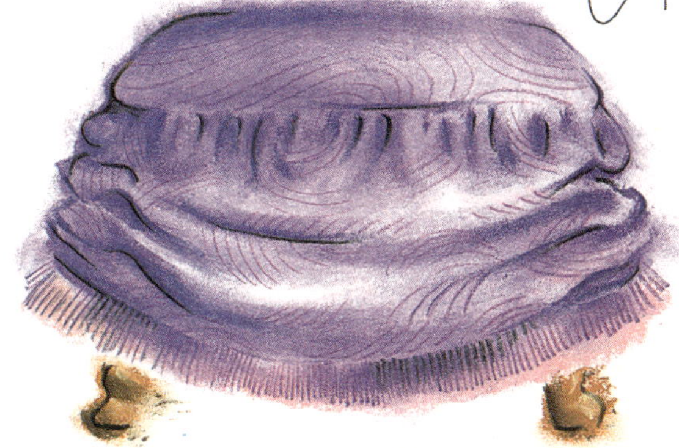

réalisation

1 Assemblez les deux petits côtés du jupon, endroit contre endroit, et ouvrez la couture au fer. Faites un ourlet double de 1 cm sur le bord inférieur. Cousez le galon frangé dessus. Passez un fil de fronces en zigzag (voir page 142) à 1,5 cm du bord supérieur, et tirez-le de façon à réduire d'un tiers la longueur du jupon.

2 Épinglez le jupon sur la pièce du dessus, endroit contre endroit, en répartissant les fronces régulièrement (voir page 142). Piquez à 1,5 cm du bord, puis crantez la réserve de couture afin d'obtenir des coins bien nets.

3 Pour réaliser l'effet bouillonné, faites deux plis espacés de 5 cm à chaque coin du jupon, et réunissez-les par quelques points discrets *(fig. 3)*. Si les pieds du siège sont décoratifs, raccourcissez le jupon de manière à les montrer.

les parures de lit

La réalisation de couvre-lit est facile et relativement rapide. Elle ne fait appel qu'aux techniques de base (coutures simples, ourlets et fronces), même si les dimensions de l'ouvrage sont assez importantes. Une nouvelle housse de couette en coton imprimé, ou un jeté de lit coupé dans un tissu plus lourd transformera instantanément votre chambre ; un cache-sommier coordonné complétera la décoration. Reportez-vous aux pages 155 à 158 pour la confection de taies d'oreillers et de housses de coussin assorties.

les jetés de lit

Les jetés de lit sont très commodes ; on peut en réaliser de toutes dimensions et dans presque n'importe quelle étoffe, du brocart à la fausse fourrure. Petits, on les drape sur le dossier d'un fauteuil ou d'un canapé ; plus grands, ils servent de couvertures pour les pique-niques ou de dessus-de-lit. Un jeté réversible ou doublé de tissu moletonné s'assemble en suivant la méthode expliquée page 143. Un modèle simple se confectionne comme la nappe rectangulaire de la page 184. On peut le border de galon frangé, de ganse, de passepoil ou d'un petit volant.

la housse de couette nouée

La structure de cette housse est la même que celle de la taie d'oreiller simple, page 155. Choisissez du tissu en grande largeur pour éviter les coutures.

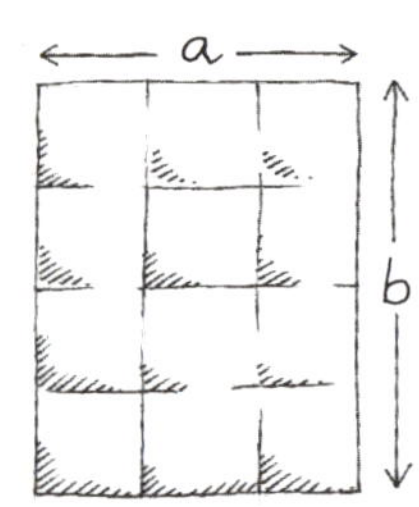

fig. 1

fig. 2

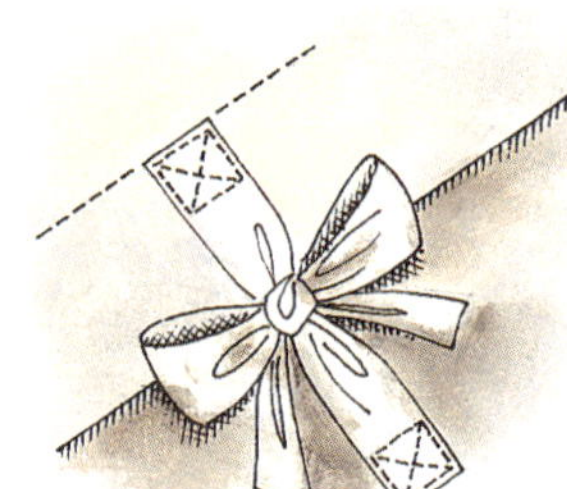

fig. 3

fournitures

Du tissu pour la housse, du tissu contrastant pour le rabat et les liens.

mesures et coupe *(fig. 1)*

Dessus : largeur = *a* + 3 cm ; longueur = *b* – 5 cm.
Dessous : largeur = *a* ; longueur = *b* ; ajoutez 2 cm tout autour.
Rabat : largeur = *a* + 3 cm ; longueur = 0,25 *b* + 10 cm.
Liens : coupez six bandes de 8 x 53 cm.

réalisation

1 Faites un ourlet double de 4 cm sur l'un des grands côtés du rabat. Endroit contre endroit, épinglez le côté opposé sur le bord inférieur du dessous, et piquez le long de la ligne de couture. Faites un ourlet double sur la base du dessus, puis assemblez le bord supérieur à celui du dessous, endroit contre endroit.

2 Épinglez les côtés du dessus sur ceux du dessous, le rabat étant placé entre les deux pièces *(fig. 2)*, puis assemblez-les en renforçant les coins avec une deuxième piqûre. Ramenez les réserves de couture à 1 cm, et surfilez-les au point zigzag. Retournez sur l'endroit, et repassez.

3 Mesurez la largeur du rabat, divisez-la par quatre, et placez trois épingles sur le bord libre pour marquer quatre parties égales. Confectionnez les liens (voir page 144). Cousez-en trois sur les emplacements des épingles, le long de la ligne de piqûre de l'ourlet, et trois autres sur le dessus de la housse *(fig. 3)*.

les cache-sommier

Il est plus économique de couper le panneau central dans de la doublure, puis d'assembler le tissu principal de part et d'autre. Vous pouvez passepoiler les coutures entre le volant et le plateau du cache-sommier.

fig. 4

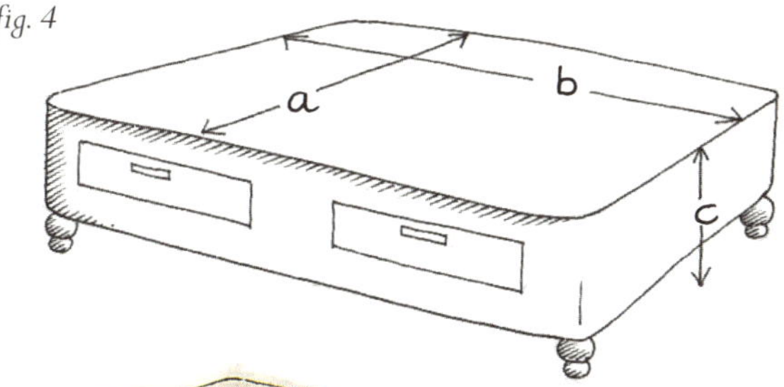

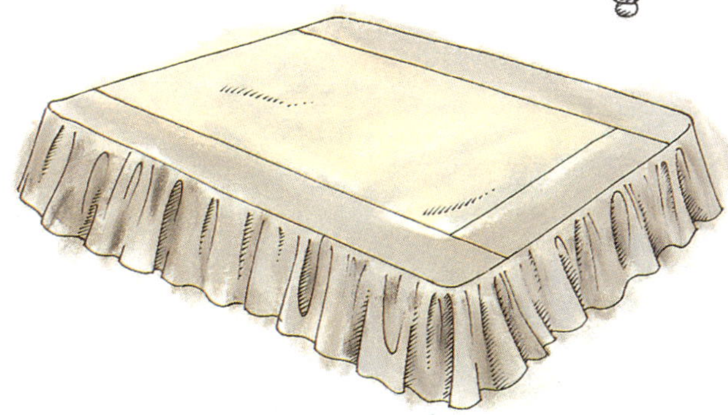

le cache-sommier froncé

fournitures

Du tissu pour le volant (et les panneaux latéraux du plateau, éventuellement), de la doublure pour le plateau.

mesures et coupe (fig. 4) (Ajoutez 1,5 cm autour de chaque pièce.)

Plateau d'un seul tenant : largeur = *a* + 3 cm ; longueur = *b* + 4,5 cm.

Si nécessaire, arrondissez les coins de manière à les ajuster à la forme du lit.

Plateau en quatre parties :

Panneau central (doublure) : largeur = *a* – 30 cm ; longueur = *b* – 15 cm.

Panneaux latéraux (tissu) : une bande pour le bas (largeur 15 cm ; longueur = *a* – 30 cm), et deux bandes pour les côtés (largeur = 15 cm ; longueur = *b*).

Volant : longueur = 2 *a* + 4 *b* ; hauteur = 2 *c*.

réalisation

1 Assemblez la bande du bas sur le bord inférieur du panneau central, endroit contre endroit. Piquez les bandes des côtés de part et d'autre du panneau central. Faites un ourlet double de 1 cm sur le bord supérieur de l'ensemble.

2 Pliez le volant en deux dans le sens de la longueur, et piquez les deux petits côtés. Biaisez les angles, retournez sur l'endroit, puis repassez. Fixez le volant aux trois côtés non ourlés du plateau (voir page 142, *fig. 5*).

le cache-sommier plissé

fournitures

Du tissu pour le volant (et les panneaux latéraux du plateau, éventuellement), de la doublure pour le plateau, du tissu contrastant pour les incrustations.

mesures et coupe (Ajoutez 1,5 cm autour de chaque pièce.)

Plateau : comme pour le cache-sommier froncé.

Volants latéraux (deux pièces) : longueur = 1,35 *b* ; hauteur = *c*.

Volant frontal : longueur = 1,35 *a* ; hauteur = *c*.

Incrustations des coins (deux pièces) : largeur = 20 cm ; hauteur = *c*.

réalisation

1 Réalisez le plateau comme pour le cache-sommier froncé. Endroit contre endroit, assemblez les trois morceaux du volant en plaçant une pièce d'incrustation de part et d'autre du volant frontal. Faites un ourlet double de 7 cm sur les deux côtés et à la base de l'ensemble.

2 Sur les deux pièces d'incrustation, encochez la réserve de couture au milieu du bord supérieur. Repliez le tissu du volant sur ces repères de façon à former un pli creux. Épinglez les extrémités du volant aux coins supérieurs du plateau, et le centre aux coins inférieurs. Épinglez le reste du volant en le façonnant en plis creux de 10 cm de largeur, espacés de 15 cm (*fig. 5*), puis piquez à 1,5 cm du bord.

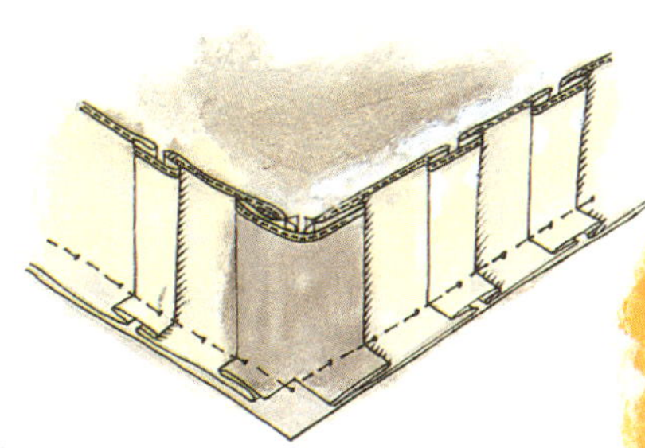

fig. 5

le linge de table

Une nappe, ou même une parure de table complète, est un ouvrage à la portée des débutants, mais qui produit un effet visuel immédiat. Dans une chambre, on coiffera une nappe ronde tombant jusqu'au sol d'un carré de tissu contrasté ; une table, recouverte d'une étoffe unie puis habillée d'une garniture à fleurs sera le point de mire d'un buffet de fête. Pour confectionner des nappes de grandes dimensions, voyez page 143 la manière d'assembler des laizes de tissu.

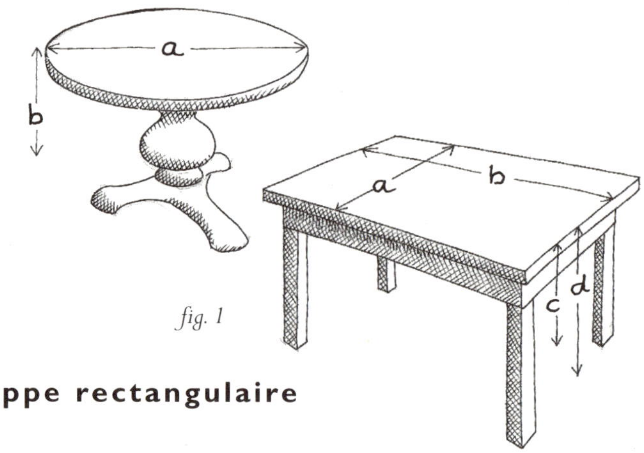

fig. 1

les nappes

Pour déterminer la longueur d'une nappe, pensez à l'usage auquel vous la destinez. Une garniture décorative pourra tomber jusqu'au sol, mais une nappe de cuisine ne devra pas descendre plus bas que l'assise des chaises disposées autour de la table. On peut ajouter une bordure décorative sur l'ourlet d'une nappe.

fig. 2

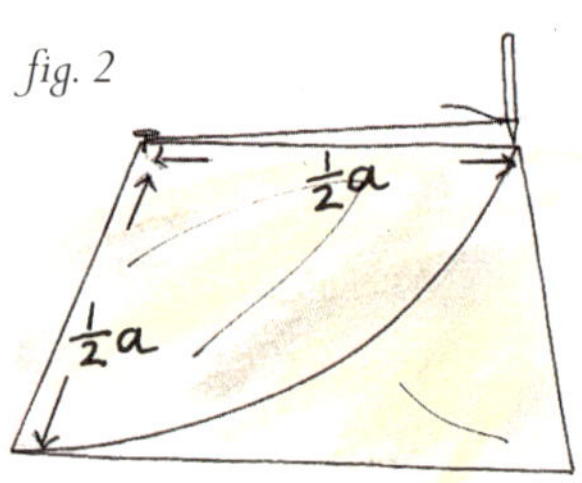

la nappe ronde

fournitures

Du tissu, du papier, un crayon, de la ficelle, une punaise.

réalisation du patron (fig. 1 et 2)

Sur le papier, tracez un carré avec des côtés égaux au rayon de la nappe, soit 0,5 (*a* + *b*), ajoutez 1,5 cm autour, et découpez. Nouez la ficelle sous la pointe du crayon. Punaisez l'autre extrémité à un coin du papier, de façon que la ficelle soit de la même longueur que le côté du carré. Avec la ficelle tendue et le crayon droit, tracez un quart de cercle, puis découpez-le.

mesures et coupe

Coupez un carré de tissu avec des côtés égaux à *a* + 2 *b*. Pliez-le en quatre, et épinglez le patron par-dessus, en superposant l'angle du papier sur le coin plié du tissu. Découpez en suivant la courbe.

réalisation

Faites une piqûre de soutien à 1,5 cm du bord. Rabattez la réserve de couture sur l'envers en pliant le long de la piqûre, repassez-la, puis repliez-la de moitié sur elle-même. Cousez l'ourlet à la main ou à la machine.

la nappe rectangulaire

fournitures

Du tissu.

mesures et coupe (fig. 1)

Largeur = *a* + 2 *c* ; longueur = *b* + 2 *c* ou 2 *d* ; ajoutez 5 cm tout autour.

réalisation

Autour du tissu, rabattez sur l'envers un premier rentré de 2 cm, puis un second de 3 cm. Façonnez un onglet à chaque coin (voir page 140). Faites un ourlet.

la nappe à plateau pour buffet

fournitures

Du tissu.

mesures et coupe (fig. 1)

Plateau : largeur = *a* ; longueur = *b* ; ajoutez 1,5 cm tout autour.

Jupon : longueur = 3 *a* + 3 *b* + 3 cm ; hauteur = *d* + 6 cm.

Rosettes : partie principale, largeur = 35 cm ; hauteur = 25 cm.
partie centrale : largeur = 15 cm ; hauteur = 20 cm.
pans (deux pièces) : largeur = 24 cm ; hauteur = *c* ;
ajoutez 1 cm tout autour.

Confectionnez-en quatre.

réalisation

Assemblez les deux petits côtés du jupon, endroit contre endroit, puis faites un ourlet double de 2 cm à la base. Fixez le jupon au plateau en suivant les explications de la page 142 pour répartir les fronces. Confectionnez les rosettes comme cela est expliqué page 144, et fixez-en solidement une à chaque coin.

la serviette de table

Une serviette de table simple est un carré de tissu de 50 cm de côté, avec un ourlet double de 1,5 cm tout autour. Façonnez les coins en onglets si vous le souhaitez.

le set de table matelassé

Des sets de table complètent bien une parure de table tout en protégeant les surfaces cirées. Leur réalisation pemet d'utiliser les chutes de tissu d'une nappe.

fournitures

Du tissu, de la ouatine polyester, de la doublure, une règle, une craie.

mesures et coupe

Dessus, coupez dans le tissu : largeur = 40 cm ; longueur = 30 cm.
Dessous : coupez une pièce de doublure aux dimensions du dessus.
Rembourrage : coupez une pièce de ouatine aux dimensions du dessous.
Bordure, coupez une bande de biais : largeur = 5 cm ; longueur = 140 cm.

réalisation

1 Avec la craie, tracez deux diagonales sur l'endroit du devant, d'un coin à un autre. Tracez des lignes parallèles espacées de 5 cm afin de recouvrir toute la pièce d'un quadrillage *(fig. 3)*.

2 Placez la ouatine entre le dessus et le dessous, l'endroit de ces deux pièces étant tourné vers l'extérieur. Bâtissez d'un coin à l'autre, puis sur le pourtour, sans trop aplatir les différentes épaisseurs de tissu. Bâtissez des lignes parallèles aux grands côtés, espacées d'environ 10 cm.

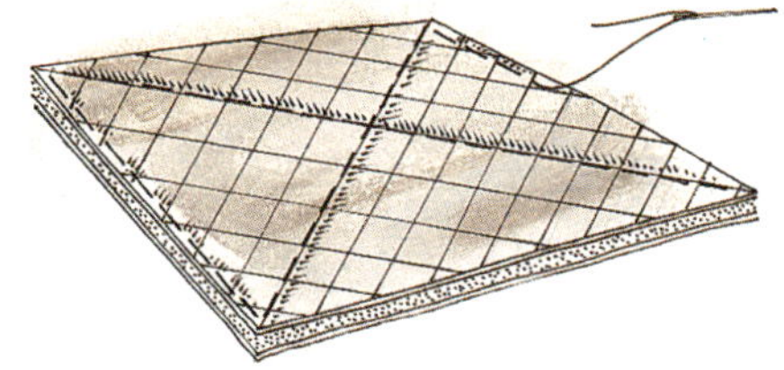

fig. 3

3 Piquez sur les lignes tracées à la craie, ôtez les fils de bâti, puis arrondissez les coins du set de table. Posez le biais sur le pourtour (voir page 141).

l'étui à couverts

Cet étui roulé est un accessoire idéal pour les pique-niques.

fournitures

Du tissu pour l'extérieur et la poche, du tissu contrastant pour l'intérieur, 90 cm de ruban en 7 cm de largeur.

mesures et coupe

Extérieur : largeur = 50 cm ; longueur = 36 cm.
Intérieur : comme l'extérieur mais dans le tissu contrastant.
Poche : largeur = 30 cm ; longueur = 20 cm.

fig. 4

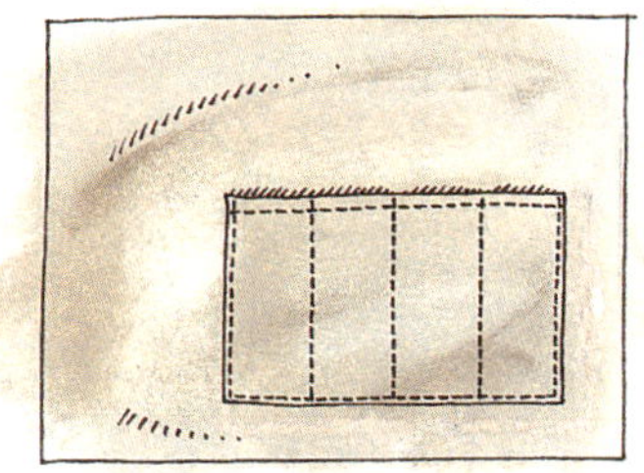

réalisation

1 Épinglez les deux pièces principales l'une sur l'autre, endroit contre endroit. Piquez à 1 cm des bords en laissant une ouverture de 10 cm sur l'un des côtés. Retournez sur l'endroit, fermez à points coulés, puis repassez.

2 Faites un ourlet double de 1 cm sur le bord supérieur de la poche. Rabattez les trois autres côtés de 1 cm sur l'envers, et repassez-les. Épinglez la poche sur l'intérieur de l'étui, dans le coin inférieur droit, à 5 cm des bords. Piquez les trois côtés repliés à 3 mm des bords. Divisez la poche en quatre parties égales en réalisant des surpiqûres verticales *(fig. 4)*.

3 Biaisez les extrémités du ruban, et pliez-le en deux. Fixez-le sur l'extérieur en commençant la piqûre à 10 cm du bord droit, et en l'arrêtant aux deux tiers de l'étui.

Adresses

Royaume-Uni

Je voudrais dire un grand merci à toutes les sociétés qui m'ont généreusement fourni des étoffes merveilleuses, qui m'ont prêté des meubles et des accessoires splendides, et dont les produits sont d'un très haut niveau de qualité. Il est clair que, sans l'aide et la confiance qu'elles m'ont témoigné, ce livre, ses modèles et ses photographies n'auraient pu voir le jour. Voici leurs noms et adresses.

PRINTEMPS La renaissance

Antiques & Things, 91 Eccles Road, Londres SW11 1LX, 0171 350 0597. Meubles et objets français anciens. Pages 10, 24, 26, 34, 35, 36.

Celia Birtwell
71 Westbourne Park Road, Londres W2 5QH, 0171 221 0877. Tissus d'ameublement originaux (soie, lin, coton et voile). Page 10.

Christopher Moore Textiles, disponibles chez Lee Jofa, 0171 351 7760. Reproduction de motifs anciens sur toiles de Jouy et papiers peints. Pages 24, 35, 36.

Ciel Decor, 187 New Kings Road, Londres NW6 4SU, 0171 731 0444. Cotons imprimés provençaux. Pages 19, 20, 21, 22.

Colefax and Fowler, 110 Fulham Road, Londres SW3 6RL, 0171 244 7427. Vente aux distributeurs : 0181 874 6484. Pages 19, 21, 22, 23.

Designs Archives,
The Decorative Fabrics Gallery,
278-280 Brompton Road,
Londres SW3 2AS, 0171 589 4778.
Vente aux distributeurs : 0120 275 3248. FR Street. Vente par correspondance : 01268 766677. Tissus naturels : toiles, coutil, mousseline. Page 33.

Hodsoll McKenzie, 52 Pimlico Road, Londres SW1W 8LP, 0171 730 2877. Un grand choix d'étoffes tissées ou imprimées. Page 18.

J & M Davidson, 62 Ledbury Road, Londres W11 2AJ, 0171 243 2089. Tissus et linge de lit d'inspiration française. Pages 10, 35.

Jane Churchill, 151 Sloane Street, Londres SW10 9B2, 0171 730 9847. Vente aux distributeurs : 0181 874 6484. Passementerie diverse au fil des pages.

Judy Greenwood Antiques, 657 Fulham Road, Londres SW6 5PY, 0171 736 6037. Meubles peints anciens français, accessoires, linge de maison. Pages 24, 34.

Lewis & Wood. Vente aux distributeurs : 0181 748 6681. Cotonnades rayées et fleuries. Page 24.

Liberty Furnishings, chez Osborne & Little. Vente aux distributeurs : 0181 675 2255. Pages 24, 30, 32.

Lillemor Jakobsson, 35 Walcot Street, Bath BA1 5BN, 0122 548 0660. Tapissier, meubles et objets anciens suédois, tissus contemporains. Pages 19, 20, 21, 22, 24, 30, 32.

Marvic Textiles
Vente aux distributeurs : 0181 993 0191. Pages 26, 27, 35, 40, 41.

Marylin Garrow, 6 The Broadway, White Hart Lane, Barnes, Londres SW13 ONY, 0181 392 1655. Tissus et objets anciens. Pages 24, 34.

McKinney & Co, 1 Wandon Road, Londres SW6 2JF, 0171 384 1377. Barres et accessoires à rideaux, anciens et contemporains. Pages 26, 30.

Nina Campbell, chez Osborne & Little, 0181 675 2255. Passementerie diverse au fil des pages.

Nobilis-Fontan
Vente aux distributeurs : 0171 351 7878. Magnifiques étoffes françaises, tissées ou imprimées. Pages 18, 24.

Osborne & Little
Vente aux distributeurs : 0181 675 2255. Page 18 et au fil des pages.

Percheron
Vente aux distributeurs : 0171 580 5156. Pages 24, 32.

Pierre Frey
Vente aux distributeurs : 0171 376 5599. Étoffes françaises, tissées ou imprimées (coton, lin, voilages, soie et velours). Pages 24, 33, 40.

Shelfstore (étagères à habiller)
Vente aux distributeurs : 0171 794 0313. Pages 26, 27.

Sue Holley, chez Susannah, 142-144 Walcot Street, Bath, BA1 5BL, 0122 544 5069. Tissus et objets anciens. Pages 30, 32.

Sue Ralston Designs, 0181 940 7756. Pages 34, 35, 36, 37, 40, 41.

The Blue Door, 77 Church Road, Londres SW13 9HH, 0181 748 9785. Meubles, objets et tissus, français et suédois, anciens ou de style. Pages 24, 33.

The Natural Fabric Company, Wessex Place, 127 High Street, Hungerford, Berkshire, RG17 ODL, 0148 868 4002. Tissus naturels (carreaux, rayures et toiles imprimées). Pages 23, 31, 35, 37.

Titley & Marr. Vente aux distributeurs : 0173 089 4351. Tissus fleuris, étoffes tissées ou imprimées. Pages 19, 21, 24, 25, 30, 31, 34, 35, 37, 41.

Turnell and Gigon
Vente aux distributeurs : 0171 351 5142. Un grand choix de superbes tissus classiques. Pages 18, 19 24, 25.

Valerie Howard, 2 Campden Street, Londres W8 7EP, 0171 792 9702. Porcelaine, faïences, objets anciens français. Pages 11, 12, 13, 34, 35, 40, 41.

VV Rouleaux, 10 Symons Street, Londres SW3 2TJ, 0171 730 3125. Rubans et passementerie diverse, au fil des pages.

Wemys Houles
Vente aux distributeurs : 0171 255 3305. Passementerie diverse au fil des pages.

Wendy Cushing, Unit G7 Chelsea Harbour Design Centre, Londres SW10 OXE, 0171 351 5796. Passementerie diverse au fil des pages.

ÉTÉ La lumière

Antiques & Things (voir ci-contre). Pages 42, 76.

Bennison Fabrics, 16 Holbein Place, Londres SW1 W8NL, 0171 730 8076. Tissus en coton et en lin, d'après documents anciens. Pages 52, 53.

Chelsea Textiles, 7 Walton Street, Londres SW3 2JQ, 0171 584 0111. Magnifiques tissus brodés. Page 76.

Colefax & Fowler (voir page 186).
Pages 58, 59.

Design Archives (voir page 186).
Page 61.

Cover Up Designs of Kingsclere,
0163 529 7981. Page 52.

Designers Guild
267/271 & 275/277 Kings Road,
Londres SW3 5EN, 0171 243 7300.
Tissus et accessoires contemporains.
Pages 64, 66, 67, 68, 69, 76, 78.

De Le Cuona Designs
1 Trinity Place, Windso,
Berkshire, SL4 3AP, 0175 383 0301.
Tissus artisanaux, lin, soie, motifs cachemire, accessoires. Pages 42, 43.

Ian Mankin, 109 Regents Park Road,
Londres NW1 9UR, 0171 722 0997 ;
271 Wandsworth Bridge Road,
Londres W6 2TX, 0171 371 8825.
Tissus naturels à carreaux et à rayures.
Pages 64, 67.

Liberty, 210/220 Regent Street,
Londres WIR 6AH, 0171 734 1234.
Pages 72, 73.

Liberty Furnishings,
chez Osborne & Little (voir page 186).
Pages 52, 60, 62, 63, 72, 73.

Malabar Cotton Company
Vente aux distributeurs : 0171 501 4200.
Tissus indiens de soie ou de coton aux coloris naturels et éclatants. Page 42.

Mulberry, New Bond Street,
Londres WIY 9HB
Vente aux distributeurs : 0174 934 0594.
Pages 50, 51.

Old Town. Vente par correspondance :
0160 362 8100.
Linge de lit en vichy. Pages 76, 78.

Ralph Lauren. Vente aux distributeurs :
0171 229 1000. Pages 64, 65.

Sanderson. Vente aux distributeurs :
0171 584 3344. Pages 54, 62.

Sue Holley, chez Susannah
(voir page 186). Pages 48, 50, 51, 60, 61.

The Conran Shop, Michelin House,
81 Fulham Road, Londres SW3 6RD,
0171 589 7401. Le meilleur de la décoration contemporaine pour intérieurs et jardins. Pages 42, 63, 74, 75.

The Iron Bed Company,
0124 357 4049. Pages 72, 76.

The Sofa Workshop
Vente aux distributeurs : 0179 834 3400.
Canapés de toutes sortes. Page 75.

The White Company. Vente par correspondance : 0171 385 7988.
Linge de maison. Page 72.

VV Rouleaux (voir page 186).
Passementerie diverse au fil des pages.

Automne La flamboyance

Anta Fearn, Tain, Ross-Shire IV20 1TL,
Écosse, 0186 283 2477 ;
The High Street, The Royal Mall,
Édimbourg EH1 1TB, 0131 577 8300.
Pages 79, 80, 84, 85, 86, 87, 88, 89, 92, 93, 94, 95, 98, 102, 103.

Brora, 344 Kings Road,
Londres SW3 5UR, 0171 352 3697.
Lainages, écossais et tweeds superbes.
Accessoires et tissus. Pages 96, 97, 99.

Christine Anderson, Unit 6&7,
The Estate Yard Pandy Road,
Llanbrynmair Powys SY19 7DU,
0165 052 1596. Tissus d'ameublement.
Pages 91, 102, 103.

Mulberry (voir ci-contre). Page 97.

Nina Campbell, chez Osborne & Little
(voir page 186).
Pages 84, 90, 98, 99.

Tate & Style, Bray Studio, Back Road,
Stromness Orkney KW16 3AW,
Écosse, 0185 685 1186.
Tissus d'ameublement originaux en feutrine, en laine, en mohair et ornés d'applications. Pages 84, 94.

Designers Guild (voir ci-contre).
Pages 97, 99.

The Isle Mill, 12 West Moulin Road,
Pitlochry PH16 5AF, Écosse,
0179 647 2390. Page 100.

The Loose Cover Company
8 Abercromby Avenue, High Wycombe,
Buckinghamshire, HP12 3AX,
0149 447 1226. Pages 96, 100.

Thomas Dare, 341 Kings Road,
Londres SW3 5ES, 0171 351 7991.
Page 101.

Titley & Marr (voir page 186).
Pages 78, 90, 91, 100.

VV Rouleaux (voir page 186).
Passementerie diverse au fil des pages.

Hiver L'éclat

Antiques & Things (voir page 186).
Pages 120, 121, 122.

Bonpoint, 35b Sloane Street,
Londres SWIX 9LP, 0171 235 1441
Ravissants vêtements français pour enfants. Page 127.

Calver & Wilson, 0171 724 6771.
Tissus de velours et de soie, foulards, accessoires. Pages 126, 127.

Christopher Moore (voir page 186).
Pages 118, 120, 132.

Cover Up Designs (voir ci-contre).
Pages 136, 137.

De Le Cuona Designs (voir ci-contre).
Soieries et lainages aux motifs cachemire ; soie, lin et coton. Page 125.

Design Archives (voir page 186).
Pages 113, 120, 122, 125.

Designers Guild (voir ci-contre).
Pages 107, 113, 114, 136, 137.

Gainsborough Silks.
Vente aux distributeurs : 0178 737 2081.
Pages 113, 122, 123, 125.

GP & J Baker
Vente aux distributeurs : 0149 446 7467.
Aussi à The Decorative Fabrics Gallery,
278-280 Brompton Road,
Londres SW3 2AS, 0171 589 4778.
Pages 113, 122, 123, 124.

JAB
Anstoetz, 0171 349 9323.
Page 123.

J & M Davidson (voir page 186).
Pages 121, 132.

Joss Graham Oriental Textiles
10 Eccleston Street,
Londres SW1W 9LT, 0171 730 4370.
Boutique spécialisée dans les tissus décoratifs, la céramique, la bijouterie et les vêtements. Page 112.

Judy Greenwood (voir page 186).
Pages 122, 123.

Liberty (voir page 186).
Page 118.

Malabar (voir ci-contre).
Pages 106, 113, 120, 121, 122.

Mulberry (voir page 187).
Pages 122, 124, 125, 130, 131, 134, 135.

Neisha Crosland
Vente aux distributeurs : 0171 978 4389.
Meubles et accessoires contemporains en velours. Pages 136, 137.

Nina Campbell, chez Osborne & Little (voir page 186).
Passementerie. Page 120.

Nobilis-Fontan (voir page 186).
Pages 107, 113, 122, 126, 127, 136, 137.

Osborne & Little (voir page 186).
Pages 112, 115, 119.

Pierre Frey (voir page 186).
Page 132.

Shades of Choice, 0127 537 3025.
Abat-jour sur mesure.
Page 125.

Stroheim & Romann, chez JAB Anstoetz, 0171 349 9323. Page 120.

Valerie Howard (voir page 186).
Pages 113, 118, 119.

VV Rouleaux (voir page 186).
Pages 112, 113, 118, 119.
Passementerie diverse au fil des pages.

Warner Fabrics, 0171 376 7578.
Tissus classiques (damassés, tissés, imprimés). Page 118.

Warris Vianni, 85 Golborne Road, Londres W10 5NL, 0181 964 0069.
Magnifiques tissus indiens. Page 112.

Wemyss Houles (voir page 186).
Passementerie diverse au fil des pages.

Wendy Cushing Trimming (voir page 186).
Passementerie diverse au fil des pages.

France

Tissus et accessoires

Besson
32, rue Bonaparte
75006 Paris
Tél. 01 40 51 89 64

Bonpoint
146, rue de Courcelles
75017 Paris
Tél. 01 46 22 25 09

Bouchara
- 54, bd Haussmann, 75009 Paris
  Tél. 01 42 80 66 95
- 68, rue Marjolin
  92300 Levallois-Perret
  Tél. 01 45 19 10 10

Colefax & Fowler
19, rue du Mail, 75002 Paris
Tél. 01 40 41 97 12

Comoglio
22, rue Jacob
75006 Paris
Tél. 01 43 54 65 86

Conran Shop
117, rue du Bac
75007 Paris
Tél. 01 42 84 10 01

Designer's Guild
10, rue Saint-Nicolas
75012 Paris
Tél. 01 44 67 80 70

Les Dominotiers
4, avenue du Maine
75015 Paris
Tél. 01 45 49 85 80

Étamine
63, rue du Bac
75007 Paris
Tél. 01 42 22 03 16

Laura Ashley
- 94, rue de Rennes
  75006 Paris
  Tél. 01 45 48 43 89
- 95, avenue Raymond-Poincaré
  75116 Paris
  Tél. 01 45 01 24 73
- 261, rue Saint-Honoré
  75001 Paris
  Tél. 01 42 86 84 13

Manuel Canovas
- 5 et 7, rue de Furstemberg
  75006 Paris
  Tél. 01 43 25 75 98
- 30, avenue Georges-V
  75008 Paris
  Tél. 49 52 00 36
- 125, rue de la Faisanderie
  75016 Paris
  Tél. 01 45 03 72 00

Mokuba
18, rue Montmartre
75001 Paris
Tél. 01 40 13 81 41

Nobilis
29, rue Bonaparte
75006 Paris
Tél. 01 43 29 21 50

Pierre Frey
- 47, rue des Petits-Champss
  75001 Paris
  Tél. 01 44 77 36 00
- 5, rue Jacob
  75006 Paris
  Tél. 01 46 33 73 00

Ralph Lauren
2 place de la Madeleine
75008 Paris
Tél. 01 44 77 53 50

Sanderson & Sons
104, avenue Aristide-Briand
93152 Blanc-Mesnil Cedex
Tél. 01 48 67 78 53

Souleiado
78, rue de Seine
75006 Paris
Tél. 01 43 54 62 25

Zuber & Cie
5, bd des Filles-du-Calvaire
75003 Paris
Tél. 01 42 77 95 91

Fournitures pour l'artisanat

Rougier et Plé
- 13-15, boulevard des Filles-du-Calvaire
  75003 Paris
  Tél. 01 42 72 82 91
- Rue Jean-Jaurès
  ZAC des Clotais
  91160 Champlan
- Longjumeau-Champlan
  Accès unique : côté gare SNCF de Longjumeau
  Tél. 01 64 48 92 92
- Vente par correspondance :
  BP 492
  91164 Longjumeau Cedex
  Tél. 01 64 54 70 00
- 34, avenue des Champs-Pierreux
  92000 Nanterre
  Tél. 01 47 24 24 40
- Route de Camp-Major (CD 2)
  Techni-Parc de la Bastidonne
  Acticlub 1
  13400 Aubagne
  Tél. 04 91 27 24 04
- 2, rue du Parlement-Sainte-Catherine
  33000 Bordeaux
  Tél. 05 56 44 01 70
- 7, rue des Arts
  59800 Lille
  Tél. 03 20 74 98 40
- 17, cours de la Liberté
  69003 Lyon
  Tél. 04 78 60 64 31
- 9, rue de Rieux (Champ-de-Mars)
  44000 Nantes
  Tél. 02 40 89 41 02

Index

Remerciements

Je voudrais remercier toutes les personnes qui m'ont aidée – affectivement, moralement et physiquement ! – à réaliser ce guide saison par saison de la couture d'intérieur pour Country Living*.*

Pippa Rimmer et Carl Braganza, mes assistants chez Country Living*, dont la fidélité et la bonne humeur m'ont toujours soutenue. Anna Lallerstedt, Valerie Howard, Elizabeth Brower, Kerry Woodbridge, Lauren Henry et Sue Rowlands qui, pour les prises de vue, eurent la gentillesse de nous laisser pénétrer dans l'intimité de leurs merveilleuses maisons.*

Les sociétés et les artisans dont la contribution a été importante : Melanie Williams, Lillimore Jacobson, Sue Ralston, Cover Up Designs et The Loose Cover Company. Un remerciement spécial aux fabricants de tissu qui m'ont généreusement approvisionnée.

Ce fut un grand bonheur de collaborer avec d'aussi grands professionnels que Jane O'Shea et Mary Evans, de Quadrille, qui ont rendu ce livre possible ; Françoise Dietrich pour sa maquette superbe et élégante ; Lucy Naylor pour ses précieux textes additionnels ; Lucinda Ganderton qui a déchiffré tous mes modèles et en a rédigé les explications ; l'illustratrice, Alison Barratt, pour ses ravissants croquis ; Alexa Stace, ma directrice de collection, pour son calme malgré les changements perpétuels de pages ; Francine Lawrence, ancienne directrice de Country Living*, qui a cru en moi et m'a recommandée auprès de l'éditeur. Enfin et surtout, ma chère photographe et amie, Pia Tryde, dont le style et la personnalité illumine chacune de ses images. Et, bien sûr, un gros baiser à mon mari adoré, Pierre, qui supporte mes moments d'énervement et est toujours à mes côtés quand il faut, en particulier pour charger et décharger l'automobile entre chaque séance de prises de vue.*

Photographies

Les éditeurs remercient les sociétés et photographes suivants, pour les avoir autorisés à reproduire leurs travaux dans ce livre.

2-3 William Shaw ; 5, partie supérieure, Simon McBride ; 5, partie inférieure, Clay Perry ; 6 Jan Baldwin ; 8, en haut, Jan Baldwin ; 8, en bas, Simon McBride ; 19, en haut, à gauche, William Shaw ; 20, à gauche, Henry Bourne ; 23, en haut, Jan Baldwin ; 42-43 Frank Herholdt ; 43, en haut, à droite, Pia Tryde ; 43, en bas, Pia Tryde ; 44-45 Simon McBride ; 44, à gauche, Elizabeth Zeschin ; 48, incrustation en bas, à droite, David George ; 49, incrustation en haut, à gauche, Frank Herholdt ; 49, incrustation du haut, Pia Tryde ; 58 Jan Baldwin ; 59, en haut, Jan Baldwin ; 59, en bas, à droite, Elizabeth Zeschin ; 61, en haut, à gauche, Jan Baldwin ; 62-63 David George ; 72, à gauche, Pia Tryde ; 72-73 David George ; 73, en haut, à droite, Andreas von Einsiedel ; 73, en bas, à droite, David George ; 74, en haut, à gauche, Christopher Drake ; 74, en haut, à droite, Jan Baldwin ; 75 Jem Grischotti/The Sofa Workshop ; 76, en haut, à gauche, Tom Leighton ; 76, en haut, à droite, Andreas von Einsiedel ; 76, au centre, à gauche, Frank Herholdt ; 76, en bas, à gauche, Frank Herholdt ; 77 Frank Herholdt ; 79, au centre, en bas, Charlie Colmer ; 84, incrustation en haut, à droite, Jacqui Hurst ; 85, incrustation en bas, à droite, Leonard Smith ; 85, incrustation en bas, à gauche, Jacqui Hurst ; 101 en haut, à droite, Mike England ; 101, en bas, Thomas Dare « Multi » collection, 341 Kings Road, Londres SW3 5ES, tél. : 0171 351 7991 ; 108-109 Clay Perry ; 114, en haut, à gauche, Jan Baldwin ; 114, en bas, à droite, Pia Tryde ; 117, en haut, à gauche, Pia Tryde ; 117, en bas, à droite, David George ; 118 David George ; 119, en haut, à gauche, David George ; 119, en bas, à gauche et à droite, Fran Brennan ; 122-123 Pia Tryde ; 123, en bas, au centre, Pia Tryde ; 132 Christopher Drake ; 133, en haut, à gauche, Pia Tryde.

Toutes les autres photographies originales : Pia Tryde.